2020 全国经济专业技术资格考试

人力资源管理专业知识与实务（中级）

■ 中华会计网校 编

感恩20年相伴 助你梦想成真

北京理工大学出版社
BEIJING INSTITUTE OF TECHNOLOGY PRESS

版权专有 侵权必究

图书在版编目（CIP）数据

零基础学经济师必刷1000题．人力资源管理专业知识与实务：中级／中华会计网校编．—北京：北京理工大学出版社，2020.7

全国经济专业技术资格考试
ISBN 978-7-5682-8465-3

Ⅰ.①零… Ⅱ.①中… Ⅲ.①人力资源管理—资格考试—习题集 Ⅳ.①F-44

中国版本图书馆 CIP 数据核字（2020）第 083271 号

出版发行　／　北京理工大学出版社有限责任公司
社　　址　／　北京市海淀区中关村南大街 5 号
邮　　编　／　100081
电　　话　／　（010）68914775（总编室）
　　　　　　　（010）82562903（教材售后服务热线）
　　　　　　　（010）68948351（其他图书服务热线）
网　　址　／　http://www.bitpress.com.cn
经　　销　／　全国各地新华书店
印　　刷　／　河北东方欲晓印务有限公司
开　　本　／　787 毫米×1092 毫米　1/16
印　　张　／　13.5　　　　　　　　　　　　　　　责任编辑　／　武丽娟
字　　数　／　276 千字　　　　　　　　　　　　　文案编辑　／　武丽娟
版　　次　／　2020 年 7 月第 1 版　2020 年 7 月第 1 次印刷　　责任校对　／　刘亚男
定　　价　／　42.00 元　　　　　　　　　　　　　责任印刷　／　李志强

图书出现印装质量问题，请拨打售后服务热线，本社负责调换

前　言

正保远程教育

- **发展**：2000—2020年：感恩20年相伴，助你梦想成真
- **理念**：学员利益至上，一切为学员服务
- **成果**：18个不同类型的品牌网站，涵盖13个行业
- **奋斗目标**：构建完善的"终身教育体系"和"完全教育体系"

中华会计网校

- **发展**：正保远程教育旗下的第一品牌网站
- **理念**：精耕细作，锲而不舍
- **成果**：每年为我国财经领域培养数百万名专业人才
- **奋斗目标**：成为所有会计人的"网上家园"

"梦想成真"书系

- **发展**：正保远程教育主打的品牌系列辅导丛书
- **理念**：你的梦想由我们来保驾护航
- **成果**：图书品类涵盖会计职称、注册会计师、税务师、经济师、资产评估师、审计师、财税、实务等多个专业领域
- **奋斗目标**：成为所有会计人实现梦想路上的启明灯

图书特色

1 专项重点突破

题型专项突破，主客观题轻松一一击破
灵活按章专练，查找薄弱章节重点练习

2 创新三步刷题法

刷基础：紧扣大纲 夯实基础
刷进阶：高频进阶 强化提升
刷通关：举一反三 高效通关

3 答案全解析

答案解析精细全，精准总结解题策略

Contents 目录

	刷单项选择题	刷多项选择题	刷案例分析题
第一章　组织激励	1	67	100
第二章　领导行为	3	69	104
第三章　组织设计与组织文化	7	70	107
第四章　战略性人力资源管理	10	72	110
第五章　人力资源规划	14	74	111
第六章　人员甄选	19	75	112
第七章　绩效管理	22	77	114
第八章　薪酬管理	27	80	115
第九章　培训与开发	31	82	116
第十章　劳动关系	36	84	
第十一章　劳动力市场	37	85	117
第十二章　工资与就业	44	88	
第十三章　人力资本投资理论	49	91	123
第十四章　劳动合同管理与特殊用工	53	93	124
第十五章　社会保险法律	58	95	
第十六章　社会保险体系	59	96	128
第十七章　劳动争议调解仲裁	61	97	130
第十八章　法律责任与行政执法	63	98	
第十九章　人力资源开发政策	64	99	

参考答案及解析

	刷单项选择题	刷多项选择题	刷案例分析题
第一章　组织激励	132	174	194
第二章　领导行为	134	175	196
第三章　组织设计与组织文化	136	176	197
第四章　战略性人力资源管理	138	176	199
第五章　人力资源规划	140	177	199
第六章　人员甄选	143	179	200
第七章　绩效管理	146	180	201
第八章　薪酬管理	149	181	201
第九章　培训与开发	152	183	202
第十章　劳动关系	154	184	
第十一章　劳动力市场	156	185	202
第十二章　工资与就业	160	186	
第十三章　人力资本投资理论	163	188	205
第十四章　劳动合同管理与特殊用工	166	189	206
第十五章　社会保险法律	168	190	
第十六章　社会保险体系	169	191	208
第十七章　劳动争议调解仲裁	171	191	209
第十八章　法律责任与行政执法	172	192	
第十九章　人力资源开发政策	173	192	

正保文化官微

关注正保文化官方微信公众号，回复"勘误表"，获取本书勘误内容。

刷 单项选择题

单项选择题 答题技巧

单项选择题在各类题型中最容易得分。顾名思义，单项选择题要求在4个备选项中，选出最符合题意的选项。考试时可以根据题意直接进行选择。需要提醒考生注意的是，个别题目会反向提问，让考生选择"不属于""不正确"的选项，一定要认真审题，避免犯低级错误，在不该失分的地方失分。单项选择题在考试中分值最高，是考生能否通过考试的关键，最好可以拿到80%～90%的分数，为考生通过考试打下坚实的基础。如果遇到确实不会的题目，也绝对不能轻言放弃，单项选择题的给分方式是即使错选也不会倒扣分。随机选一个，每个题目也有25%答对的可能性，况且，还有"排除法"可以提高命中率。

第一章 组织激励

刷基础 紧扣大纲 夯实基础

1. 根据 ERG 理论，实现个人理想属于(　　)。
   A. 生存需要   B. 关系需要
   C. 成长需要   D. 安全需要

2. 期望理论可以用(　　)来加以表述。
   A. 结果＝效价×期望   B. 动机＝效价×工具性
   C. 动机＝效价×期望×工具性 D. 结果＝效价×期望×工具性

3. 关于目标管理的说法，正确的是(　　)。
   A. 目标管理强调应通过群体共同参与的方式，制定具体、可行且能客观衡量的目标
   B. 实施目标管理时，必须自下而上地设定目标
   C. 完整的目标管理包括目标具体化和参与决策两个要素
   D. 目标管理的实施效果总能符合管理者的期望

4. 传统观点总把金钱看成最好的激励手段，但在很多企业中，增加同样的奖金并没有起到同等的激励作用，这说明(　　)。
   A. 组织可以忽略员工的低层次需要
   B. 组织用来满足员工低层次需要的投入是效益递减的
   C. 组织应当为员工提供较低的福利待遇
   D. 组织必须考虑所有员工的自我实现需要

5. 根据赫茨伯格的双因素理论，激励因素的缺失会导致员工(　　)。
   A. 满意   B. 没有满意

C. 不满 D. 没有不满

6. 质量监督小组这种管理模式属于( )的一种形式。
   A. 参与管理 B. 目标管理
   C. 绩效薪金制管理 D. 计件工资管理

7. 在众多激励理论中提出"挫折—退化"观点并进一步改进了马斯洛需要层次理论的是( )。
   A. 三重需要理论 B. 目标设置理论
   C. ERG 理论 D. 公平理论

8. 三重需要理论中，成就需要高的人具有的特点不包括( )。
   A. 选择适度的风险 B. 有较强的责任感
   C. 关心如何影响他人 D. 希望能够得到及时的反馈

9. 根据马斯洛的需要层次理论，下列需要层次中主要靠内在因素来满足的是( )。
   A. 生理需要 B. 安全需要
   C. 归属需要 D. 尊重需要

10. 绩效薪金制通过将报酬与绩效挂钩强化了对员工的激励，这种做法与( )的原理最为吻合。
    A. 领导—成员交换理论 B. 双因素理论
    C. 期望理论 D. ERG 理论

11. 根据马斯洛需要层次理论，良好的同事关系属于( )。
    A. 安全需要 B. 归属和爱的需要
    C. 尊重的需要 D. 自我实现的需要

12. 关于动机的说法，错误的是( )。
    A. 动机是指人们从事某种活动，为某一目标付出努力的意愿
    B. 动机水平越高，表明个人的动机越强
    C. 动机可以分为内源性动机和外源性动机
    D. 内源性动机强的员工更看重工资和奖金

13. ( )是指个体对所获报酬的偏好程度，是对个体得到报酬的愿望的数量表示。
    A. 效价 B. 动机
    C. 期望 D. 工具性

14. 公平理论认为，员工会将自己的产出与投入比与别人的产出与投入比进行比较。这里的"产出"是指( )。
    A. 工作经验 B. 工作报酬
    C. 工作绩效 D. 工作承诺

15. 动机是指人们从事某种活动、为某一目标付出努力的意愿，这种意愿取决于目标能否以及在多大程度上能够( )。
    A. 符合人的兴趣 B. 满足人的需要
    C. 激励人的行为 D. 改进人的绩效

16. 传统观点总把金钱看成最好的激励手段，但在很多企业中，增加同样的奖金并没有起到同等的激励作用，这说明( )。
    A. 组织可以忽略员工的低层次需要

B. 组织用来满足员工低层次需要的投入是效益递减的
C. 组织应当为员工提供较低的福利待遇
D. 组织必须考虑所有员工的自我实现需要

17. 员工的能力与天赋的发挥在很大程度上取决于其（　　）水平的高低。
   A. 需要　　　　　　　　　　B. 动机
   C. 激励　　　　　　　　　　D. 努力

18. 有心理学研究表明，出色经理人的成就需要、权力需要和亲和需要的特点是（　　）。
   A. 成就需要较低、权力需要较低、亲和需要较高
   B. 成就需要较低、权力需要较高、亲和需要较低
   C. 成就需要较高、权力需要较高、亲和需要较低
   D. 成就需要较高、权力需要较低、亲和需要较高

19. 绩效薪金制通常采用的方式不包括（　　）。
   A. 随机奖励　　　　　　　　B. 工作奖金
   C. 计件工资　　　　　　　　D. 按利分红

20. 通过满足员工的需要而使其努力工作，从而帮助组织实现目标的过程是（　　）。
   A. 控制　　　　　　　　　　B. 组织
   C. 激励　　　　　　　　　　D. 强化

21. 关于需要层次理论在管理上的应用的说法，错误的是（　　）。
   A. 管理者不需要考虑每位员工的特殊需要，而应考虑全体员工的共性需要
   B. 管理者需要考虑员工不同层次的需要，并针对每个层次需要设计相应的激励措施
   C. 组织用于满足员工低层次需要的投入是效益递减的
   D. 要想激励员工，首先需要知道员工的哪个层次需要现在占指导地位

22. 下列情境中，不适宜推行参与管理的是（　　）。
   A. 完成任务的时间比较紧迫
   B. 员工具备相应的智力、知识技术和沟通技巧
   C. 参与不会使员工和管理者的地位和权力受到威胁
   D. 组织文化支持员工的参与管理

23. 关于质量监督小组的陈述，错误的是（　　）。
   A. 通常由8到10位员工及1名督导员组成，每周占用工作时间定期召开会议
   B. 主要研究质量方面的难题，分析问题的原因并提出解决方案，监督实施
   C. 小组对提出的各种建议具有自主决定权
   D. 小组成员要具备一定的沟通能力和分析解决质量问题的能力

第二章　领导行为

24. 斯道格迪尔对领导风格的研究，指出（　　）是决定领导的因素。
   A. 责任感　　　　　　　　　B. 自信心

C. 关心员工 D. 人格和情境

25. 管理方格理论把领导者的基本风格划分为五种,其中只对人极端关注的领导风格被称为( )领导风格。
   A. 无为而治式 B. 任务式
   C. 中庸式 D. 乡村俱乐部式

26. 西蒙将决策过程分为三个阶段,依次是( )。
   A. 设计活动—选择活动—智力活动 B. 选择阶段—确认阶段—发展阶段
   C. 智力活动—设计活动—选择活动 D. 确认阶段—发展阶段—选择阶段

27. 根据豪斯的路径—目标理论,让员工明确他人对自己的期望、成功绩效的标准和工作程序的领导称为( )。
   A. 支持型领导 B. 参与式领导
   C. 指导式领导 D. 成就取向式领导

28. 在领导者的技能当中,按照模型、框架和联系进行思考的能力称为( )。
   A. 知识技能 B. 技术技能
   C. 概念技能 D. 人际技能

29. 管理方格理论把领导者的基本风格划分为五种,其中既不关心任务,也不关心人的领导风格被称为( )。
   A. "无为而治"领导风格 B. "任务"领导风格
   C. "中庸式"领导风格 D. "乡村俱乐部"领导风格

30. 魅力型领导者的特征不包括( )。
   A. 自信并且信任下属 B. 有理想化的愿景
   C. 承诺为努力提供奖励 D. 对下属有高度的期望

31. 关于领导风格的密歇根模式的说法,正确的是( )。
   A. 密歇根模式支持员工取向的领导作风
   B. 密歇根模式和俄亥俄模式不能相互印证
   C. 密歇根模式所罗列的两个维度在性质上与俄亥俄模式不同
   D. 密歇根模式是管理方格图理论的进一步发展

32. 下列属于交易型领导者特征的是( )。
   A. 个性化关怀 B. 激励
   C. 魅力 D. 放任

33. 伯恩斯认为领导关注任务的完成和员工的顺从,更多依靠组织的激励和惩罚来影响员工的绩效,是他的( )。
   A. 交易型领导理论 B. 变革型领导理论
   C. 魅力型领导理论 D. 权变理论

34. 根据吉伯的观点,领导的重要特质不包含( )。
   A. 良好的调适能力 B. 自信
   C. 勇于实践 D. 外向

35. 根据路径—目标理论,努力建立舒适的工作环境,亲切友善,关心下属的要求,这种领导行为称为( )。
   A. 指导式 B. 支持型

C. 参与式 D. 成就取向式

36. 关于领导者技能的说法，错误的是( )。
   A. 领导者并不一定需要熟练掌握他所管理的团队的技术技能
   B. 管理层级越高，越需要制定长期计划，工作中概念技能所占的比例也就越大
   C. 组织中较低层次的领导只要带领下属完成工作目标即可，不需要人际技能
   D. 领导技能可以通过培训、工作设计、行为管理等组织行为来发展

37. 认为领导者具有某些固定特质且这些特质是与生俱来的观点出自( )。
   A. 交易型和变革型领导理论 B. 特质理论
   C. 魅力型领导理论   D. 路径—目标理论

38. 豪斯的路径—目标理论认为，设定挑战性目标、鼓励下属实现自己的最佳水平，属于( )类型的领导行为。
   A. 指导式 B. 支持型
   C. 参与式 D. 成就取向式

39. 按照理性决策模型，决策者的特征包括( )。
   A. 从目标意义上分析，决策完全理性
   B. 决策者遵循的是满意原则，在选择时不必知道所有的可能方案
   C. 决策者可以采用经验启发式原则或一些习惯来进行决策
   D. 决策者在选择备选方案时，试图寻找令人满意的结果

40. 关于魅力型领导理论的说法，错误的是( )。
   A. 魅力型领导可以促使追随者产生高于期望的绩效以及强烈的归属感
   B. 当追随者的自我意识和自我管理水平较高时，魅力型领导的效果会得到进一步的强化
   C. 魅力是一种特质，具有这种特质的人在各种情境下都能表现出魅力型的领导风格
   D. 魅力型领导者也具有非道德特征

41. 权变理论强调的情境性因素不包括( )。
   A. 领导与下属的关系 B. 领导风格
   C. 工作结构   D. 职权

42. 道格拉斯·麦克格雷格的经典X理论指的是( )。
   A. 独裁   B. 传统权威的管理风格
   C. 决策的参与   D. 人际关系

43. 根据路径—目标理论，如果下属的工作是结构化的，可以带来高绩效和高满意度的领导是( )。
   A. 指导式领导   B. 支持型领导
   C. 参与式领导   D. 成就取向式领导

44. 关于伯恩斯的观点，下列说法错误的是( )。
   A. 在大多数情况下，交易型领导依靠的是消极型差错管理
   B. 交易型领导是一种相对平庸的管理
   C. 交易型领导创造组织的超额绩效
   D. 变革型领导会使组织有效地运转和成长

45. ( )理论认为，团体中领导者与下属在确立关系和角色的早期，就把下属分出"圈里

人"和"圈外人"的类别。
   A. 特质理论　　　　　　　　　　B. 路径—目标理论
   C. 权变理论　　　　　　　　　　D. 领导—成员交换理论

46. 具有某些特质的领导可能适合管理某些下属，但不适合管理另一些下属，这反映了特质理论(　　)。
   A. 忽视了下属的需要　　　　　　B. 没有区分原因和结果
   C. 忽视了情境因素　　　　　　　D. 没有指明各种特质之间的相对重要性

47. "如果较高层次需要不能得到满足的话，对低层次需要的欲望就会加强"，这一说法代表的观点属于(　　)。
   A. 马斯洛的需要层次理论　　　　B. 赫茨伯格的双因素理论
   C. 奥尔德弗的"挫折—退化"观点　D. 麦克里兰的三重需要理论

48. 关于领导者技能的说法，错误的是(　　)。
   A. 领导者并不一定需要熟练掌握他所管理的团队的技术技能
   B. 管理层级越高，越需要制定长期计划，工作中概念技能所占的比例也就越大
   C. 组织中较低层次的领导只要带领下属完成工作目标即可，不需要人际技能
   D. 领导技能可以通过培训、工作设计、行为管理等组织行为来发展

☑ 刷进阶　　　　　　　　　　　　　　　　　　　　　　　　　　高频进阶
　　　　　　　　　　　　　　　　　　　　　　　　　　　　　　强化提升

49. 按照费德勒的领导权变理论，情境性因素的构成维度不包括(　　)。
   A. 领导与下属的关系　　　　　　B. 组织文化
   C. 职权　　　　　　　　　　　　D. 工作结构

50. 关于决策模型的说法，正确的是(　　)。
   A. 社会模型认为人类可以在无意识的需求驱动下进行有效的理性决策
   B. 社会模型将人们存在的坚持错误决策的倾向称为投入的减少
   C. 有限理性模型认为决策者追求的是满意而非最大化
   D. 理性模型认为决策者无法知道所有备选方案

51. 一种影响群体、影响他人以达成组织目标的能力称为(　　)。
   A. 领导　　　　　　　　　　　　B. 指挥
   C. 控制　　　　　　　　　　　　D. 组织

52. 最新研究表明，当追随者显示出(　　)时，魅力型领导者的效果将会得到进一步强化。
   A. 高水平的自我意识和自我管理
   B. 低水平的自我意识和自我管理
   C. 高水平的自我意识和低水平的自我管理
   D. 低水平的自我意识和高水平的自我管理

53. 决策者具有较低的模糊耐受性以及很强的任务和技术取向，这种决策风格属于(　　)。
   A. 指导型　　　　　　　　　　　B. 分析型
   C. 概念型　　　　　　　　　　　D. 行为型

54. 管理方格理论中，坐标位置为(1,9)的领导风格称为(　　)。
   A. "中庸式"领导风格　　　　　　B. "乡村俱乐部"领导风格
   C. "无为而治"领导风格　　　　　D. "任务"领导风格

第三章 组织设计与组织文化

刷基础

55. 进行组织结构设计、对企业的组织结构进行比较和评价的基础是组织结构的(   )。
    A. 特征因素 B. 权变因素
    C. 集权程度 D. 人员结构

56. 组织设计的主体工作是(   )。
    A. 职能设计 B. 管理规范的设计
    C. 联系方式的设计 D. 组织结构的框架设计

57. 下面有关组织文化类型的描述错误的是(   )。
    A. 俱乐部型公司重视适应、忠诚感和承诺
    B. 堡垒型公司着眼于公司的生存，工作安全保障不足
    C. 棒球队型组织鼓励冒险和革新
    D. 学院型组织不喜欢雇用年轻的大学毕业生

58. 各管理层次、部门在权力和责任方面的分工和相互关系指的是组织结构体系中的(   )。
    A. 部门结构 B. 层次结构
    C. 职能结构 D. 职权结构

59. 组织结构包含的三要素中，反映使用规则和标准处理方式以规范工作行为程度的是(   )。
    A. 复杂性 B. 规范性
    C. 层次性 D. 集权度

60. 在组织结构的特征因素中，能够反映组织各职能部门间工作分工精细程度的是(   )。
    A. 制度化 B. 规范化
    C. 职业化 D. 专业化

61. 矩阵组织形式在(   )环境中较为有效。
    A. 简单/动态 B. 复杂/动态
    C. 简单/静态 D. 复杂/静态

62. 技术发展迅速，产品品种较多且具有创新性强、管理复杂等特点的企业，最适合采用(   )组织形式。
    A. 行政层级式 B. 职能制
    C. 矩阵结构式 D. 虚拟结构式

63. 保证整个组织协调一致、有效运作的关键是组织结构设计的(   )。
    A. 职能设计 B. 管理规范的设计
    C. 联系方式的设计 D. 组织结构的框架设计

64. 行政层级式组织形式在(   )环境中最为有效。
    A. 简单/静态 B. 复杂/静态
    C. 简单/动态 D. 复杂/动态

65. 组织结构包含的要素中，针对任务分工的层次和细致程度的要素是(   )。

A. 集权度 B. 复杂性
C. 规范性 D. 层次性

66. 组织的纵向结构指的是(　　)。
    A. 职能结构 B. 部门结构
    C. 层次结构 D. 职权结构

67. 关于组织结构的说法，错误的是(　　)。
    A. 组织结构的本质是企业员工的分工协作关系
    B. 组织结构的内涵是企业员工在职、权、责三方面的结构体系
    C. 设计组织结构的目的是为了实现组织目标
    D. 组织结构与权责结构有本质的区别

68. 组织结构体系中的横向结构指的是(　　)。
    A. 职能结构 B. 层次结构
    C. 部门结构 D. 职权结构

69. 鼓励冒险和革新的组织文化称为(　　)组织文化。
    A. 学院型 B. 俱乐部型
    C. 棒球队型 D. 堡垒型

70. 组织结构设计的特征因素不包括(　　)。
    A. 关键职能 B. 企业规模
    C. 专业化程度 D. 分工形式

71. 组织文化的核心和灵魂体现在它的(　　)。
    A. 物质层 B. 中间层
    C. 制度层 D. 精神层

72. 下列关于组织文化结构的说法错误的是(　　)。
    A. 物质层是组织文化的外在表现，是制度层和精神层的物质基础
    B. 制度层制约和规范着物质层及精神层的建设
    C. 精神层是形成物质层及制度层的思想基础，是组织文化的核心和灵魂
    D. 组织文化中有没有制度层是衡量一个组织是否形成了自己的组织文化的主要标志和标准

73. 组织设计是指对组织结构及其(　　)所进行的设计。
    A. 战略目标 B. 运行方式
    C. 岗位职责 D. 分布规模

74. 通过无结构小组的交互方式来改善行为的组织发展方法属于(　　)。
    A. 敏感性训练 B. 调查反馈
    C. 质量圈 D. 全面质量管理

刷进阶

75. 在组织结构体系中，"完成企业目标所需的各项业务工作，及其比例和关系"指的是(　　)。
    A. 职权结构 B. 横向结构
    C. 纵向结构 D. 职能结构

76. "可以租用,何必拥有"反映的是( )组织形式的实质。
    A. 事业部制   B. 团队
    C. 无边界   D. 虚拟

77. 在组织结构的特征因素中,能够反映组织各职能部门间工作分工精细程度的是( )。
    A. 制度化   B. 规范化
    C. 职业化   D. 专业化

78. 组织的管理层在多大程度上考虑组织内部的决策结果对组织成员的影响,这属于组织文化内容中的( )。
    A. 结果导向   B. 团队导向
    C. 进取心   D. 人际导向

79. 在组织发展方法中,关于敏感性训练的说法,错误的是( )。
    A. 在敏感性训练中团队更为注重讨论的结果,而不是相互作用的过程
    B. 它有助于减少人际冲突
    C. 它是一种人文技术
    D. 它有助于增强群体凝聚力

80. 在组织结构的内容体系中,职权结构指的是( )。
    A. 组织内的管理层次构成
    B. 组织内的管理部门构成
    C. 组织各管理层次和部门在权力和责任方面的分工与相互关系
    D. 实现组织目标所需的各项业务工作及其比例和关系

81. 组织结构设计的权变因素不包括( )。
    A. 企业生命周期   B. 企业环境
    C. 企业规模   D. 企业专业化程度

82. 在组织结构的内容体系中,职能结构指的是( )。
    A. 各管理部门的构成
    B. 各管理层次的构成
    C. 各管理层次、部门在权利和责任方面的分工和相互关系
    D. 完成企业目标所需要的各项业务工作及其比例和关系

83. 事业部制组织形式的优点不包括( )。
    A. 它有利于把联合化和专业化的优点结合起来,提高生产
    B. 它有利于高层管理者集中精力进行战略决策和长远规划
    C. 它有利于增强企业活力
    D. 它有利于减少管理成本和费用

84. 在组织发展的人文技术中,旨在通过无结构小组的交互作用来改善行为的方法称为( ),又称为T团体训练。
    A. 敏感性训练   B. 团际发展
    C. 团队建设   D. 群体关系开发

85. 关于矩阵组织缺点的说法,错误的是( )。
    A. 组织的稳定性差   B. 双重领导容易导致混乱管理
    C. 用人较多,机构相对臃肿   D. 不利于提高组织的适应性

86. 在组织发展方法中，用一种专门的调查工具来评估组织成员的态度，了解员工们在认识上的差异的方法是（　　）。
    A. 敏感性训练　　　　　　　　B. 调查反馈
    C. 质量圈　　　　　　　　　　D. 团际发展

87. 有些企业喜欢雇用年轻的大学毕业生，并为他们提供大量的培训，然后指导他们在特定的领域内从事各种专业化工作。具有这种组织文化特点的组织被称作（　　）组织。
    A. 学院型　　　　　　　　　　B. 俱乐部型
    C. 棒球队型　　　　　　　　　D. 堡垒型

第四章　战略性人力资源管理

刷基础

88. （　　）主要回答的是凭借什么来进行竞争的问题。
    A. 组织战略　　　　　　　　　B. 管理战略
    C. 竞争战略　　　　　　　　　D. 职能战略

89. 企业在实施战略性人力资源管理时，通常需要针对为实现组织战略目标所需完成的一系列人力资源管理活动链，设计各种财务类和非财务类目标或衡量指标，这些目标或衡量指标称为（　　）。
    A. 平衡计分卡　　　　　　　　B. 人力资源管理计分卡
    C. KPI 指标　　　　　　　　　D. 战略地图

90. 形象地展示了为确保公司战略得以成功实现而必须完成的各种关键活动及其相互之间的驱动关系的是（　　）。
    A. 战略地图　　　　　　　　　B. 数字仪表盘
    C. 工作设计　　　　　　　　　D. 人力资源管理计分卡

91. 一个组织的重要战略资产甚至是获取竞争优势的首要资源是（　　）。
    A. 自然资源　　　　　　　　　B. 人力资源
    C. 市场资源　　　　　　　　　D. 竞争资源

92. （　　）培训工作的重点是文化整合和价值观的统一。
    A. 内部成长战略　　　　　　　B. 外部成长战略
    C. 稳定战略　　　　　　　　　D. 成本领先战略

93. 组织通过促使所有员工持续获取和分享知识而形成的一种重视和支持终身学习的文化是（　　）。
    A. 知识型组织　　　　　　　　B. 学习型组织
    C. 团队型组织　　　　　　　　D. 激励型组织

94. 减少固定薪酬部分所占的比重，实施员工股份所有权计划，鼓励员工与组织共担风险属于人力资源的（　　）。
    A. 成本领先战略　　　　　　　B. 稳定战略
    C. 收缩战略　　　　　　　　　D. 成长战略

95. 强调组织的人力资源管理必须与组织战略保持完全一致的是（　　）。
    A. 内部契合　　　　　　　　　B. 外部契合

C. 综合契合   D. 管理契合

96. 下列关于稳定战略及其人力资源战略的描述不正确的是(　　)。
    A. 是一种强调市场份额或者运营成本的战略
    B. 强调管理手段的规范性、一致性和内部公平性
    C. 薪酬水平取决于员工个人的创新能力和技术水平
    D. 绩效管理的重点包括员工的工作能力和态度

97. 下列不属于组织战略成功执行的决定因素的是(　　)。
    A. 组织结构   B. 工作任务设计
    C. 报酬系统   D. 组织绩效

98. 在人才管理中，企业必须转变领导者的角色，将传统的命令型领导转变为(　　)领导。
    A. 魅力型   B. 激励型
    C. 影响型   D. 管理型

99. 现代人力资源不仅仅是一种"成本中心"，同时也被看成是(　　)。
    A. 人才中心   B. 战略中心
    C. 利润中心   D. 竞争中心

100. 在SWOT分析中，通过考察组织的运营环境，分析组织所面临的各种战略机会以及所受到的各种威胁的是(　　)。
    A. 内部分析   B. 外部分析
    C. 战略分析   D. 比较分析

101. 关注市场开发、产品开发、创新以及合并等内容的战略是(　　)。
    A. 成长战略   B. 稳定战略
    C. 收缩战略   D. 强化战略

102. 战略性人力资源管理过程中，确定战略所要求的各项组织成果，组织需要回答的问题是(　　)？
    A. 我们的战略目标是什么？我们准备通过何种方式获得竞争优势，从而实现我们的战略目标
    B. 我们在为客户创造价值的时候，需要完成哪些最为关键的活动，同时需要完成哪些对关键活动提供支持的其他重要活动
    C. 为了实现组织的整体战略目标需要完成的各种重要活动之间存在怎样的驱动关系？驱动组织战略实现的源泉在哪里
    D. 我们怎样才能衡量驱动组织战略目标实现的各项重要元素或活动已经达到了既定要求或目标

103. (　　)层次主要回答到哪里去竞争的问题，即做出组织应该选择经营何种业务以及进入何种行业或领域的决策。
    A. 组织战略   B. 管理战略
    C. 竞争战略   D. 人力资源战略

104. (　　)允许组织在整个战略规划过程中都将人力资源问题考虑在内。
    A. 行政管理联系   B. 单项联系
    C. 双向联系   D. 一体化联系

105. (　　)实际上就是低成本战略，即在产品本身的质量大体相同的情况，组织以低于竞

争对手的价格向客户提供产品的一种竞争战略。
A. 成本领先战略 B. 创新战略
C. 客户中心战略 D. 成长战略

106. 高绩效工作系统与更( )的员工流动率和工伤事故率,更( )的生产率等是联系在一起的。
A. 高;低 B. 低;高
C. 高;高 D. 低;低

107. 在战略性人力资源管理过程中,( )需要先回答"我们在为客户创造价值的时候,需要完成哪些最为关键的活动,同时需要完成哪些对关键活动提供支持的其他重要活动?"
A. 界定组织的经营战略 B. 描绘组织的价值链
C. 设计战略地图 D. 制作人力资源计分卡

108. "为了实现组织的整体战略目标需要完成的各种重要活动之间存在怎样的驱动关系?驱动组织战略实现的源泉在哪里?"体现了战略性人力资源管理的( )步骤。
A. 描绘组织的价值链 B. 设计战略地图
C. 制作人力资源计分卡 D. 界定组织的经营战略

109. ( )是建立在战略规划和人力资源管理之间的持续互动基础之上的,而不是有一定先后顺序的单方向推进过程。
A. 行政管理联系 B. 单向联系
C. 双向联系 D. 一体化联系

110. 人力资源战略属于( )战略。
A. 组织 B. 公司
C. 竞争 D. 职能

111. 企业是否愿意对人力资源进行投资主要取决于( )。
A. 企业组织结构的形式 B. 员工的职业兴趣
C. 员工技能的性质 D. 员工薪酬的水平

112. 强调内部晋升,从外部招募和录用低级别职位的员工,然后不断地把员工一步一步培养到中高层管理职位的人力资源战略是( )。
A. 强化战略 B. 稳定战略
C. 收缩战略 D. 成长战略

113. 在人才管理中,要建立多元化的员工价值主张,培养新型组织文化,下列说法错误的是( )。
A. 为不同类型的员工提供令人信服的为自己工作的理由
B. 将传统的命令型领导转变为影响型领导
C. 建立统一、平等的组织文化
D. 组织文化建设中不应有同情心

114. 从高绩效管理系统的定义来看,其核心理念即组织的人力资源管理系统必须与组织的( )保持一致。
A. 薪酬福利 B. 企业培训开发
C. 战略和目标 D. 预期利润

115. 在战略管理过程模型中,从战略制定到战略执行过程中必须要完成的一个中间环节是( )。
    A. 确定组织的使命和目标　　　　B. SWOT 分析
    C. 衡量企业绩效　　　　　　　　D. 确定组织的人力资源需要

116. 描述一个组织存在的理由、目的和意义的是组织的( )。
    A. 使命　　　　　　　　　　　　B. 愿景
    C. 价值观　　　　　　　　　　　D. 长期目标

117. 采取创新战略的企业不适合采用的人力资源管理方式是( )。
    A. 招募富有创新精神和敢于承担风险的员工
    B. 设计精细的职位等级结构,并进行细致的职位分析
    C. 重视评价员工取得的创新结果
    D. 为创新成功者提供高水平的薪酬回报

118. 某公司采用的战略是在确保产品质量的基础上尽可能地降低成本,这种战略属于( )。
    A. 组织战略　　　　　　　　　　B. 人力资源管理战略
    C. 职能战略　　　　　　　　　　D. 竞争战略

刷进阶

119. 某互联网公司的公司简介中有如下三个表述:"成为最受尊敬的互联网企业""通过互联网提升人类生活品质""正直、进取、合作、创新",它们分别是这家公司的( )。
    A. 愿景、使命、价值观　　　　　B. 使命、愿景、价值观
    C. 使命、价值观、愿景　　　　　D. 价值观、愿景、使命

120. ( )是能够在计算机桌面上显示的各类图表,它以桌面图形、表格以及计算机图片的形式向领导者和管理者形象地揭示了在公司战略地图上出现的各项活动目前在公司中进展到了什么阶段以及正在向哪个方向前进。
    A. 战略地图　　　　　　　　　　B. 数字仪表盘
    C. 工作设计　　　　　　　　　　D. 人力资源管理计分卡

121. ( )是建立在战略规划职能和人力资源管理职能之间的持续互动基础之上的,而不是有一定先后顺序的单方向推进过程。
    A. 行政管理联系　　　　　　　　B. 单向联系
    C. 双向联系　　　　　　　　　　D. 一体化联系

122. ( )是指通过分析和比较高绩效组织与本组织之间所存在的重要差异,明确高绩效组织的哪些政策和实践使它们变得更为优秀,这样就可以确定本组织可以通过在哪些方面进行改进而提升本组织的有效性。
    A. 标杆管理　　　　　　　　　　B. 绩效管理
    C. 组织管理　　　　　　　　　　D. 层级管理

123. 由于人力资本是获取竞争优势的主要资源,所以最高管理层在开发战略时必须认真考虑( )的因素。
    A. 培训　　　　　　　　　　　　B. 人
    C. 资源　　　　　　　　　　　　D. 管理

124. 对于采取稳定性战略的组织而言,人力资源管理的关键活动是(   )。
    A. 制定特殊的人才保留战略,留住关键员工
    B. 迅速裁员从而实现对劳动力队伍的精简
    C. 合并不同的人力资源管理体系,建立全新的人力资源战略
    D. 制定规划,大量吸收与培训新员工

125. 实施员工股份所有权计划,鼓励员工与组织共担风险属于人力资源的(   )。
    A. 成本领先战略   B. 稳定战略
    C. 收缩战略   D. 成长战略

126. 下列关于稳定战略及其人力资源战略的描述不正确的是(   )。
    A. 是一种强调市场份额或者运营成本的战略
    B. 强调管理手段的规范性、一致性和内部公平性
    C. 薪酬水平取决于员工个人的创新能力和技术水平
    D. 绩效管理的重点包括员工的工作能力和态度

第五章　人力资源规划

刷基础

127. 当一个组织处于高速扩张期时,有时会面临人力资源需求旺盛,但人力资源供给不足的情况,此时该组织可以采取的措施不包括(   )。
    A. 不再从组织外部招聘新人   B. 提高员工的工作效率
    C. 延长现有员工工作时间   D. 降低现有人员的流失率

128. 定量的人力资源需求预测方法不包括(   )。
    A. 趋势预测法   B. 比率分析法
    C. 回归分析法   D. 德尔菲法

129. 目前,企业对于内部人员过剩做出的典型反应是(   ),这种方法会给劳动者带来很大痛苦,甚至造成长期创伤。
    A. 降薪   B. 裁员
    C. 职位调动   D. 重新培训

130. 下列减少未来劳动力过剩的方法中,调整速度慢且对员工伤害程度较低的方法是(   )。
    A. 裁员   B. 减薪
    C. 职位调动   D. 自然减员

131. 下列属于狭义的人力资源规划范畴的是(   )。
    A. 雇用规划   B. 员工关系规划
    C. 薪酬福利规划   D. 绩效管理规划

132. 根据一个组织的雇佣水平在最近若干年的总体变化趋势,来预测组织在未来某一时期的人力资源需求数量的方法是(   )。
    A. 回归分析法   B. 比率分析法
    C. 经验判断法   D. 趋势预测法

133. 编制好一套人格测试问卷之后,由被测试者本人根据自己的实际情况或感受来回答问

卷中的全部问题,以此来衡量一个人的人格,这种人格测量方法是( )。
A. 评价量表法 B. 自陈量表法
C. 投射法 D. 行为事件访谈法

134. 解决组织所面临的人力资源需求不足及其供给之间的矛盾的最简单直接同时也是见效最快的方法是( )。
A. 冻结雇用 B. 鼓励员工提前退休
C. 缩短现有员工的工作时间 D. 临时性解雇或永久性裁员

135. 通过分析企业在过去五年左右时间中的雇用数据来预测企业未来两年内人员需求的数量,这种方法称为( )。
A. 趋势预测法 B. 比率分析法
C. 回归分析法 D. 德尔菲法

136. 关于离岸经营的说法,错误的是( )。
A. 离岸经营和外包是两种完全不同的形式
B. 离岸经营是将工作岗位从一个国家转移到另一个国家
C. 最初被以离岸经营方式外包出去的许多工作岗位都是工作范围很窄的简单工作
D. 现在离岸经营已经延伸到很多高技能的工作岗位,如证券分析、技术研发

137. 下列人力资源需求预测方法中,主要适用于短期预测,以及那些规模较小或经营环境相对稳定、人员流动率不是很高的企业的是( )。
A. 趋势预测法 B. 德尔菲法
C. 比率分析法 D. 经验判断法

138. 在组织的人力资源需求大于供给时,企业可以采取的措施是( )。
A. 鼓励员工提前退休
B. 临时性解雇或永久性裁员
C. 缩短每位现有员工的工作时间
D. 将组织中的部分非核心业务通过外包的方式处理

139. 根据企业的业务活动量和人员数量这两种因素之间的函数关系,来预测企业未来人员需求的技术是( )。
A. 德尔菲法 B. 回归分析法
C. 比率分析法 D. 经验判断法

140. 当学校有10 000名学生时需要200名教师,如果这个学校预期明年注册的学生会增加1 000名,师生比不变,则需要增加聘用20名教师。这种人力资源需求预测的方法是( )。
A. 主观判断法 B. 比率分析法
C. 趋势预测法 D. 回归分析法

141. 在减少未来劳动力过剩的方法中,自然减员方法的特点是( )。
A. 速度慢,员工受伤害的程度低 B. 速度慢,员工受伤害的程度高
C. 速度快,员工受伤害的程度低 D. 速度快,员工受伤害的程度高

142. 下列减少未来劳动力过剩的方法中,调整速度快且对员工伤害程度中等的方法是( )。
A. 裁员 B. 减薪

C. 职位分享 D. 重新培训

143. 在人力资源供给预测方法中，主要强调从组织内部选拔合适的候选人担任相关职位尤其是更高一级职位的做法是（　　）。
    A. 回归分析法 B. 比率分析法
    C. 人员替换分析法 D. 马尔科夫分析法

144. 最简单的人力资源需求预测方法是（　　）。
    A. 德尔菲法 B. 经验判断法
    C. 比率分析法 D. 回归分析法

145. 下列不属于人员替换分析法优点的是（　　）。
    A. 激励员工士气
    B. 降低招聘成本
    C. 有利于为组织引进新鲜血液
    D. 为未来的职位填补需要提前做好候选人的准备

146. 在人力资源避免未来出现劳动力短缺的方法中，属于见效速度慢、可撤回程度高的是（　　）。
    A. 外包 B. 雇用临时工
    C. 再培训后换岗 D. 从外部雇用新人

147. 当企业人力资源供求达到平衡时，下列做法中正确的是（　　）。
    A. 不采取行动 B. 缩短工作时间
    C. 非雇佣措施 D. 提前退休

148. 下列选项中，针对具体职位进行人力资源供给预测的方法是（　　）。
    A. 趋势预测法 B. 马尔科夫分析法
    C. 回归分析法 D. 人员替换分析法

149. 下列属于人力资源供给预测方法的是（　　）。
    A. 趋势预测法 B. 德尔菲法
    C. 回归分析法 D. 马尔科夫分析法

150. 企业进行裁员的主要原因不包括（　　）。
    A. 降低劳动力成本 B. 新技术的应用
    C. 经营地点的改变 D. 组织领导人的调整

151. 关于人力资源供求平衡的方法分析，下列说法错误的是（　　）。
    A. 雇用临时员工具有较高的灵活性
    B. 在减少未来劳动力过剩的方法中，降级的见效速度快、员工受伤害程度高
    C. 对于那些有专利权或者需要严格的安全保障措施才能完成的工作实行离岸经营
    D. 非带薪休假或放假的方式为一部分员工提供了更多的自由休息时间

152. 人力资源规划就是指组织根据（　　），采用科学的手段来预测组织未来可能会遇到的人力资源需求和供给状况，进而制定必要的人力资源获取、利用、保留和开发计划。
    A. 自身战略的需要 B. 社会环境的需要
    C. 自身经济利益的需要 D. 社会生产力水平的需要

153. 在人力资源需求预测方法中，（　　）实际上是一种简单的时间序列分析法。
    A. 趋势预测法 B. 德尔菲法

C. 比率分析法　　　　　　　　D. 经验判断法

154. 关于人力资源供给预测的说法，错误的是(　　)。
   A. 它要求企业能够获得人力资源数量、质量和结构
   B. 它不需要了解外部劳动力市场的供给情况
   C. 它常常需要用到人力资源技能库中的信息
   D. 它可能会用到马尔科夫分析法

155. 业务外包是指企业将整块工作都委托给外部组织完成，这种方式的好处不包括(　　)。
   A. 适当控制和精简企业人员数量
   B. 有助于提升人力资源管理的价值
   C. 使人力资源部门从日常事务中解放出来，把精力集中在战略层面上
   D. 具有较高的灵活性，使企业免除管理任务以及财务负担

刷进阶

156. 一个组织的战略规划过程通常发生在(　　)，一般是由一个战略规划小组决定的。
   A. 股东大会　　　　　　　　B. 董事会
   C. 高层　　　　　　　　　　D. 中间层

157. 组织进行人力资源管理职能选择的主要领域不包括(　　)。
   A. 职位分析　　　　　　　　B. 职位评价
   C. 绩效管理　　　　　　　　D. 奖金、福利

158. 为了形成有助于降低风险的新型人才队伍调节机制，企业在人才管理方面可以采取的做法是(　　)。
   A. 采用大规模、少批次的人才培养策略
   B. 同时采用制造人才和购买人才两种策略
   C. 建立统一、平等和富有同情心的组织文化
   D. 将相对对立的各种人力资源管理职能加以整合

159. 公司人力资源部门制定未来几年的人力资源规划时应当首先从了解(　　)入手。
   A. 组织结构和业务流程　　　B. 外部劳动力市场状况
   C. 竞争对手的情况　　　　　D. 公司的战略规划

160. 从狭义人力资源规划的角度来说，人力资源规划的流程是(　　)。
   A. 人力资源需求预测—人力资源供给预测—人力资源供求平衡分析—实施人力资源供求平衡计划
   B. 人力资源供求平衡分析—人力资源供给预测—人力资源需求预测—实施人力资源供求平衡计划
   C. 人力资源供求平衡分析—人力资源需求预测—人力资源供给预测—实施人力资源供求平衡计划
   D. 人力资源供给预测—人力资源供求平衡分析—人力资源需求预测—实施人力资源供求平衡计划

161. (　　)是一种基于某种关键的经营或管理指标与组织的人力资源需求量之间的固定比率关系，来预测未来人力资源需求的方法。

A. 趋势预测法 B. 德尔菲法
C. 回归分析法 D. 比率分析法

162. 人力资源供求从( )角度来看，其对比结果可以分为供小于求、供大于求、供求平衡。
    A. 数量 B. 均衡
    C. 来源 D. 地区

163. 在人力资源需求预测的方法中，德尔菲法具有一些明显的优点，以下不属于其优点的是( )。
    A. 花费时间较短 B. 避免了从众的行为
    C. 具有较高的准确性 D. 避免个人预测的片面性

164. 某企业决定进入新业务领域，急需大量该业务领域的优秀人才，这表明影响其人力资源需求的因素是( )。
    A. 组织战略 B. 组织结构调整
    C. 技术变革 D. 业务流程再造

165. 为应对劳动力稀缺的情况，企业可以采取的见效速度快的方法是( )。
    A. 加班加点 B. 技术创新
    C. 招聘新员工 D. 降低员工离职率

166. 关于人力资源规划的说法，错误的是( )。
    A. 人力资源规划不仅帮助组织实现战略目标，而且确保组织在人力资源的使用方面达到合理和高效
    B. 人力资源规划的制定一般先于组织的战略规划
    C. 狭义的人力资源规划专指组织的人员供求规划或雇用规划
    D. 人力资源战略规划、培训开发规划、绩效管理规划、薪酬福利规划都属于广义的人力资源规划的范畴

167. 企业在评估内部的人力资源供给情况时可以采用的工具是( )。
    A. 劳动力市场供给趋势表 B. 竞争对手劳动力需求分析图
    C. 人力资源技能库 D. 本行业人员流动率分析表

168. 根据企业的业务活动量和人员数量这两种因素之间的相关关系，来预测企业未来人员需求的技术是( )。
    A. 比率分析法 B. 德尔菲法
    C. 回归分析法 D. 时间序列分析法

169. 预测一个组织在未来一段时期内到底需要多少名员工、需要的是哪些类型的员工，该项工作被称为( )。
    A. 人力资源供给预测 B. 人力资源需求预测
    C. 人力资源质量预测 D. 人力资源数量预测

170. 企业让组织的管理人员凭借自己过去积累的工作经验以及个人的直觉，对组织未来所需要的人力资源的数量和结构等状况进行评估，这种人力资源需求预测方法属于( )。
    A. 回归分析法 B. 比率分析法
    C. 经验判断法 D. 德尔菲法

171. 既能在未来一定时期减少企业人员数量，又能使员工受到的伤害较轻的劳动力供求平衡措施是(   )。
   A. 等待自然减员   B. 裁减人员
   C. 降低员工薪酬   D. 雇用临时工

第六章　人员甄选

刷基础

172. 信度的高低是用信度系数来表述的。一般情况下，信度系数不低于(   )的测试工具被视为信度较好。
   A. 0.10   B. 0.30
   C. 0.50   D. 0.70

173. 下列无领导小组讨论使用的试题形式中，(   )的主要目的是考察被测试者思考问题的全面性和针对性，思路是否清晰，是否有新的观点和见解等。
   A. 开放式问题   B. 两难性问题
   C. 多项选择问题   D. 操作性问题

174. 目前，履历分析技术的一个最新发展是(   )，其目的是预测不同的人在某些与工作相关的具体行为或兴趣方面存在的差异。
   A. 目标履历分析法   B. 过程履历分析法
   C. 成果履历分析法   D. 成就履历分析法

175. 在评估重测信度时，两次测试之间的时间间隔很重要。根据一般经验，比较合适的两次测试的时间间隔为(   )。
   A. 半个月到两个月   B. 一个月到三个月
   C. 半个月到半年   D. 半年到一年

176. 下列有关复本信度的描述正确的是(   )。
   A. 用两个功能相同但题目内容不同的测验复本来测验同一群体，所得到的两个分数的相关性
   B. 主要反映同一测试内部不同题目的测试结果是否具有一致性
   C. 不同评分者对同样对象进行评定时的一致性
   D. 用同一方法对一组应聘者在两个不同时间进行测试，所得结果的一致性

177. 人员甄选中的重测信度反映的是(   )。
   A. 不同评价人员评分结果的一致性
   B. 同一测验在不同时间上的稳定性
   C. 两个测验在内容上的等值程度
   D. 同一测验内部不同题目测试结果的一致性

178. 自陈量表法一般用于(   )。
   A. 智力测试   B. 人格测试
   C. 能力倾向测试   D. 创造力测试

179. 比较常见的面试形式是(   )。
   A. 单独面试   B. 系列面试

C. 小组面试 D. 集体面试

180. 工作样本测试在现实中有广泛的运用,下列不属于工作样本测试的运用的是(   )。
    A. 对计算机编程人员实施的编程测试
    B. 对物流货运人员实施的标准驾驶测试
    C. 对秘书和职员实施的电子文字和电子表格标准化测试
    D. 社会上的一些职业资格考试

181. 不同评价者在使用同一种测试工具时所给出的分数之间的一致性程度是(   )。
    A. 重测信度 B. 复本信度
    C. 内部一致性信度 D. 评价者信度

182. 甲公司在新员工甄选过程中采用了人格测试,要求求职者基于自身感受实事求是地填答一套书面问卷。这种人格测试的方法为(   )。
    A. 自陈量表法 B. 标杆法
    C. 评价量表法 D. 投射法

183. 一项测试的内容与测试所要达到的目标之间的相关程度是指(   )。
    A. 内部一致性信度 B. 内容效度
    C. 效标效度 D. 构想效度

184. 下列无领导小组讨论使用的试题形式中,适用于指定角色的无领导小组讨论的是(   )。
    A. 开放式问题 B. 两难性问题
    C. 操作性问题 D. 资源争夺性问题

185. 在人员甄选当中应当达到一定的信度和效度,其中信度与效度的关系为(   )。
    A. 信度是效度的充分条件 B. 信度是效度的必要条件
    C. 信度和效度互为必要且充分条件 D. 信度和效度的关系没有统一评判标准

186. 反映了一个人在反复接受同一种测试或等值形式的测试时所得到的分数的一致性程度的是(   )。
    A. 接近度 B. 信度
    C. 难易度 D. 效度

187. 首先提供一组描述人的个性或特质的词或句子,然后让其他人通过对被测试者的观察,对被测试者的人格或特质做出评价,这种人格测量方法是(   )。
    A. 评价量表法 B. 自陈量表法
    C. 投射法 D. 行为事件访谈法

188. 首先向被测试者提供一些未经组织的刺激情境,然后让被测试者在不受限制的情境下自由表现出自己的反应,这种人格测量方法是(   )。
    A. 评价量表法 B. 自陈量表法
    C. 投射法 D. 行为事件访谈法

189. 考察内部一致性信度的方式主要有分半信度和(   )。
    A. 异质性信度 B. 同质性信度
    C. 分全信度 D. 分异信度

190. (   )又称为标准化面试。
    A. 非结构化面试 B. 结构化面试

C. 系列面试　　　　　　　　　D. 集体面试

191. 某企业想考察候选人的人际能力关系，但采用的测试题目主要是专业技术方向，这种甄选测试的(　　)比较低。
   A. 重测信度　　　　　　　　B. 复本信度
   C. 内容效度　　　　　　　　D. 同步效度

192. 人员甄选工作对于一个组织来说是非常重要的，其主要原因不包括(　　)。
   A. 符合企业需要的优秀员工是确保组织战略目标达成的最根本保障
   B. 弥补甄选决策失误的代价可能极高
   C. 甄选决策失误可能会对员工本人造成伤害
   D. 错误甄选的代价由组织单方面来承担

193. 某公司招聘新员工时采用了人格测试，具体方式是向求职者提供一些刺激情境，然后让求职者自由地表达对刺激情境的认识和理解，这种测试方法是(　　)。
   A. 标杆法　　　　　　　　　B. 投射法
   C. 评价量表法　　　　　　　D. 自陈量表法

194. 20世纪90年代以来，"大五"人格理论逐渐得到广泛运用，下列不属于"大五"人格特征的是(　　)。
   A. 外向性　　　　　　　　　B. 和悦性
   C. 宜人性　　　　　　　　　D. 创造性

195. 改善面试效果的主要方法不包括(　　)。
   A. 采用情境化结构面试　　　B. 面试前做好充分准备
   C. 采用压力面试　　　　　　D. 系统培训面试考官

196. 下列关于甄选的说法中，不正确的是(　　)。
   A. 甄选过程中不要把注意力过多地放在对求职者的相互比较上
   B. 甄选的目的在于谋求职位与求职者所具有的某种特性的恰当水平之间达成最优匹配
   C. 甄选出的求职者智力水平越高越好
   D. 在甄选过程中，组织需要解决的是如何挑选出最合适的高质量求职者，然后将他们正确地配置到合适的岗位上这样一个问题

197. 关于内容效度的说法，正确的是(　　)。
   A. 内容效度的检验主要采用专家判断方法
   B. 内容效度是指能够测量出理论构想的程度
   C. 内容效度反映的是不同评价人员评价结果的一致性
   D. 内容效度反映的是两个测验在内容上的等值性程度

198. 下列关于工作样本测试的优缺点的说法中，错误的是(　　)。
   A. 测试所要求的行为与实际工作所要求的行为之间具有高度的一致性
   B. 这种测试工具的效标效度和内容效度都不高
   C. 普遍适用性很低
   D. 开发成本相对较高

199. 研究表明，最好的甄选方法是包括工作样本测试、高度结构化的面试以及认知能力测

试在内的综合测试，这样一套测试组合的效度系数往往超过(   )。
  A. 0.10 B. 0.30
  C. 0.60 D. 0.80

200. 关于员工甄选中工作样本测试的说法，错误的是(   )。
  A. 它所考察的内容与实际工作内容具有较高相似度
  B. 它的开发成本较高
  C. 它的效度比较高
  D. 它的普遍适用性很高

201. 非常适合对管理人员进行评价，具有较高的内容效度和效标关联效度的是(   )。
  A. 成就测试 B. 履历分析
  C. 角色扮演 D. 公文筐测试

202. "如果客户投诉你的某位下属存在工作态度问题，你会怎么做？"这种面试问题属于(   )。
  A. 知识性问题 B. 人格性问题
  C. 经验性问题 D. 情境化问题

203. 关于员工甄选的说法，错误的是(   )。
  A. 从一开始就甄选到正确的人有利于培养一流员工
  B. 企业的甄选决策出现失误可能会使其付出很大的代价
  C. 甄选工作做好了，其他人力资源管理工作就不重要了
  D. 甄选到优秀的员工对于确保企业战略目标的达成至关重要

204. 一种测试或甄选技术对被试者的一种或多种工作行为或工作绩效进行预测的准确程度称为(   )。
  A. 内部一致性信度 B. 内容效度
  C. 效标效度 D. 构想效度

205. 人格是个人特质与环境相互作用的产物，其具有的特征不包括(   )。
  A. 整体性 B. 动态性
  C. 稳定性 D. 社会性

206. 下列关于知识测试的说法中，错误的是(   )。
  A. 知识测试就是我们通常所说的考试
  B. 知识测试可以被划分为综合知识测试、专业知识测试、外语测试等各种不同类型
  C. 社会上的一些职业资格考试基本上都属于知识测试
  D. 知识测试通常都是以笔试的方式完成，所有的笔试都属于知识测试

第七章 绩效管理

刷基础

207. 如果企业战略在一定时期内相对稳定，就可以考虑使用(   )的方法进行绩效考核。
  A. 关键绩效指标 B. 标杆超越
  C. 目标管理 D. 平衡计分卡

208. 关于绩效管理的说法，正确的是(   )。

A. 绩效管理的目的是通过考核限制员工的工作行为

B. 绩效考核是绩效管理的前提

C. 绩效管理是实现企业战略的重要手段

D. 绩效管理是管理者与员工单向沟通的过程

209. 关于绩效面谈技巧的说法，错误的是(   )。

A. 绩效面谈的场所应选择安静的地点

B. 绩效面谈的时间应尽量避开上下班和开会等时段

C. 在绩效面谈中主管人员应充分表达自己的观点，员工应认真倾听

D. 主管人员应尽量采用积极的和令人振奋的方式结束绩效面谈

210. 关于绩效改进方法的说法，正确的是(   )。

A. 标杆超越法更强调本企业固有的管理概念

B. 卓越绩效指标法通过强化个体卓越绩效指标推动企业战略目标的实现

C. ISO 质量管理体系更关注产品的生产过程，努力提高产品质量或者服务水平

D. 六西格玛管理关注业务流程设置的合理性，以提升企业运行的效率

211. 绩效反馈面谈的原则与技巧不包括(   )。

A. 关注过去，总结经验　　　　　B. 避免对立与冲突

C. 建立彼此之间的信任　　　　　D. 开诚布公，坦诚沟通

212. 关于绩效管理工具的说法，正确的是(   )。

A. 平衡计分卡法因为实施成本较低而得到广泛应用

B. 目标管理法通过持续沟通将企业目标逐层分解

C. 标杆超越法通过分析个体的高绩效表现实现评价指标的量化

D. 关键绩效指标法通过在企业内部制定质量管理体系提升企业绩效

213. 关于有效的绩效管理体系的说法，错误的是(   )。

A. 有效的绩效管理体系应该把工作标准和组织目标联系起来确定绩效的好坏

B. 有效的绩效管理体系可以明确区分高绩效员工和低绩效员工

C. 有效的绩效管理体系应该具有一定的可靠性和准确性

D. 敏感性和实用性不是有效的绩效管理体系的特征

214. 关于绩效考核和绩效管理的说法，错误的是(   )。

A. 有效的绩效考核是对绩效管理的有力支持

B. 绩效管理是绩效考核的一个环节

C. 绩效管理侧重于信息的沟通和绩效的提高

D. 绩效考核是绩效管理中的一个环节

215. 下列关于取得不同竞争优势战略下的绩效管理的表述错误的是(   )。

A. 采用成本领先战略的企业在绩效考核中可以采用目标管理法

B. 采用成本领先战略的企业在绩效改进时可以选择标杆超越法

C. 采用差异化战略的企业在绩效考核中应选择以结果为导向的评价方法

D. 采用差异化战略的企业在绩效管理中应当弱化员工工作的直接结果

216. 对一个人进行评价时，往往会因为对他的某一特质强烈而清晰的感知，而掩盖了该人其他方面的品质，这种现象被称为(   )。

A. 盲点效应　　　　　　　　　　B. 首因效应

C. 晕轮效应 D. 近因效应

217. 知识型团队的绩效考核需要综合四个角度的指标进行,其中可以直接用来判断知识型团队的工作产出成果,即团队的产出满足客户需求的程度的指标是( )。
A. 效益型指标 B. 效率型指标
C. 递延型指标 D. 风险型指标

218. 列举一些特征要素,并分别为每一个特征要素列举绩效的取值范围,这种绩效评价方法是( )。
A. 行为锚定法 B. 配对比较法
C. 图尺度评价法 D. 行为观察量表法

219. 绩效评价中,主管难于发现员工身上存在的与主管自身相似的缺点和不足,这种主观错误是( )。
A. 盲点效应 B. 过宽或过严倾向
C. 刻板印象 D. 晕轮效应

220. 企业在设计绩效目标时,按照财务、客户、内部流程和学习发展四个方面将企业的使命和战略加以细化,这种方法被称为( )。
A. 关键绩效指标法 B. 平衡计分卡法
C. 关键事件法 D. 因素比较法

221. 列举出评估指标,然后要求评估人在观察的基础上将员工的工作行为同评价标准进行对照,看该行为出现的频率或完成的程度如何,这种评价方法是( )。
A. 行为锚定法 B. 配对比较法
C. 图尺度评价法 D. 行为观察量表法

222. 关于绩效计划的说法,错误的是( )。
A. 绩效计划是绩效管理过程的起点
B. 绩效计划的制订要与组织追求的宗旨相一致
C. 绩效计划是主管人员与员工反复沟通,就绩效计划内容达成一致的过程
D. 绩效计划的制订是各级主管和员工的责任,无须人力资源部门的参与

223. 通过使用相关的统计工具来分析影响企业业务流程的因素,进而改进流程,控制错误率和废品率,从而提升组织的绩效水平,这种绩效改进方法是( )。
A. 标杆超越 B. 卓越绩效标准
C. 六西格玛管理 D. ISO质量管理体系

224. 通过管理者与员工进行持续的沟通,预防或解决绩效周期内可能存在的问题,以确保更好地完成绩效计划的过程称为( )。
A. 绩效考核 B. 绩效监控
C. 绩效计划 D. 绩效反馈

225. 找出工作绩效差距,制定并实施有针对性的改进计划来提高员工绩效水平的过程称为( )。
A. 绩效计划 B. 绩效辅导
C. 绩效反馈 D. 绩效改进

226. 采用跟随者战略的企业适宜采用的绩效考核方法是( )。
A. 关键事件法 B. 以行为为导向的考核方法

C. 标杆超越法　　　　　　　　　　D. 行为锚定法

227. 关于绩效辅导的说法，错误的是（　　）。
    A. 绩效辅导是绩效考核的一种方法和手段
    B. 绩效辅导是一种提高员工绩效水平的方法
    C. 绩效辅导能够帮助员工解决当前绩效实施中出现的问题
    D. 绩效辅导贯穿于绩效实施的全过程，是一种经常性的管理行为

228. 当一个企业实行末位淘汰机制时，能很快鉴别出哪些员工应当被淘汰，另外也会对员工起到鞭策和激励作用的绩效评价方法是（　　）。
    A. 排序法　　　　　　　　　　　B. 配对比较法
    C. 强制分布法　　　　　　　　　D. 行为观察量表法

229. 在绩效评价中，评价者对某位员工的评价往往受到员工所属群体的影响，这种现象称为（　　）。
    A. 晕轮效应　　　　　　　　　　B. 趋中倾向
    C. 刻板印象　　　　　　　　　　D. 首因效应

230. 关于跨部门团队绩效考核的说法，正确的是（　　）。
    A. 跨部门团队绩效考核的关键是做好考核的标准化
    B. 跨部门团队的绩效考核要以部门为单位开展
    C. 跨部门团队的绩效考核中，各部门要建立不同的考核标准
    D. 职能制的组织结构适宜采用跨部门团队的绩效考核

231. 差异化战略的核心是（　　）。
    A. 不断开拓新市场　　　　　　　B. 细分市场
    C. 独特的产品与服务　　　　　　D. 标准化

232. 设计平衡计分卡法指标体系的基本出发点是（　　）。
    A. 绩效指标　　　　　　　　　　B. 企业战略和竞争目标
    C. 平衡计分卡　　　　　　　　　D. 各级指标的评估标准

233. 采用差异化战略的企业适宜采用的绩效考核方法是（　　）。
    A. 以结果为导向的方法　　　　　B. 以行为为导向的方法
    C. 标杆超越法　　　　　　　　　D. 目标管理法

234. 实施探索者战略的企业，在绩效考核中，管理者应当选择以（　　）的评价方法。
    A. 利润为导向　　　　　　　　　B. 市场为导向
    C. 过程为导向　　　　　　　　　D. 结果为导向

235. 在绩效评价过程中，如果主管给自己信任和宠爱的部下较高的分数，对不喜欢的员工给予较低的评价，从而导致评价结果失真，该种效应属于（　　）。
    A. 趋中倾向　　　　　　　　　　B. 过宽或过严倾向
    C. 刻板印象　　　　　　　　　　D. 晕轮效应

236. 绩效计划的制定不需要的原则是（　　）。
    A. 价值驱动原则　　　　　　　　B. 个性化原则
    C. 职位特色原则　　　　　　　　D. 突出重点原则

237. 根据某项评价标准将每位员工逐一与其他员工比较，选出每次比较的优胜者，最后根据每位员工获胜的次数进行绩效排序，这种绩效考评方法是（　　）。

A. 行为观察量表法 B. 行为锚定法
C. 强制分布法 D. 配对比较法

238. 一个完整的绩效反馈面谈主要包括三个阶段，其中不包括(　　)。
A. 面谈准备阶段 B. 面谈实施阶段
C. 面谈反馈阶段 D. 面谈评价阶段

239. 总是不断地开发新产品、发掘新市场，寻找更广阔的市场机会，此战略属于(　　)。
A. 成本领先战略 B. 差异化战略
C. 防御者战略 D. 探索者战略

240. 在绩效考核中，对于贡献型的员工，组织应当(　　)。
A. 对其进行必要的培训以提升其工作技能
B. 主管人员应当对其进行绩效辅导
C. 对其进行必要的惩罚，敦促其改进绩效
D. 给予必要的奖励

241. 将每项工作的特定行为用一张等级表进行反映，该等级表将每项工作划分为各种行为级别，评价时评估者只需将员工的行为对号入座即可，这种绩效评价方法是(　　)。
A. 排序法 B. 配对比较法
C. 行为锚定法 D. 行为观察量表法

242. 关于绩效评价常见误区的说法，正确的是(　　)。
A. 晕轮效应是指主管人员在绩效考核中往往根据最近的印象评价员工
B. 盲点效应是指主管人员不愿意得罪人，使绩效考核结果没有好坏的差异
C. 刻板印象是指主管人员在绩效考核中往往受到员工所属群体的影响去评价员工
D. 近因效应是指主管人员在绩效考核中往往根据最初的印象去评价员工

243. 在绩效考核中，对于冲锋型的员工，组织应该(　　)。
A. 给予必要的奖励 B. 进行培训以提升工作技能
C. 对其进行绩效辅导 D. 对其进行必要的惩罚

244. 关于绩效管理工作的说法，正确的是(　　)。
A. 目标管理法的假设之一是员工是愿意工作的，而不是逃避工作的
B. 目标管理法比关键绩效指标法更适合用于企业战略调整期
C. 标杆超越法强调标杆企业应该与本企业高度相似并且属于同一行业
D. 关键绩效指标必须是数量类指标

刷进阶

245. 关于绩效评价误区的说法，正确的是(　　)。
A. 上级根据过宽或过严的标准对员工进行绩效评价的误区，称为趋中效应
B. 上级根据对员工的最终印象做出绩效评价的误区，称为晕轮效应
C. 上级根据对员工的最初印象做出绩效评价的误区，称为首因效应
D. 上级对员工的某种强烈而清晰的特质感知导致其忽略了员工在其他方面的表现，这种评价误区称为盲点效应

246. 关于不同竞争战略下的绩效管理策略的说法，正确的是(　　)。
A. 企业在采用探索者战略时，绩效考核应尽量采用以内部流程为导向的评价方法

B. 企业在采用跟随者战略时，绩效考核应尽量采用平衡计分卡法

C. 企业在采用探索者战略时，绩效考核应尽量采用以行为为导向的评价方法

D. 企业在采用防御者战略时，绩效考核应尽量多角度地选择考核指标

247. 关于绩效面谈技巧的说法，正确的是（　　）。
A. 在绩效面谈中，主管人员应当将重点放在对员工进行批评和教育方面
B. 主管人员应该主导绩效面谈，可以随时打断员工的陈述
C. 主管人员可以利用在公司食堂吃午餐的时间与员工进行绩效面谈
D. 在绩效面谈时，主管人员应当以积极的方式结束谈话

248. 下列不属于绩效管理在组织管理中的作用的是（　　）。
A. 有助于促进员工的自我发展　　B. 是实现组织战略的重要手段
C. 有助于管理者成本的节约　　　D. 为人员的配置和甄选提供依据

249. 采用成本领先战略的企业适宜采用的绩效考核方法是（　　）。
A. 平衡计分卡法　　　　　　　　B. 标杆超越法
C. 以行为为导向的方法　　　　　D. 目标管理法

250. 通过预先设计不良事故的清单对员工的绩效进行考核的方法称为（　　）。
A. 行为锚定法　　　　　　　　　B. 配对比较法
C. 关键事件法　　　　　　　　　D. 不良事故评估法

251. 实行目标管理法的第一步是（　　）。
A. 绩效目标的确定　　　　　　　B. 制定新的绩效目标
C. 确定考核指标的权重　　　　　D. 实际绩效水平与绩效目标相比较

252. 下列工作不属于绩效反馈面谈准备阶段的工作的是（　　）。
A. 全面收集资料　　　　　　　　B. 准备面谈提纲
C. 选择合适的时间和地点　　　　D. 协商解决办法

第八章　薪酬管理

刷基础

253. 在我国，下列人员中不能成为股票期权的激励对象的是（　　）。
A. 上市公司董事　　　　　　　　B. 上市公司监事
C. 上市公司核心技术人员　　　　D. 上市公司高级管理人员

254. 股票期权的等待期，即股票期权授予日与获授股票期权首次可以行权日之间间隔不得少于（　　）。
A. 3个月　　　　　　　　　　　　B. 6个月
C. 9个月　　　　　　　　　　　　D. 1年

255. 专业软件销售人员由于需要较高的专业知识且销售工作的周期较长，所以其薪酬应采用（　　）。
A. 单纯佣金制　　　　　　　　　B. 纯基薪制
C. 低基薪加高佣金或奖金　　　　D. 高基薪加低佣金或奖金

256. 根据上市公司员工持股计划的有关规定，单个员工所获股份权益对应的股票总数累计不得超过公司股本总额的（　　）。

A. 1% B. 3%
C. 5% D. 10%

257. 《境内上市公司办法》规定，在股权激励计划有效期内，每期授予的限制性股票，其禁售期不得低于( )。
   A. 半年 B. 1年
   C. 2年 D. 3年

258. 下列股权激励模式中，适用于现金流量比较充裕且股价比较稳定的上市公司及境外上市公司的是( )。
   A. 股票期权 B. 限制性股票
   C. 股指期权 D. 股票增值权

259. 上市公司应当在员工持股计划届满前( )个月公告到期计划持有的股票数量。
   A. 1 B. 3
   C. 6 D. 9

260. 薪酬调查主要是为了解决( )。
   A. 外部公平性 B. 内部公平性
   C. 外部竞争性 D. 内部竞争性

261. 实现薪酬内部公平的手段是( )。
   A. 绩效辅导 B. 绩效考核
   C. 职位评价 D. 薪酬调查

262. 关于职位评价方法的说法，正确的是( )。
   A. 排序法是比较复杂的量化评价方法
   B. 分类法的缺点是等级定义困难
   C. 要素计点法的最大优点在于简单易行
   D. 因素比较法的准确性和公平性容易得到员工的肯定

263. 股票期权的执行方式不包括( )。
   A. 现金行权 B. 无现金行权
   C. 现金行权并出售 D. 无现金行权并出售

264. 股票期权的有效期，即从股票期权授予之日起至所有股票期权行权或注销完毕之日止，从授权日计算不得超过( )，在股票期权有效期内，上市公司应当规定激励对象分期行权。
   A. 5年 B. 6年
   C. 8年 D. 10年

265. 参与员工持股计划的员工能够购买的企业股票数量由( )决定。
   A. 个人的资产 B. 个人的信贷能力
   C. 个人的可支配收入 D. 个人工资在员工全体薪金总额的比例

266. 适用于餐饮销售人员的薪酬制度是( )。
   A. 高基本薪酬加低佣金 B. 纯基本薪酬制
   C. 低基本薪酬加高佣金 D. 纯奖金制

267. 下列采用成本领先战略的企业，适宜的薪酬管理方法是( )。
   A. 与竞争对手对比，保持较低的薪酬水平

B. 与竞争对手对比,保持较高的薪酬水平
C. 在薪酬结构方面,基本薪酬和福利所占比重相对较高
D. 在薪酬结构方面,奖金所占比重相对较低

268. 股票期权行权价格的确定方法分多种,《上市公司股权激励管理办法(试行)》采取的方法是(   )。
    A. 实值法   B. 虚值法
    C. 平值法   D. 溢价法

269. 人工成本结构指标反映了(   )。
    A. 企业员工平均收入的高低
    B. 企业人工成本的构成情况与合理性
    C. 企业的劳动生产率
    D. 一定时期内企业人工成本的变动幅度

270. 某公司销售人员的薪酬由基本工资和销售提成组成,这种薪酬方案称为(   )。
    A. 单纯佣金制   B. 基本薪酬加佣金制
    C. 基本薪酬加奖金制   D. 基本薪酬加佣金加奖金制

271. 职位评价中使用较早的一种较为简单、最易于理解的评价方法是(   )。
    A. 分类法   B. 排序法
    C. 因素比较法   D. 要素计点法

272. 个人不需要以现金或支票支付行权费用,证券商以出售部分股票获得的收益来支付行权费用,并将余下股票存入经理人个人账户,这种股票期权的执行方式是(   )。
    A. 现金行权   B. 无现金行权
    C. 现金行权并出售   D. 无现金行权并出售

273. 公司给予计划参与人一种权利,不实际买卖股票,仅通过模拟股票市场价格变化的方式,在规定时段内,获得由公司支付的行权价格与行权日市场价格之间的差额,这种股权激励方式是(   )。
    A. 股票期权   B. 限制性股票
    C. 股票增值权   D. 业绩股份

274. 确定薪酬体系的基础是(   )。
    A. 薪酬水平   B. 工作分析
    C. 薪酬控制   D. 薪酬调查

275. 对于追求成长战略的企业来说,其薪酬管理的指导思想是(   )。
    A. 追求效率最大化、成本最小化
    B. 要稳定现有的掌握相关工作技能的员工
    C. 将企业的经营业绩与员工收入挂钩
    D. 企业与员工共担风险,共享收益

276. 下列职位评价方法中,主要适用于大规模企业中的管理类职位的是(   )。
    A. 排序法   B. 分类法
    C. 因素比较法   D. 要素计点法

277. 关于我国员工持股计划的说法,正确的是(   )。
    A. 每期员工持股计划的持股期限不得低于 24 个月

B. 以非公开发行方式实施的员工持股计划的持股期限不得低于 40 个月

C. 上市公司全部有效的员工持股计划持有的股票总数累计不得超过公司总股本的 15%

D. 单个员工所获取股份权益对应的股票总数累计不得超过公司股本总额的 1%

278. 通常以股票期权的形式支付，其收入状况与企业的经济效益和市场环境相关，这部分收入是经营者的（　　）。
    A. 基本薪酬　　　　　　　　　B. 奖金
    C. 长期奖励　　　　　　　　　D. 福利津贴

279. 关于不同公司战略下的薪酬管理特征的说法，正确的是（　　）。
    A. 采取成长战略的企业往往在短期内提供较高水平的基本薪酬
    B. 采取稳定战略的企业薪酬结构中的基本薪酬和福利，所占比重通常较低
    C. 采取稳定战略的企业一般采取市场跟随或略高于市场水平的薪酬
    D. 采取收缩战略的企业薪酬结构中的基本薪酬所占比例通常较高

280. 确定企业内部各职位的相对价值，得出职位等级序列，这是（　　）的主要作用之一。
    A. 心理测评　　　　　　　　　B. 职位评价
    C. 薪酬控制　　　　　　　　　D. 薪酬调查

刷进阶　　　　　　　　　　　　　　　　　　　　　　　高频进阶 强化提升

281. 在职位评价方法中，需要预先制定一套供参考的等级标准，再将各待定级别的职位与之对照，从而确定该职位的相应级别的是（　　）。
    A. 排序法　　　　　　　　　　B. 分类法
    C. 要素计点法　　　　　　　　D. 因素比较法

282. 中国证监会发布的《指导意见》规定，员工持股计划的基本原则不包括（　　）。
    A. 依法合规原则　　　　　　　B. 风险共担原则
    C. 风险自担原则　　　　　　　D. 自愿参与原则

283. 关于我国员工持股计划，说法正确的是（　　）。
    A. 每位员工所获股份权益对应的股票总数累计可以超过公司总股本的 1%
    B. 上市公司应当在员工持股计划届满前 12 个月公告到期计划持有的股票数量
    C. 上市公司全部有效的员工持股计划持有的股票总数累计不得低于公司总股本的 10%
    D. 每期员工持股计划的持股期限不得低于 12 个月

284. 关于我国股票期权的说法，正确的是（　　）。
    A. 激励对象可以同时参加两个上市公司的股权激励计划
    B. 激励对象包括独立董事，监事
    C. 股票期权只适用于上市公司
    D. 激励对象数量可以超过员工总数的 10%

285. 关于职位评价方法的说法，正确的是（　　）。
    A. 分类法属于定量方法
    B. 要素计点法属于职位尺度比较法
    C. 要素计点法属于定性方法

D. 分类法属于直接职位比较法

286. 关于不同企业竞争战略下的薪酬管理特征的说法，正确的是( )。
   A. 企业若采用成本领先战略，薪酬水平应当比竞争对手相对更高
   B. 企业若采用创新战略，基本薪酬应略低于劳动力市场通行工资水平
   C. 企业若采用客户中心战略，应根据员工的工作年限支付报酬
   D. 企业若采用成本领先战略，奖金在薪酬结构中所占比例应相对较大

287. 关于竞争战略与薪酬管理策略的说法，正确的是( )。
   A. 创新战略强调企业要对产品创新给予奖励
   B. 成本领先战略强调基本薪酬应高于竞争对手的水平
   C. 成本领先战略强调奖励部分所占的比例应相对较小
   D. 采取创新战略的企业的基本薪酬要明显低于市场水平

288. 薪酬体系设计的第一步是( )。
   A. 明确企业基本现状及战略目标
   B. 薪酬调查
   C. 工作分析
   D. 工作评价

289. 职位评价的原则不包括( )。
   A. 战略性原则
   B. 系统性原则
   C. 标准化原则
   D. 结果保密原则

290. 对于持股5%以上的股东及其关联人能否成为股票期权的激励对象需要( )做出决议。
   A. 董事会
   B. 监事会
   C. 经理层
   D. 股东大会

第九章 培训与开发

291. 从投资的成本—收益角度分析，只有在( )情况下，培训与开发才会提高组织的利润。（选项中，B 为培训给组织带来的收益，C 为培训与开发的支出，S 为组织支付给员工的加薪）
   A. $S>B$
   B. $S-B>C$
   C. $B-S>C$
   D. $B>C$

292. 员工在不同技能等级之间的变动路径属于职业生涯通道中的( )。
   A. 横向通道
   B. 纵向通道
   C. 双通道
   D. 职业生涯锚

293. 下列关于培训与开发决策分析的表述错误的是( )。
   A. 当 $S=B$，组织将不愿意支付培训与开发的费用
   B. 培训与开发是一种开支或一项员工福利
   C. 培训与开发的预算经常落后于经营战略计划
   D. 管理层不愿意做那些难于衡量或反馈周期长的培训与开发投资

294. 按照霍兰德职业兴趣的分类，喜欢从事资料分析工作，有数理分析能力，能够听从指示完成琐碎工作的人员，属于( )。

A. 现实型 B. 常规型
C. 研究型 D. 企业型

295. 在具体评估实践中，因为评估过程困难且昂贵，故多数组织几乎不进行的是(　　)。
   A. 学习评估 B. 工作行为评估
   C. 结果评估 D. 投资收益评估

296. 不喜欢跟人打交道，不适应社会性质的职业，厌恶从事教育、服务和说服性的工作的是(　　)职业兴趣类型。
   A. 现实型 B. 研究型
   C. 艺术型 D. 企业型

297. 处于职业发展维持阶段的个体，在组织中的主要身份是(　　)。
   A. 学徒 B. 同事
   C. 导师 D. 顾问

298. 培训与开发效果评估中应用最广的是层次评估模型，把评估内容分为反应、学习、行为、结果、投资收益等五个方面。其中最基本、最常用的评估方式是(　　)。
   A. 反应评估 B. 学习评估
   C. 工作行为评估 D. 结果评估

299. 关于培训与开发效果评估内容的陈述，正确的是(　　)。
   A. 工作行为评估的方法包括面谈、直接观察、绩效监测、行为评价量表
   B. 直接观察是进行工作行为评估最常用的方法
   C. 反应评估的重点是评价培训与开发是否带来了受训人员行为上的改变
   D. 投资收益评估是培训与开发效果评估最重要的内容，也是组织高管层最关心的评估内容

300. 常用的培训与开发效果的评估方法是(　　)。
   A. 问卷调查法 B. 控制实验法
   C. 观察法 D. 分析法

301. 关于职业生涯管理的说法，错误的是(　　)。
   A. 只有组织职业生涯管理与个体职业生涯管理相匹配，才能提高员工的满意度，降低离职率
   B. 组织职业生涯管理有利于员工进行个体职业生涯管理
   C. 积极进行个体职业生涯管理的员工，通常会获得更多的来自组织的职业发展支持
   D. 职业生涯管理是员工个人的事情，不需要直线经理人员参与其中

302. 评估培训与开发效果时，最重要的评估是(　　)。
   A. 反应评估 B. 学习评估
   C. 投资收益评估 D. 结果评估

303. 具有分析能力、人际沟通能力和情绪控制能力的强强组合特点的职业生涯锚是(　　)。
   A. 技术/职能能力型 B. 管理能力型
   C. 自主独立型 D. 创造型

304. 关于培训与开发的说法，错误的是(　　)。
   A. 培训与开发是对人力资源的投资

B. 大型组织通常会设置专门的培训与开发部门
C. 效果评估是培训与开发体系中比较容易实施的一个环节
D. 培训与开发效果评估方法包括控制实验法和问卷调查法

305. 关于培训与开发评估方法中控制实验法的说法，错误的是(　　)。
    A. 它是一种最规范的培训与开发效果评估方法
    B. 它可以提高培训与开发评估的准确性和有效性
    C. 它操作起来比较复杂，且费用比较高
    D. 它适用于管理技能培训与开发项目

306. 职业生涯发展阶段中"建立期"对应的身份是(　　)。
    A. 学徒　　　　　　　　　　B. 同事
    C. 导师　　　　　　　　　　D. 顾问

307. (　　)主要用于专业人员、管理人员、技术人员提升的可能性评价。
    A. 内部劳动力市场信息　　　　B. 潜能评价中心
    C. 培训与发展项目　　　　　　D. 职业生涯手册

308. 下列职业生涯锚类型中，具有明显的冒险精神特征的是(　　)。
    A. 技术/职能能力型　　　　　B. 管理能力型
    C. 安全稳定型　　　　　　　D. 创造型

309. 具有分析能力、人际沟通能力和情绪控制能力的强强组合特点的职业生涯锚，属于(　　)。
    A. 自主独立型　　　　　　　B. 创造型
    C. 管理能力型　　　　　　　D. 技术/职能能力型

310. 尽管各级管理层需要对培训与开发承担不同的管理责任，但对员工进行培训与开发的责任最终落实到(　　)身上。
    A. 培训师　　　　　　　　　B. 老员工
    C. 项目负责人　　　　　　　D. 直线经理

311. 下列选项中，不属于影响培训与开发利润的因素的是(　　)。
    A. 受训员工可能的服务年数
    B. 受训员工技能可能提高的程度
    C. 受训员工的努力程度
    D. 受训员工的工资福利水平

312. 员工在同一个管理层级或同一个技术、技能等级上不同岗位或不同工种之间的变动路径，这属于职业生涯通道中的(　　)。
    A. 横向通道　　　　　　　　B. 纵向通道
    C. 双通道　　　　　　　　　D. 职业规划

313. 下列关于培训与开发组织体系的陈述，错误的是(　　)。
    A. 在中小型组织中，培训与开发工作通常是某个人力资源管理岗位的一项职责
    B. 企业大学是独立的培训与开发机构的一种扩大发展的模式
    C. 在大型组织中，培训与开发机构与人力资源部并列的有利之处在于可以体现培训与

开发在组织中的战略位置

D. 在大型组织中，培训与开发机构不可以隶属于人力资源部

314. 在大型组织中，培训与开发机构隶属于人力资源部的优点是(　　)。

A. 便于形成一个协调、统一的培训与开发计划

B. 可以体现培训与开发在组织中的战略位置

C. 不会受到其他工作的影响，以保证培训与开发的力度和连续性

D. 需要在两个部门之上设置一个领导充当组织和协调的角色

315. 工作行为评估中最常用的方法是(　　)。

A. 面谈 　　　　　　　　　　　B. 直接观察

C. 绩效监测 　　　　　　　　　D. 行为评价量表

316. 培训与开发效果的评估方法中，最规范化的是(　　)。

A. 笔试法 　　　　　　　　　　B. 访谈法

C. 调查问卷法 　　　　　　　　D. 控制实验法

317. 工作行为评估的重点是(　　)。

A. 受训人员在参加培训与开发结束后，知识、技能或态度是否有了提高和改变

B. 评估受训人员对培训与开发的主观感受和看法

C. 评估培训与开发是否带来了受训人员行为上的改变，以及受训人员把所学的运用到工作上的程度

D. 评估受训人员工作行为改变对其所服务的组织或部门绩效的影响作用

318. 培训与开发结束时的评估内容不包括(　　)。

A. 知识有无增加或增加多少 　　B. 技能有无获得或获得多少

C. 工作态度有无变化 　　　　　D. 培训开发目标是否达成

319. 评估培训与开发效果时，最重要、最具有说服力，高管层最关心的评估是(　　)。

A. 反应评估 　　　　　　　　　B. 学习评估

C. 投资收益评估 　　　　　　　D. 结果评估

320. 受训人在参加培训与开发结束后，在知识、技能或态度方面是否有了提高或改变，这是(　　)的主要内容。

A. 反应评估 　　　　　　　　　B. 学习评估

C. 结果评估 　　　　　　　　　D. 投资收益评估

321. 关于结果评估的软指标，下列表述错误的是(　　)。

A. 难以被衡量和量化

B. 难以被转化为货币价值

C. 评价不具有主观性

D. 包括工作习惯、工作满意度、主动性、顾客服务

322. 在培训与开发效果的评估中，可以确定员工绩效的提高是否确实是由培训与开发所引发的，而不是由企业的其他方面变化引起的评估方法是(　　)。

A. 笔试法 　　　　　　　　　　B. 访谈法

C. 调查问卷法 　　　　　　　　D. 控制实验法

323. 组织实施职业生涯管理对组织的重要性不包括(　　)。

A. 员工锻炼能力，从而增加自身的竞争力

B. 为组织培养后备人才
C. 组织内部培养的员工适应组织性强
D. 满足员工的发展需要，增强员工对组织的承诺

324. 主要用于专业人员、管理人员、技术人员提升的可能性评价是(   )。
    A. 职业生涯信息　　　　　　　　B. 潜能评价中心
    C. 培训与发展项目　　　　　　　D. 职业生涯手册

325. 在组织层次的职业生涯管理方法中，实施的培训与发展项目不包括(   )。
    A. 工作丰富
    B. 工作轮换
    C. 利用公司内、外人力资源发展项目对员工进行培训
    D. 专门对管理者进行培训或实行双通道职业生涯设计

326. 员工同时承担管理工作和技术工作，俗称"双肩挑"的是(   )。
    A. 横向通道　　　　　　　　　　B. 纵向通道
    C. 后向通道　　　　　　　　　　D. 双通道

327. 关于管理能力型职业生涯锚的说法，错误的是(   )。
    A. 它追求一般性的管理工作，且责任越大越好
    B. 它强调实际技术/职能等业务工作
    C. 它具有强烈的升迁动机
    D. 它具有分析能力、人际沟通能力和情绪控制能力的强强组合特点

328. 在职业生涯发展过程中，个体的任务是确定兴趣和能力，让自我与工作匹配，这一阶段属于(   )。
    A. 探索期　　　　　　　　　　　B. 建立期
    C. 维持期　　　　　　　　　　　D. 衰退期

329. 处于职业发展维持阶段的个体，在组织中的主要身份是(   )。
    A. 学徒　　　　　　　　　　　　B. 同事
    C. 导师　　　　　　　　　　　　D. 顾问

330. 总是希望随心所欲地安排自己的工作方式和生活方式，追求能够施展个人能力的工作环境，最大限度地摆脱组织的束缚，这属于(   )的职业生涯锚。
    A. 技术/职能能力型　　　　　　B. 管理能力型
    C. 自主独立型　　　　　　　　　D. 安全稳定型

331. 为了使职业生涯管理活动取得成功，需要注意一些事项，其中不包括(   )。
    A. 鼓励直线经理参与职业生涯发展活动
    B. 不一定非得得到组织高层的支持
    C. 要充分考虑员工的个体差异
    D. 职业生涯管理活动要与组织的人力战略、招聘、绩效评估等人力资源管理环节相互配合，统筹考虑

332. 个人不得不做出选择的时候，无论如何都不会放弃的职业生涯中的那种至关重要的东西或价值观，这称为(   )。
    A. 职业修养　　　　　　　　　　B. 职业兴趣
    C. 职业规划　　　　　　　　　　D. 职业生涯锚

第十章 劳动关系

刷基础

333. 下列关于劳动关系的说法正确的是( )。
   A. 在劳动关系中,劳动者追求利润最大化
   B. 劳动关系是一种社会关系系统
   C. 政府不是劳动关系的主体
   D. 劳资双方相互合作是劳动关系的前提

334. 劳动关系是指劳动者与劳动力使用者以及相关组织为实现劳动过程所构成的( )。
   A. 法律关系   B. 社会关系
   C. 雇佣关系   D. 经济关系

335. 在劳动关系中,雇主追求的是( )。
   A. 利润最大化   B. 福利最大化
   C. 权力最大化   D. 分工最大化

336. 下列属于设立工会的主要目标的是( )。
   A. 维护劳动者劳动条件   B. 改善劳动者生活条件
   C. 为工会成员争取利益和价值 D. 解决劳动纠纷

337. 在用人单位中,( )指雇工7人以下(包括7人)的个体工商户。
   A. 企业   B. 民办非企业单位
   C. 社会团体   D. 个体经济组织

338. ( )是用人单位依法制定并在本单位实施的组织劳动过程和进行劳动管理的规则和制度的总和。
   A. 劳动合同制度   B. 集体合同制度
   C. 劳动规章制度   D. 职工民主管理制度

339. 下列选项中不属于雇主组织的作用的是( )。
   A. 劳动关系的规制者
   B. 参与集体谈判
   C. 参与劳动立法和政策制定
   D. 通过雇主组织的培训机构为会员企业提供培训服务

340. "政府在处理劳动争议时,居中调解和发挥主导作用"这体现了政府( )。
   A. 劳动关系运行的监督者
   B. 劳动争议的重要调解仲裁者
   C. 劳动关系重大冲突的控制者
   D. 协调劳动关系制度和机制建设的推动者

刷进阶

341. 在劳动关系主体中,劳动者利益的代表是( )。
   A. 政府   B. 工会
   C. 劳动者   D. 用人单位

342. 劳动关系运行的规则网络中,( )是最为基本和一般的规范手段。
    A. 法律   B. 权力
    C. 传统   D. 道德

343. 下列关于"劳动关系主体权利义务统一原则"内容说法错误的是( )。
    A. 劳动关系主体双方在实现劳动过程中各自既行使权利,又履行义务
    B. 劳动者负有将其劳动力交付给用人单位使用的义务
    C. 调整劳动关系实际上就是通过法律法规或制度对劳动关系主体的权利义务进行规范
    D. 用人单位只享有使用劳动力权利,不负有保障劳动力再生产的义务

344. ( )是最基本和最重要的社会关系。
    A. 经济关系   B. 劳动关系
    C. 法律关系   D. 雇佣关系

345. 下列不属于发展和谐劳动关系的主要任务的是( )。
    A. 进一步完善劳动合同制度   B. 健全国家劳动标准体系
    C. 完善协调劳动关系三方机制   D. 加强集体劳动合同管理

346. 员工申诉的( ),要明确界定员工的申诉范围,避免员工将本可以通过正常管理渠道解决的问题也通过申诉方式提出。
    A. 合法原则   B. 公平原则
    C. 明晰原则   D. 反馈原则

347. ( )是公有制企业实行职工民主管理的一种法定必要形式。
    A. 劳动合同制度   B. 集体合同制度
    C. 职工代表大会制度   D. 劳动争议处理制度

348. 要对员工申诉事项进行严格保密,减少申诉者的疑惑,尤其不能泄露申诉内容和申诉人的个人隐私,避免出现打击报复等恶性事件,这体现了员工申诉管理的( )。
    A. 合法原则   B. 保密原则
    C. 明晰原则   D. 及时原则

349. 下列不属于员工正式申诉处理程序的是( )。
    A. 向申诉受理人提交员工申诉表   B. 双方提交理由
    C. 申诉受理   D. 解决问题

350. 下列关于企业劳动争议调解委员会调解劳动争议前应做的准备工作,说法错误的是( )。
    A. 当事人申请劳动争议调解可以书面申请,也可以口头申请
    B. 如果被申请人是用人单位,应通知其指定专人或委托他人参加调解,以保证调解工作按预期顺利进行
    C. 可以向当事人询问,找周围知情人及有关人员了解情况,收集有关的证据
    D. 允许当事人双方面对面进行申诉

第十一章　劳动力市场

刷基础

351. 效率工资是指企业提供的一种高于( )的工资。

A. 基本薪酬 B. 绩效工资
C. 市场均衡水平 D. 市场最高水平

352. 当本行业的工资率相对其他行业有所提高，便会从其他行业吸引来较多的人到本行业来服务，这样的劳动力供给曲线是(　　)。
A. 向右上倾斜的劳动力供给曲线 B. 垂直形状的劳动力供给曲线
C. 向下倾斜的劳动力供给曲线 D. 水平形状的劳动力供给曲线

353. 在经济不景气时期，某国的一些产业受到严重打击，裁员现象严重，为此该国政府拿出专项财政拨款，建立了一些针对失业人员的再就业培训计划，政府采取的这种政策称为(　　)。
A. 财政政策 B. 货币政策
C. 产业政策 D. 人力政策

354. 由于对某种能够给人带来满足的最终产品存在需求，进而延伸出来的对生产这种产品的生产要素的需求是(　　)。
A. 直接需求 B. 宏观需求
C. 派生需求 D. 混合需求

355. 关于工资率上涨对个人劳动力供给产生的影响的说法，正确的是(　　)。
A. 工资率上涨的收入效应和替代效应都导致个人劳动力供给时间减少
B. 工资率上涨的替代效应导致个人劳动力供给时间减少
C. 工资率上涨的收入效应和替代效应都导致个人劳动力供给时间增加
D. 工资率上涨的收入效应导致个人劳动力供给时间减少

356. 在其他条件不变的情况下，工资率上升产生的规模效应和替代效应对劳动力需求的影响是(　　)。
A. 规模效应使劳动力需求减少，替代效应使劳动力需求增加
B. 规模效应使劳动力需求减少，替代效应使劳动力需求减少
C. 规模效应使劳动力需求增加，替代效应使劳动力需求增加
D. 规模效应使劳动力需求增加，替代效应使劳动力需求减少

357. 在其他条件不变的情况下，相关因素对劳动力需求产生的影响是(　　)。
A. 工资率上涨的收入效应导致劳动力需求上升
B. 工资率上涨的替代效应导致劳动力需求下降
C. 资本价格下降的规模效应导致劳动力需求下降
D. 资本价格下降的替代效应导致劳动力需求上升

358. 某国外经济学家指责本国政府不仅未能促进经济繁荣，而且在一定程度上掩盖了该国的真实失业水平，因为一部分劳动者由于找不到工作而不得不退出了劳动力市场。因此，尽管官方公布的失业率为6%，真实的失业率将达到10%，这位经济学家实际上指出了(　　)。
A. 在经济衰退时期会出现附加的劳动者效应
B. 在经济繁荣期会出现附加的劳动者效应
C. 在经济衰退时期会出现灰心丧气的劳动者效应
D. 在经济繁荣期会出现灰心丧气的劳动者效应

359. 女性通常总是承担着从事家庭生产的主要责任，然而随着微波炉、吸尘器、洗衣机、

烘干机、自动洗碗机等家用电器的普及，用购买来的商品来替代家庭生产时间变得越来越容易，从而促使女性劳动力参与率上升的因素属于(　　)。
   A. 女性相对工资率上升
   B. 女性劳动力市场工作的偏好和态度发生了改变
   C. 家庭生产活动的生产率提高
   D. 工作机会的增加

360. 人们对食品和服饰的需求是(　　)。
   A. 直接需求   B. 间接需求
   C. 派生需求   D. 混合需求

361. 关于产品需求变化对劳动力需求数量的影响说法错误的是(　　)。
   A. 在其他条件不变的情况下，产品需求上升带来的规模效应会导致在工资率不变的情况下，企业的或市场总体的劳动力需求数量增加
   B. 在其他条件不变的情况下，产品需求下降会导致企业缩减生产规模，从而减少劳动力需求
   C. 在其他条件不变的情况下，产品需求下降产生的替代效应会使劳动力需求增加
   D. 在资本价格和劳动力价格没有发生变化的情况下，产品需求变化只会对劳动力需求数量产生规模效应，而不会产生替代效应

362. 在其他条件不变的情况下，相关因素对劳动力需求产生的影响是(　　)。
   A. 工资率上涨的收入效应导致劳动力需求上升
   B. 工资率上涨的替代效应导致劳动力需求下降
   C. 资本价格下降的规模效应导致劳动力需求下降
   D. 资本价格下降的替代效应导致劳动力需求上升

363. 如果劳动力需求曲线是缺乏弹性的，那么当工资率上升时，工资总量(　　)。
   A. 上升   B. 下降
   C. 无变化   D. 无关

364. 假如某个地区的男性劳动力的工资提高1%，导致该地区企业对于女性的劳动力需求上升2%，则这两种劳动力之间存在的关系是(　　)关系。
   A. 替代   B. 总替代
   C. 互补   D. 总互补

365. 在劳动力市场均衡分布图形中，如果劳动力供给曲线不变，出口下降导致劳动力需求曲线向左移动，可能出现的情况是(　　)。
   A. 均衡工资率下降，均衡就业率上升
   B. 均衡工资率上升，均衡就业率下降
   C. 均衡工资率和均衡就业率同时上升
   D. 均衡工资率和均衡就业率同时下降

366. 如果在沿海地区就业的大量内地农村劳动力返还家乡，而沿海地区的劳动力需求没有发生变化，则此时沿海地区的劳动力市场状况会表现为(　　)。
   A. 均衡工资率上升，均衡就业量下降
   B. 均衡工资率下降，均衡就业量上升
   C. 均衡工资率和均衡就业量均下降

D. 均衡工资率和均衡就业量均上升

367. 下列不属于劳动力市场具有的特征的是( )。
   A. 特殊性   B. 单一性
   C. 多样性   D. 不确定性

368. 家庭生产理论把家庭的可能时间分配划分为( )。
   A. 市场工作时间和家庭生产时间   B. 市场工作时间和家庭闲暇时间
   C. 家庭生产时间和家庭闲暇时间   D. 家庭生产时间和家庭消费时间

369. 在一个以工作小时数为横轴，工资率为纵轴的坐标系中，个人劳动力供给曲线的形状为( )。
   A. 平行于横轴的一条直线   B. 垂直于横轴的一条直线
   C. 自左下方向右上方倾斜的一条直线 D. 一条向后弯曲的曲线

370. 如果男性的工资水平每上升2%，女性的劳动力需求便会下降0.5%，则在男性与女性之间存在( )关系。
   A. 替代   B. 互补
   C. 总替代   D. 总互补

371. 劳动力供求双方之间的接触是非常分散的，因而很难看到像一般商品市场那样可以清晰地辨认出的劳动力市场，这反映了劳动力市场的( )。
   A. 特殊性   B. 不确定性
   C. 难以衡量性   D. 多样性

372. 工资率的提高意味着劳动者享受闲暇的机会成本上升，从而促使劳动者增加劳动力供给时间。这种效应称为( )。
   A. 收入效应   B. 替代效应
   C. 规模效应   D. 产出效应

373. 家庭生产理论认为，在确定每个家庭成员的时间利用方式时所依据的原则是( )。
   A. 比较优势原理   B. 绝对优势原理
   C. 利润至上原理   D. 效率优先原理

374. 家庭生产理论认为，家庭效用的直接来源是( )。
   A. 闲暇时间
   B. 通过市场工作获得的工资收入
   C. 用工资收入购买的产品或服务
   D. 产品或服务与家庭时间相结合生产出来的家庭物品

375. 工资收入是大多数劳动者的唯一生活来源，劳动者承受失业从而在失去生活来源的情况下保持原有生活水平的能力一般比较差，体现了劳动力市场的( )特征。
   A. 不确定性   B. 交易对象的难以衡量性
   C. 劳动力出售者地位的不利性   D. 市场交易条件的复杂性

376. 劳动力参与率是实际劳动力人口与( )之比。
   A. 人口总量   B. 潜在劳动力人口
   C. 失业劳动力人口   D. 就业劳动力人口

377. 当家庭中的主要收入获取者失去工作或工资被削减以后，其他家庭成员有可能会临时性地进入劳动力队伍，通过工作来增加家庭收入，这种效应被称为( )。

A. 替代性劳动者效应　　　　　　B. 自信的劳动者效应
C. 灰心丧气的劳动者效应　　　　D. 附加的劳动者效应

378. 如果某市纺织工人的劳动力供给弹性为0.5，由于工资水平上涨，这类劳动者的劳动力供给时间增加了15%，他们原来的工资水平是每小时25元，那么现在的工资水平是（　　）元。
A. 25.3　　　　　　　　　　　　B. 26.7
C. 30　　　　　　　　　　　　　D. 32.5

379. 企业之所以会愿意支付高工资，一个基本假设就是（　　）。
A. 高工资可以提高员工的工作技能
B. 高工资有利于降低员工的离职率
C. 高工资往往能够带来高生产率
D. 高工资往往能够更容易让人产生公平感

380. 下列不属于决定劳动力供给数量的因素的是（　　）。
A. 人口总量　　　　　　　　　　B. 劳动力参与率
C. 劳动者的平均周工作时间　　　D. 劳动者的平均年龄

381. 附加的劳动者效应体现了（　　）特点。
A. 劳动力供给的经济周期　　　　B. 劳动力供给的生命周期
C. 劳动力需求的经济周期　　　　D. 劳动力需求的生命周期

382. 经济衰退时期，在劳动力供给方面占主导地位的效应是（　　）。
A. 收入效应　　　　　　　　　　B. 附加的劳动者效应
C. 替代效应　　　　　　　　　　D. 灰心丧气的劳动者效应

383. 某地区医院护士当前的工资率为每小时40元，劳动力总供给时间为4万小时，若工资率提高到每小时50元，则他们的劳动力总供给时间会上升到5.2万小时，则该地区医院护士的劳动力供给是（　　）。
A. 缺乏弹性的　　　　　　　　　B. 富有弹性的
C. 单位弹性的　　　　　　　　　D. 无弹性的

384. 工资率提高对劳动力供给产生的收入效应导致（　　）。
A. 劳动力供给时间减少　　　　　B. 劳动力供给时间增加
C. 劳动力供给人数减少　　　　　D. 劳动力供给人数增加

385. 一国的平均工资率从10元/小时上升到15元/小时，该国总的劳动工时供给数量上升了40%，则该国的劳动力供给曲线是（　　）。
A. 缺乏弹性的　　　　　　　　　B. 富有弹性的
C. 单位弹性的　　　　　　　　　D. 无弹性的

386. 如果青年劳动力的工资率上涨1%导致中年劳动力的就业量下降0.5%，则青年劳动力与中年劳动力之间存在（　　）。
A. 总互补关系　　　　　　　　　B. 总替代关系
C. 互补关系　　　　　　　　　　D. 替代关系

387. 2019年某县总人口为40万人，其中16岁以下人口为10万人，就业人口20万人，失业人口4万人，则该县2019年的劳动力参与率为（　　）。
A. 50%　　　　　　　　　　　　B. 60%

C. 75% D. 80%

388. 一个国家或地区劳动力供给数量的最重要基础是（   ）。
   A. 人口总量 B. 劳动者的受教育水平
   C. 劳动者的工作时间 D. 劳动力参与率

389. 某市对汽车生产工人的劳动力需求是单位弹性的，该市企业目前雇用的汽车生产工人总人数为 25 000 人，工人的市场工资率是 25 元/小时，如果工资率上升为 30 元/小时，则该市企业愿意雇用的汽车生产工人总人数将变成（   ）人。
   A. 15 000 B. 20 000
   C. 25 000 D. 30 000

390. 如果硕士毕业生的工资水平每上升1%，本科毕业生的劳动力需求便会上升0.2%，则在硕士毕业生和本科毕业生之间存在（   ）关系。
   A. 替代 B. 互补
   C. 总替代 D. 总互补

391. 潜在的劳动力人口指的是（   ）。
   A. 16 岁以上的总人口 B. 16 岁以上的经济活动人口
   C. 18 岁以上的就业人口 D. 18 岁以上的实际劳动力人口

392. 在其他条件不变时，由于工资率的上升，可能会导致劳动者减少工作时间，并且增加闲暇时间的消费。这种现象被称为工资率上升的（   ）。
   A. 闲暇效应 B. 工资效应
   C. 替代效应 D. 收入效应

刷进阶

393. 在经济衰退时期，一些失业工人对于在某一可行的工资率水平下找到工作变得非常悲观，因而停止寻找工作，这种现象被称为（   ）。
   A. 附加的劳动者效应 B. 收入效应
   C. 替代效应 D. 灰心丧气的劳动者效应

394. 当工资率上升时，劳动力需求量下降的速度会超过工资率上升的速度，该类劳动力的工资总量下降，反之工资率下降，则该类劳动力的工资总量上升，这时劳动力需求曲线是（   ）。
   A. 富有弹性的 B. 单位弹性的
   C. 无弹性的 D. 缺乏弹性的

395. 关于效率工资的说法，正确的是（   ）。
   A. 效率工资是指法定最低工资
   B. 效率工资是企业自愿提供的高于市场均衡水平的工资
   C. 效率工资降低了企业的竞争力
   D. 效率工资是工会通过与企业进行集体谈判确定的工资

396. 在市场经济条件下，对劳动力这种生产性资源进行有效配置的根本手段是（   ）。
   A. 政府 B. 企业
   C. 劳动力市场 D. 政府和劳动力市场

397. 根据劳动力的派生需求定理，下列说法错误的是（   ）。

A. 产品需求弹性越大，生产产品的劳动力的需求的自身工资弹性越大

B. 其他生产要素对劳动力替代越容易，劳动力需求的自身工资弹性就越高

C. 其他生产要素的供给弹性越大，劳动力需求的自身工资弹性就越大

D. 劳动力成本在总成本中占的比重越大，劳动力需求的自身工资弹性越小

398. 某地区软件开发人员的劳动力市场目前处于均衡状态，且在未来几年中，软件开发行业的劳动力需求不会出现太大变化，但是在前些年"计算机热"中报考计算机专业的大批大学毕业生即将进入该地区劳动力市场，这种情况可能导致该地区软件开发人员（　　）。

A. 工资率有所下降，就业量会有所上升

B. 工资率会有所上升，就业量会有所下降

C. 工资率和就业量均上升

D. 工资率和就业量均下降

399. 当劳动工时变动百分比大于工资率变动百分比时，劳动力供给弹性（　　）。

A. 小于1　　　　　　　　　B. 等于1

C. 大于1　　　　　　　　　D. 等于或大于1

400. 在经济周期中，有助于降低失业率的是（　　）。

A. 附加的劳动者效应　　　　B. 灰心丧气的劳动者效应

C. 收入效应　　　　　　　　D. 替代效应

401. 同工同酬原则要求，对（　　）的劳动者支付同等水平的工资。

A. 工作年限相同　　　　　　B. 完成同等价值工作

C. 具有相同人力资本　　　　D. 具有相同工龄

402. 当某地家政服务人员的工资率为每小时20元时，此类人员的供给人数为50万人，家政服务人员的工资率上升到每小时25元后，此类人员的月供给量为60万人，家政服务人员的劳动力供给是（　　）。

A. 单位弹性的　　　　　　　B. 无弹性的

C. 富有弹性的　　　　　　　D. 缺乏弹性的

403. 关于劳动力需求的说法，错误的是（　　）。

A. 劳动力需求是一种派生需求

B. 其他条件一定，工资率上升必然导致劳动力需求数量下降

C. 劳动力需求与资本价格无关

D. 在长期中，工资率变动会对劳动力需求同时产生规模效应和替代效应

404. 劳动力市场上的摩擦力会导致劳动力市场非均衡，这种摩擦力不包括（　　）。

A. 企业调整雇佣人数会产生成本

B. 市场工资水平会发生变化

C. 有些企业支付超出市场通行水平的高工资率

D. 劳动力流动会产生成本

405. 劳动力市场的（　　）决定了企业通常需要利用受教育程度、工作经验等多种标准，以及面试、笔试、心理测试等多种手段甄选员工。

A. 特殊性　　　　　　　　　B. 交易延续性

C. 不确定性　　　　　　　　D. 交易对象难以衡量性

406. 某市人口普查结果表明，该市共有 2 000 万人，其中 16 岁以上的人口为 1 500 万，就业人口总数为 1 000 万，失业人口为 200 万，则该市的劳动力参与率为(　　)。
    A. 50%　　　　　　　　　　　　B. 60%
    C. 70%　　　　　　　　　　　　D. 80%

407. 工资率上升对劳动者产生的作用之一在于，它使劳动者享受闲暇的机会成本比过去更高了，而这会使劳动者产生一种增加劳动力供给时间的倾向。工资率上升对劳动者产生的这种作用称为(　　)。
    A. 收入效应　　　　　　　　　　B. 替代效应
    C. 规模效应　　　　　　　　　　D. 产出效应

408. 导致女性劳动力参与率下降的因素是(　　)。
    A. 女性的相对工资率上升　　　　B. 家庭生产活动的生产率提高
    C. 出生率上升　　　　　　　　　D. 离婚率上升

409. 关于长期劳动力需求的说法，正确的是(　　)。
    A. 工资率变动在长期中对劳动力需求产生的影响会比在短期中更大
    B. 工资率上升所产生的规模效应导致长期劳动力需求数量的增加
    C. 工资率上升所产生的替代效应导致长期劳动力需求数量的增加
    D. 在长期中，工资率变动只会对劳动力需求产生规模效应，不会产生替代效应

第十二章　工资与就业

刷基础

410. 在外部环境条件和机会一致的条件下，劳动者之间的竞争性工资差别归结于(　　)。
    A. 不同劳动者的劳动力在量上的差异　　B. 不同劳动者的劳动力在质上的差异
    C. 不同劳动者在劳动时间上的差异　　　D. 不同劳动者在职位上的差异

411. 劳动力市场歧视被划分为(　　)。
    A. 工资歧视、奖金歧视　　　　　B. 职业歧视、休假歧视
    C. 工资歧视、职业歧视　　　　　D. 职业企业、个人歧视

412. 企业常常会利用不同劳动者的历史绩效水平，来预测求职者的未来生产率，这种做法很容易产生(　　)歧视。
    A. 统计性　　　　　　　　　　　B. 雇主
    C. 工资　　　　　　　　　　　　D. 职业

413. 在工资差别的形成原因中，揭示了由于工作条件和社会环境原因而导致收入差异的是(　　)。
    A. 竞争性工资差别　　　　　　　B. 补偿性工资差别
    C. 垄断性工资差别　　　　　　　D. 职位性工资差别

414. 中国从 1994 年开始用(　　)的概念替代"待业人员"的概念。
    A. 离职人员　　　　　　　　　　B. 创业人员
    C. 失业人员　　　　　　　　　　D. 无业人员

415. 下列关于季节性失业的表述，错误的是(　　)。
    A. 季节性失业是指由于经济的周期性变化而导致的定期性的劳动者就业岗位的丧失

B. 容易形成季节性失业的部门或行业有农业、服装业等
C. 季节性失业是一种正常性失业
D. 季节性失业不利于劳动力资源的有效利用，造成了一定的人力浪费

416. 制造业的工资水平一般较高，而制造业通常也是比较集中的位于工资水平高的地区，其中的一个主要原因就是在高工资水平地区便于找到技术较高的熟练工人，体现了不同产业部门间工资差别的（　　）因素。
    A. 熟练劳动力所占比重 B. 技术经济特点
    C. 发展阶段 D. 地理位置

417. "高质量的劳动力通常有高的劳动效率，从而工资也较高；质量较低的劳动力因效率低而通常也只有较低的工资"，基于这种原因而形成的工资差别属于（　　）。
    A. 补偿性工资差别 B. 竞争性工资差别
    C. 垄断性工资差别 D. 租金性工资差别

418. 从理论上说，如果雇主存在歧视行为，则说明雇主追求的是（　　）。
    A. 利润最大化 B. 收益最大化
    C. 效用最大化 D. 成本最小化

419. 根据国际劳工组织的定义，因为疾病、工伤、休假、旷工或天气恶劣等原因暂时脱离工作的劳动者属于（　　）。
    A. 就业人口 B. 失业人口
    C. 非劳动力 D. 准就业人口

420. 由于经济周期或经济波动引起劳动力市场供求失衡所造成的失业是（　　）。
    A. 结构性失业 B. 季节性失业
    C. 周期性失业 D. 摩擦性失业

421. 下列不属于在现实生活中影响工资水平确定的因素的是（　　）。
    A. 劳动力市场的现状 B. 劳动者个人和家庭所需的生活费用
    C. 部门或企业的工资支付能力 D. 同工同酬原则

422. 在劳动力市场的歧视来源中，与雇主的招募和甄选过程有关的是（　　）。
    A. 客户歧视 B. 竞争性歧视
    C. 非竞争性歧视 D. 统计性歧视

423. 由于政府实施城乡分离的就业政策而导致的工资差别属于（　　）。
    A. 竞争性工资差别 B. 补偿性工资差别
    C. 非自然性垄断所造成的收入差别 D. 自然性垄断所造成的收入差别

424. 文体影视"明星"们的收入要远远高于很多普通劳动者，两者之间的差别属于（　　）工资差别。
    A. 非自然竞争性 B. 自然竞争性
    C. 非自然垄断性 D. 自然垄断性

425. 在实际操作中，以下选项属于判断不充分就业人员的标准的是（　　）。
    A. 调查周内工作时间为40小时 B. 未足额交纳社会保险
    C. 不愿意从事更多的工作 D. 工作时间短是非个人原因

426. 关于失业的说法，错误的是（　　）。
    A. 季节性失业是竞争性劳动力市场的一个自然特征

B. 产生周期性失业的基本原因是总量需求不足
C. 摩擦性失业的产生原因之一是信息不完善性
D. 在结构性失业中，最主要的是技术性失业

427. 货币工资所能购买到的商品和服务量，并且可用来说明货币工资的购买能力，这种工资是指(　　)。
A. 实际工资 B. 名义工资
C. 指数工资 D. 效率工资

428. 企业的经济实力、竞争能力和企业能够承受的劳动力费用决定了(　　)。
A. 劳动者愿意接受的最低工资水平 B. 企业所能支付的最高工资水平
C. 国家规定的最低工资水平 D. 工会能够接受的最低工资水平

429. 下列关于工资水平的表述，错误的是(　　)。
A. 规模大的企业一定会支付较高水平的工资
B. 较高的工资有助于提高员工的生产率
C. 如果企业从提高工资中所获得的边际收益与它所导致的边际成本相等，那么这时的工资就是能够使企业实现利润最大化的工资水平
D. 较高的工资水平有利于遏制员工的偷懒行为

430. 关于工资差别，下列说法中不正确的是(　　)。
A. 工资差距的存在必然是长期的
B. 工资差别从本质上讲是同劳动相联系的
C. 只要劳动者的素质和技术不能完全相同，劳动条件的差别就无法消除，工资差别就不可能消除
D. 现阶段，我国应大力发展经济，努力消除工资差别，以确保共同富裕的实现

431. 按照经济专家的观点，不计入"自然失业率"的是(　　)。
A. 周期性失业 B. 摩擦性失业
C. 结构性失业 D. 季节性失业

432. 激励劳动者从低生产率的岗位、企业向高生产率的岗位、企业转移，从而在整个社会范围内不断重新配置劳动力资源的是(　　)。
A. 劳动条件 B. 工资差别
C. 劳动力供给 D. 劳动力需求

433. 竞争性工资差别又称为(　　)。
A. 报酬性工资差别 B. 责任性工资差别
C. 技能性工资差别 D. 学历性工资差别

434. 两种性别的劳动力在各种职业中分布是完全相同的，则差异指数为(　　)。
A. 0 B. 100
C. 正数 D. 负数

435. 目前我国在统计失业率时，所应用的指标是(　　)。
A. 国民失业率 B. 城镇登记失业率
C. 城市失业率 D. 城镇登记待业率

436. 我国计划经济时期的待业的概念适用于(　　)。
A. 农村人口 B. 城镇人口

C. 城市人口 D. 无业人口

437. 企业在制定自己的工资政策、确定企业工资水平时，必须要对（　　）有正确的了解。
    A. 货币工资 B. 实际工资
    C. 物价指数 D. 恩格尔系数

438. 自然失业率在（　　），并不影响充分就业的实现。
    A. 1%～2% B. 2%～4%
    C. 4%～6% D. 3%～5%

439. 关于就业者、失业者以及非劳动力三种存量之间存在的流动方向，描述错误的是（　　）。
    A. 就业者很可能因为被解雇，又没有马上找到工作而变成失业者
    B. 失业者也可能因为找到工作或重新找到工作而变成就业者
    C. 非劳动力会在某个时点上到劳动力市场上开始供给自己的劳动力
    D. 就业者由于退休等原因而决定退出劳动力市场，则他们就从就业者变成失业者

440. 在我国很多企业、事业单位中依然存在基于身份的用工制度，正式员工和合同员工（或外聘员工或派遣员工）即使从事同样的工作，所得的工资福利水平以及其他方面的待遇也存在很大的差距，这些属于（　　）。
    A. 雇主歧视 B. 竞争性歧视
    C. 非竞争性歧视 D. 统计性歧视

441. 摩擦性失业是由（　　）产生的。
    A. 劳动力市场的动态属性和信息的不完善性
    B. 劳动力市场的静态属性和信息的不完善性
    C. 劳动力市场的动态属性和信息的不准确性
    D. 劳动力市场的静态属性和信息的不准确性

442. 在知识技能上无质的差别的劳动者，因从事职业的工作条件和社会环境的不同而产生的工资差别是（　　）。
    A. 岗位性工资差别 B. 补偿性工资差别
    C. 垄断性工资差别 D. 竞争性工资差别

443. 关于职业歧视，下列说法中错误的是（　　）。
    A. 在现实中，难以衡量有多少是由职业歧视导致的工资差别
    B. 如果男女劳动力在各种职业中的分布是完全相同的，差异指数为0
    C. 衡量职业隔离的指标是差异指数
    D. 如果所有职业都是完全隔离的，差异指数为1

444. 关于我国在就业和失业方面规定的说法，错误的是（　　）。
    A. 虽然从事一定社会劳动，但劳动报酬低于当地城市居民最低生活保障标准的情况视同失业
    B. 超出法定劳动年龄的劳动者外出找工作，但没找到的情况，不属于失业
    C. 16周岁以上各类学校毕业或肄业的学生，初次寻找工作但未找到，不属于失业人员
    D. 劳动者获得的劳动报酬达到和超过当地最低工资标准的，属于充分就业

445. 因衰落部门的失业者与扩展部门的工作要求不相符合，或现有的职位空缺同失业者在

地理位置上失调而造成的失业称为( )。
A. 结构性失业 B. 季节性失业
C. 周期性失业 D. 摩擦性失业

446. 在我国从 1995 年起开始实施的新的就业调查统计的实际操作中,判断不充分就业人员的标准不包括( )。
A. 调查周内工作时间不到 20 小时 B. 工作时间短并非个人原因
C. 劳动报酬达到最低工资标准 D. 愿意从事更多的工作

447. 在其他条件相同的情况下,会导致失业率上升的情形是( )。
A. 就业者因退休而退出劳动力市场的人数增加
B. 找到工作的失业者人数迅速上升
C. 绝大部分应届大中专毕业生都找到工作
D. 一部分长时间找不到工作的失业者决定放弃寻找工作

448. 关于不同产业部门间工资差别的说法,错误的是( )。
A. 熟练劳动力所占比重高的产业通常工资水平更高
B. 人均资本投资比例高的产业部门,人均工资水平通常也高
C. 产业的工会化程度越高,则工资水平一定越高
D. 工资水平较低的产业更多地集中在低工资地区

449. 在竞争性经济中,如果市场对企业的产品需求是稳定的,则决定一家企业工资支付能力的最主要因素是( )。
A. 市场工资水平高低 B. 企业的劳动生产率
C. 同工同酬的要求 D. 劳动者个人及其家庭的生活费用需求

450. 下列选项中,属于在劳动力均衡状态下存在的正常性失业的是( )。
A. 季节性失业 B. 隐蔽性失业
C. 周期性失业 D. 技术性失业

☑ 刷进阶

451. 关于工资差别的说法,错误的是( )。
A. 因劳动能力和劳动效率不同形成的工资差别属于技能性工资差别
B. 高收入文体明星与一般劳动者之间的工资差别属于竞争性工资差别
C. 因工作条件不同引起的工资差别属于补偿性工资差别
D. 因城乡分割就业政策造成的工资差别属于垄断性工资差别

452. 关于工资的说法,正确的是( )。
A. 实际工资又称为名义工资
B. 物价指数越高,相同货币工资所代表的实际工资水平越低
C. 货币工资和实际工资之间没有必要的联系
D. 货币工资水平上升则实际工资水平一定上升

453. 由于不同的职业在工作保障和职业稳定程度方面存在差异而形成的工资差别称为( )工资差别。
A. 补偿性 B. 竞争性
C. 技能性 D. 垄断性

454. 雇主针对既定的生产率特征支付的价格因劳动者所属的人口群体不同而呈现系统性的差别指的是（　　）。
   A. 工资歧视　　　　　　　　　　B. 职业歧视
   C. 个人歧视　　　　　　　　　　D. 客户歧视

455. 如果劳动力市场上出现职位空缺和失业者并存的状态，且失业者没有填补职位空缺的能力，则表明存在（　　）失业。
   A. 摩擦性　　　　　　　　　　　B. 结构性
   C. 季节性　　　　　　　　　　　D. 周期性

456. 关于职业歧视，以下选项中说法正确的是（　　）。
   A. 职业歧视属于一种统计性歧视
   B. 不同性别劳动者之间的工资差别是职业歧视造成的
   C. 职业歧视是指针对具有不同生产率特征的不同劳动者群体支付不同的工资
   D. 对职业歧视进行衡量比较困难

第十三章　人力资本投资理论

刷基础

457. 由于高等教育文凭与高生产率之间存在一定的联系，因此，企业利用文凭来筛选员工的做法是有道理的，这是（　　）的一个基本观点。
   A. 劳动力供给理论　　　　　　　B. 劳动力需求理论
   C. 高等教育的信号模型理论　　　D. 收入分配理论

458. 下列关于人力资本投资的陈述，错误的是（　　）。
   A. 人力资本投资的重点在于它的未来导向性
   B. 人力资本投资的收益发生在未来，而其成本则产生在现在
   C. 增进健康、加强学龄前儿童营养不属于人力资本投资活动
   D. 一位劳动者所具有的知识和技能实质上是一种特定的生产资本储备

459. 通常情况下，一般培训的成本要由（　　）来承担，特殊培训的成本要由（　　）来承担。
   A. 员工，企业　　　　　　　　　B. 员工，政府
   C. 企业，社会　　　　　　　　　D. 企业，员工

460. 冯杰高中毕业后来工厂工作，由于不能胜任繁重的体力劳动，终身工资性报酬为100万，后来冯杰辞职去上大学，凭借在英语方面的特长，毕业后去了一家外企，终身工资性报酬为300万。请问冯杰从上大学中获得的收益是（　　）。
   A. 100万　　　　　　　　　　　B. 200万
   C. 300万　　　　　　　　　　　D. 400万

461. 导致大学毕业生的工资性报酬在最初一年或几年中低于已经有几年工作经验的高中毕业生，这属于接受高等教育的（　　）。
   A. 直接成本　　　　　　　　　　B. 间接成本
   C. 心理成本　　　　　　　　　　D. 机会成本

462. 年轻人都愿意上大学这种现象背后的原因是，在其他条件相同的情况下，人力资本投

资进行的越早,则( )。
A. 其净现值越高 B. 机会成本越低
C. 收入增量流越短 D. 收益时间越短

463. 在现实中我们经常可以看到,受教育程度较高的员工往往能够获得较多的在职培训,其主要原因是( )。
A. 受教育程度较高的员工流动率往往更低
B. 受教育程度较高的员工接受培训内容的速度较快
C. 在职培训只适用于受教育程度较高的员工
D. 受教育程度较高的员工所接受的大多是一般培训

464. 人力资本投资成本在企业和员工之间共同分摊,而收益由双方共同分享,这种做法常见于( )时。
A. 企业实施一般培训 B. 企业实施特殊培训
C. 劳动者在企业间流动 D. 劳动者在企业内流动

465. 对于工人的技能学习来说,最普遍、最主要的方式是( )。
A. 高等教育 B. 脱产培训
C. 非在职培训 D. 在职培训

466. 一个接受过特殊培训的员工离职,企业不得不用一个缺乏经验的员工填补空缺时,下列表述错误的是( )。
A. 企业丧失向离职者支付的训练费用 B. 企业必须重新培训新员工
C. 离职员工重新接受训练从事新工作 D. 新员工生产效率低的损失由员工本人承担

467. 企业规模( )则员工的流动率( )。
A. 越大,越低 B. 越小,越低
C. 越大,越高 D. 无直接关系

468. 下列关于失业率和离职率的关系,表述错误的是( )。
A. 失业率和离职率存在着负相关关系 B. 失业率高时,离职率高
C. 失业率高时,离职率低 D. 失业率低时,离职率高

469. 关于竞业限制的说法,正确的是( )。
A. 竞业限制的人员限于用人单位的普通管理人员
B. 竞业限制期限应当超过3年
C. 竞业限制的范围由用人单位自行确定
D. 劳动者违反竞业限制约定的,应当按照约定向用人单位支付违约金

470. 人力资本投资的( )越高,则投资价值越大。
A. 直接成本 B. 机会成本
C. 收益率 D. 边际成本

471. 下列( )情况下,高中毕业生更愿意上大学。
A. 经济衰退期 B. 高贴现率时期
C. 经济繁荣期 D. 经济增长期

472. 下列有关一般培训的成本与收益分摊方式的陈述错误的是( )。
A. 一般培训的成本要由企业来承担
B. 员工对成本的负担并不一定采取直接付费的方式

C. 员工在培训以后可以获得与较高的生产率相对应的较高工资率

D. 员工在接受培训期间接受一种与较低的生产率相对应的较低工资率

473. 关于一般在职培训和特殊在职培训的说法，正确的是（　　）。

　　A. 一般在职培训需要离岗完成

　　B. 特殊在职培训需要离岗完成

　　C. 一般在职培训和特殊在职培训都能带来员工生产率提高

　　D. 一般在职培训和特殊在职培训不可能同时发生在一次培训中

474. 关于人力资本投资的说法，正确的是（　　）。

　　A. 人力资本投资只有收益，没有成本

　　B. 人力资本投资的成本产生在当前，收益却产生在未来

　　C. 无论是对国家还是对个人来说，人力资本投资都是越多越好

　　D. 人力资本投资的投资者和获益者是同一主体

475. 美国经济学家加利·贝克尔在《人力资本》一书中表述人力资本投资理论的特征时认为人力资本投资的重点在于它的（　　）。

　　A. 货币和物质收入　　　　　　B. 投资回报

　　C. 未来导向性　　　　　　　　D. 资本贴现率

476. 进行教育和培训选择时，通常通过对（　　）比较来判断人力资本投资是否值得。

　　A. 未来的预期收益与现期成本　　B. 未来的预期收益与预期成本

　　C. 未来的收益现值与现期成本　　D. 未来的收益现值与预期成本

477. 就市场而言，接受正规学校教育年数越多的人，接受在职培训的可能性就会（　　）。

　　A. 越少　　　　　　　　　　　B. 越多

　　C. 不确定　　　　　　　　　　D. 二者无关

478. 关于在职培训与企业行为和员工行为的说法，正确的是（　　）。

　　A. 在职培训对于企业行为和员工行为没有影响

　　B. 在职培训对企业行为有影响，但是对员工个人的行为没有影响

　　C. 在职培训中包含的特殊培训内容有助于抑制员工的离职倾向

　　D. 在职培训中包含的一般培训内容有助于抑制员工的离职倾向

479. 在市场经济条件下，各国政府在初等教育方面都进行了很大的投资，通常会普及初等义务教育，政府这样做的一个主要原因是（　　）。

　　A. 初等教育能够带来很高的社会收益

　　B. 初等教育只能让社会受益，因而只能由政府投资

　　C. 政府投资于高等教育是不会产生社会收益的

　　D. 初等教育不能产生私人收益，所以私人不愿意进行投资

480. 关于教育投资的说法，错误的是（　　）。

　　A. 教育投资有助于提高劳动生产率

　　B. 教育投资的全部收益应当归投资者个人所有

　　C. 教育投资会带来国民收入和社会财富的增长

　　D. 教育投资的主体包括国家、劳动者个人及其家庭等多个方面

481. 劳动力流动的影响因素中，从实际上决定了企业员工到其他组织寻找工作的便利性及其成本高低的是（　　）。

A. 企业规模 B. 企业所处的地理位置
C. 企业的组织文化 D. 企业的领导风格

482. 一个国家的资本在一定程度上包括社会全体成员的能力。该观点的提出者为( )。
A. 西奥多·舒尔茨 B. 大卫·贝尔
C. 亚当·斯密 D. 加利·贝克尔

483. 如果要想使投资有利可图,那么可以承受的最高贴现率是多少,这是( )回答的一个问题。
A. 内部收益率法 B. 现值法
C. 净现值法 D. 投资回收期法

484. 在对上大学的收益估计的时候,通常考虑的是货币性报酬,但事实上,上大学所获得的超过高中毕业生的报酬还包括福利部分。这反映了教育投资私人收益估计偏差的( )。
A. 高估偏差 B. 低估偏差
C. 能力偏差 D. 选择性偏差

485. 关于劳动力在产业间流动和产业内部流动的说法,正确的是( )。
A. 劳动者因工厂倒闭而回乡务农的情况不属于劳动力跨产业流动
B. 从农业部门流入工业部门的劳动者通常一开始只能从事蓝领工作
C. 在劳动力跨产业流动中,相对工资水平高的产业往往呈现人员净流出状态
D. 失业率较高的产业部门往往面临更低的劳动力流动率

刷进阶 高频进阶 强化提升

486. 通过使收益现值与成本相等来求出利率或贴现率的值,然后再将这种收益率去与其他投资的报酬率(如银行利率等)加以比较。如果最高贴现率大于其他投资的报酬率,则人力资本投资计划是可行的,否则,就是不可行的,这种衡量人力资本投资模型的方法称为( )。
A. 现值法 B. 贴现法
C. 外部收益率法 D. 内部收益率法

487. 从纯粹经济学角度考虑,一个理性的决策应该是对上大学的成本和收益进行分析。上大学成本不包括( )。
A. 直接成本 B. 机会成本
C. 心理成本 D. 间接成本

488. 使企业将劳动力从可变投入要素变成半固定生产要素的重要原因之一是( )。
A. 一般培训 B. 非正式培训
C. 特殊培训 D. 在职培训

489. 自愿性职业流动基本上是( )。
A. 向上流动 B. 向下流动
C. 水平流动 D. 垂直流动

490. 关于影响劳动力流动的市场周期因素的说法,错误的是( )。
A. 一个国家的住房制度是影响劳动力流动的市场周期因素
B. 解雇率高时往往离职率低

C. 失业率高时往往离职率低

D. 大多数时候劳动力市场周期是与经济周期同步的

491. 关于劳动力流动对企业和劳动者产生的影响的说法,错误的是( )。

A. 有经验员工的离职通常导致企业增加培训新员工的成本

B. 有自愿离职的情况下,员工的劳动力流失是没有成本的

C. 劳动力流动对于企业和劳动者都有利有弊

D. 资深员工离职会导致企业的一部分培训成本无法回收

492. 衡量劳动力市场松紧程度的重要指标是( )。

A. 工资率　　　　　　　　B. 失业率

C. 就业人数　　　　　　　D. 失业人数

493. 关于在职培训的说法,错误的是( )。

A. 企业承担在职培训的全部成本,并获得全部收益

B. 在职培训属于人力资本投资的一种

C. 在职培训对企业和劳动者的行为都会产生影响

D. 大多数在职培训都是以非正式的形式完成的

494. 人力资本投资理论发展的意义不包括( )。

A. 否定了所有劳动者都是同质的这一假设

B. 挑战了资本只是物力储备这一传统观念

C. 人力资本投资的重点在于它的未来导向性

D. 肯定了所有劳动者都是同质的这一假设

495. 将未来的货币折算为现在的价值是一个( )的过程。

A. 货币增值　　　　　　　B. 货币贬值

C. 投资回报计算　　　　　D. 贴现

496. 关于能力差的人和能力强的人在上大学成本方面的说法,错误的是( )。

A. 能力强的人比能力差的人上大学的心理成本更低

B. 能力强的人有精力在上学时勤工俭学,这有助于降低他们上大学的机会成本

C. 能力强的人比能力差的人上大学的直接成本更高

D. 能力强的人与能力差的人在上大学的机会成本方面存在的差异,主要取决于他们不上大学去工作时能够挣到的工资差异

497. 在高等教育投资决策的基本模型中,上大学的总收益是指( )。

A. 大学毕业生在一生中获得的全部工资性报酬

B. 大学毕业生在劳动年龄内工作时获得的全部工资报酬

C. 大学毕业生比高中毕业生在一生中多获得的那部分工资性报酬

D. 大学毕业生在一生中获得的总收入

第十四章　劳动合同管理与特殊用工

498. 变更劳动合同未采用书面形式,但已经实际履行了口头变更的劳动合同超过( )个月,且变更后的劳动合同内容不违反法律、行政法规、国家政策以及公序良俗,当事

人以未采用书面形式为由主张劳动合同变更无效的，人民法院不予支持。
A. 1 B. 2
C. 3 D. 6

499. 用人单位裁减人员后，在( )个月内重新招用人员的，应当通知被裁减的人员，并在同等条件下优先招用被裁减的人员。
A. 1 B. 2
C. 3 D. 6

500. 关于劳务派遣的说法，符合法律规定的是( )。
A. 用人单位不得设立劳务派遣单位向所属单位派遣劳动者
B. 用人单位与其他单位合伙设立的劳务派遣单位，可以向本单位派遣劳动者
C. 劳务派遣单位应当依照劳动法有关规定设立，注册资本不得少于50万元
D. 劳务派遣单位可以向被派遣劳动者收取管理费用

501. 关于劳务派遣劳动合同的表述，错误的是( )。
A. 劳务派遣单位与被派遣劳动者订立的劳动合同应当载明被派遣劳动者的用工单位以及派遣期限和工作岗位
B. 劳务派遣单位应当与被派遣劳动者订立二年以上的固定期限劳动合同，按月支付劳动报酬
C. 被派遣劳动者在无工作期间，劳务派遣单位应当按照全国社会平均工资标准，向其按月支付报酬
D. 劳务派遣单位可以依法与被派遣劳动者约定试用期

502. 从事非全日制用工的劳动者，在同一用人单位每周工作时间累计不得超过( )小时。
A. 20 B. 24
C. 30 D. 35

503. 关于非全日制用工的说法，错误的是( )。
A. 非全日制用工终止时，用人单位不向劳动者支付经济补偿
B. 从事非全日制用工的劳动者与多个用人单位订立劳动合同时，后订立的劳动合同不得影响先订立的劳动合同的履行
C. 非全日制用工双方可以订立口头协议
D. 用人单位应该按月向从事非全日制用工劳动者支付劳动报酬

504. 甲公司与小张订立的劳动合同期满终止后，甲公司应保存劳动合同文本至少( )备查。
A. 2年 B. 1年
C. 6个月 D. 30日

505. 下列关于经济补偿的特殊情形描述不正确的是( )。
A. 劳动者非因本人原因从原用人单位被安排到新用人单位工作的，劳动者在原用人单位的工作年限合并计算为新用人单位的工作年限
B. 新用人单位在依法解除劳动合同计算支付经济补偿的工作年限时，不再计算劳动者在原用人单位的工作年限
C. 用人单位及其关联企业与劳动者轮流订立劳动合同，属于"劳动者非因本人原因从

原用人单位被安排到新用人单位工作"

D. 因用人单位合并、分立等原因导致劳动者工作调动,不属于"劳动者非因本人原因从原用人单位被安排到新用人单位工作"

506. 我国《劳动合同法》规定,( )双方当事人不得约定试用期。
   A. 全日制用工　　　　　　　　B. 非全日制用工
   C. 劳务派遣用工　　　　　　　D. 聘用制用工

507. 劳动合同双方当事人在任何时候都应履行劳动合同约定的全部义务,这体现了劳动合同履行的( )。
   A. 公平原则　　　　　　　　　B. 合法原则
   C. 平等原则　　　　　　　　　D. 全面履行原则

508. 用人单位单方解除劳动合同,应当事先将理由通知( )。
   A. 工会　　　　　　　　　　　B. 就业协会
   C. 人事局　　　　　　　　　　D. 劳动协会

509. 劳务派遣单位在跨地区派遣劳动者时,被派遣劳动者享有的劳动报酬和劳动条件应当按照( )规定的标准执行。
   A. 用工单位所在地　　　　　　B. 劳务派遣单位所在地
   C. 用工单位职工代表大会　　　D. 劳务派遣单位规章制度

510. 劳务派遣单位违法解除或者终止被派遣劳动者的劳动合同的,应当依照《劳动合同法》规定的经济补偿标准的( )倍向劳动者支付赔偿金。
   A. 2　　　　　　　　　　　　B. 3
   C. 5　　　　　　　　　　　　D. 10

511. 劳动合同履行地与用人单位注册地不一致的,有关劳动者的最低工资标准、劳动保护、劳动条件、职业危害防护和本地区上年度职工月平均工资标准等事项,执行( )的有关规定。
   A. 劳动者与用人单位协商决定　B. 工资标准较高地
   C. 劳动合同履行地　　　　　　D. 用人单位注册地

512. 用人单位实施裁员时,应当依据劳动合同法优先留用的人员是( )。
   A. 用人单位使用的劳务派遣人员
   B. 与用人单位订立了短期劳动合同的职工
   C. 在用人单位工作时间长且学历高的职工
   D. 家庭无其他就业人员且有需要抚养的老人的职工

513. 修改《劳动合同法》决定施行前经营劳务派遣业务的单位,应当在本决定施行之日起( )内依法取得行政许可并办理公司变更登记,方可经营新的劳务派遣业务。
   A. 半年　　　　　　　　　　　B. 一年
   C. 3个月　　　　　　　　　　D. 6个月

514. 劳务派遣单位应当依照《公司法》的有关规定设立,注册资本不得少于( )万元。
   A. 20　　　　　　　　　　　　B. 30
   C. 100　　　　　　　　　　　D. 200

515. 非全日制用工双方当事人( )。
   A. 不得订立口头协议　　　　　B. 应提前30日通知对方终止用工

C. 不得约定试用期　　　　　　　D. 应提前3日通知对方终止用工

516. 下列不属于用人单位履行劳动合同应承担的义务的是(　　)。
    A. 向劳动者及时足额支付劳动报酬
    B. 不得强迫或者变相强迫劳动者加班
    C. 向劳动者提供福利
    D. 应当保护劳动者的生命安全和身体健康

517. 关于劳动合同的解除，下列说法错误的是(　　)。
    A. 用人单位与劳动者协商一致，可以解除劳动合同
    B. 劳动者同时与其他用人单位建立劳动关系，对完成本单位的工作任务造成严重影响，用人单位可以解除劳动合同
    C. 未按照劳动合同约定提供劳动保护，劳动者可以无须提前通知用人单位解除劳动合同
    D. 用人单位对已经解除或者终止的劳动合同的文本，至少保存1年备查

518. 被派遣劳动者在无工作期间，劳务派遣单位应当按照(　　)，向其按月支付报酬。
    A. 全国社会平均工资标准
    B. 所在地人民政府规定的最低工资标准
    C. 劳动者要求的标准
    D. 所在地在岗职工平均工资

519. 劳动者因(　　)而解除劳动合同是不符合法律规定的。
    A. 用人单位没有在劳动者加班后立即支付加班费
    B. 用人单位未及时足额向劳动者支付工资
    C. 用人单位以威胁手段强迫劳动者劳动
    D. 用人单位没有为劳动者缴纳社会保险费

520. 用人单位为劳动者提供专项培训费用，对其进行专业技术培训的，可以与该劳动者订立协议，约定(　　)。
    A. 试用期　　　　　　　　　　B. 培训期
    C. 服务期　　　　　　　　　　D. 考察期

521. 关于劳务派遣的说法，错误的是(　　)。
    A. 劳务派遣单位可以采取非全日制用工形式招用被派遣劳动者
    B. 因劳务派遣单位存在违法行为给被派遣劳动者造成损害，劳务派遣单位与用工单位承担连带赔偿责任
    C. 劳务派遣单位不得向被派遣劳动者收取费用
    D. 劳务派遣单位应当将劳务派遣协议的内容告知被派遣劳动者

522. 劳动合同履行地与用人单位注册地不一致，且用人单位注册地的有关标准高于劳动合同履行地的有关标准的，(　　)。
    A. 用人单位与劳动者约定按照用人单位注册地的有关规定执行的，从其约定
    B. 执行劳动合同履行地的有关规定
    C. 由单位决定执行标准
    D. 由劳动者决定执行标准

523. 下列情况中，用人单位可以随时与劳动者解除劳动合同的是(　　)。
    A. 生产经营发生严重困难的

B. 依照企业破产法规定进行重整的
C. 劳动者严重失职、徇私舞弊的
D. 劳动者不能胜任工作，经过培训或者调整工作岗位，仍不能胜任工作的

524. 下面有关劳动规章制度规定的陈述，错误的是（　　）。
A. 国有与非国有企业制定劳动规章都应当经职代会讨论通过
B. 用人单位应将直接涉及劳动者切身利益的规章制度和重大事项决定公示或告知劳动者
C. 用人单位规章制度违反法律、法规的规定，损害劳动者权益的，劳动者可解除劳动合同
D. 劳动规章制度要具有法律效力应满足三个条件：内容合法、经过民主程序制定、要向劳动者公示

525. 用人单位规章具有法律效力的前提条件不包括（　　）。
A. 经过民主程序　　　　　　　　B. 经劳动者同意
C. 公示或者公告劳动者　　　　　D. 不违反法律、行政法规及政策

526. 用人单位应当在解除或者终止劳动合同时出具解除或者终止劳动合同的证明，并在（　　）内为劳动者办理档案和社会保险关系转移手续。
A. 15 日　　　　　　　　　　　　B. 30 日
C. 45 日　　　　　　　　　　　　D. 60 日

527. 关于劳务派遣的说法，正确的是（　　）。
A. 被派遣劳动者的社会保险费应由用工单位缴纳
B. 被派遣劳动者被退回后，无工作期间，劳务派遣单位可暂停支付工资待遇
C. 设立劳务派遣公司注册资本不得少于 20 万元
D. 被派遣劳动者有权在派遣单位或用工单位参加或组织工会

528. 关于非全日制用工的说法，正确的是（　　）。
A. 非全日制用工双方当事人应当订立书面劳动合同
B. 非全日制用工双方当事人不得约定试用期
C. 终止非全日制用工，用人单位应当向劳动者支付经济补偿金
D. 非全日制用工周工作时间累计不能超过 20 小时

529. 劳动合同履行应遵循的原则是（　　）。
A. 全面履行原则和平等原则　　　B. 全面履行原则和合法原则
C. 平等原则和合法原则　　　　　D. 自愿原则和合法原则

530. 用人单位因客观原因提前（　　）日以书面形式通知劳动者或者额外支付劳动者一个月工资后，可以解除劳动合同。
A. 10　　　　　　　　　　　　　B. 15
C. 20　　　　　　　　　　　　　D. 30

531. 用人单位实行竞业限制的人员不包括（　　）。
A. 高级管理人员　　　　　　　　B. 高级技术人员
C. 普通职员　　　　　　　　　　D. 负有保密义务的人员

第十五章 社会保险法律

刷基础

532. ( )是指依法收取社会保险费,并按照规定支付保险待遇的主体。
    A. 投保人
    B. 保险人
    C. 管理人
    D. 监督人

533. 在劳动和社会保险法的适用中,如果同位法中特别规定与一般规定不一致,应该( )。
    A. 适用特别规定
    B. 适用一般规定
    C. 适用下位法的规定
    D. 适用地方政府规定

534. 关于社会保险的说法,错误的是( )。
    A. 在中国境内从业的外国人应当参加社会保险
    B. 职工基本养老保险属于社会保险
    C. 灵活就业人员可以参加职工基本医疗保险
    D. 非全日制用工从业人员不得在用人单位参加社会保险

535. 在中国境内就业的外国人,应当( )。
    A. 参加职工基本养老保险和职工基本医疗保险
    B. 参照我国《中华人民共和国社会保险法》规定参加我国的社会保险
    C. 参加城镇居民社会养老保险和城镇居民基本医疗保险
    D. 参加全部社会保险

刷进阶

536. 根据《社会保险法》的规定,我国基本养老保险体系,不包括( )。
    A. 职工补充养老保险
    B. 城镇居民社会养老保险
    C. 新型农村社会养老保险
    D. 职工基本养老保险

537. 下列选项中,属于社会保险法律关系变更的是( )。
    A. 投保人破产,不再为被保险人继续投保
    B. 劳动者死亡,用人单位不再为其投保
    C. 某职工失业,领取24个月失业保险后,依法停止继续领取
    D. 劳动者变换工作单位,个人账户养老保险金缴纳主体发生变化

538. 社会保险法律关系主体之一的管理人的主要职责不包括( )。
    A. 指导社会保险经办机构的工作
    B. 研究制定社会保险的政策和发展规划
    C. 监督社会保险法律、法规、政策的执行
    D. 负责社会保险工作的组织、管理、监督和指导

539. 下列选项中，属于社会保险法律适用的基本要求的是(　　)。
    A. 效率   B. 平等
    C. 公开   D. 合法

540. 从保险业务划分，社会保险法律关系的主体不包括(　　)。
    A. 保证人   B. 投保人
    C. 保险人   D. 受益人

541. 下列关于《中华人民共和国社会保险法》规定的各项社会保险制度的覆盖范围的说法中，错误的是(　　)。
    A. 被征地农民按照国务院规定纳入相应的社会保险制度
    B. 基本养老保险制度和基本医疗保险制度覆盖了我国城镇全体居民
    C. 工伤保险、失业保险和生育保险制度覆盖了所有用人单位及其职工
    D. 在中国境内就业的外国人，也应当参照本法规定参加我国的社会保险

第十六章　社会保险体系

刷基础

542. 下列选项中，对工伤保险的描述不正确的是(　　)。
    A. 职工应当参加工伤保险，由用人单位缴纳工伤保险费
    B. 国家根据不同行业的工伤风险程度确定行业的差别费率
    C. 用人单位缴纳工伤保险费的数额为本单位职工工资总额乘以单位缴费费率之积
    D. 各行业内部执行国家规定的统一费率

543. 下列应纳入基本医疗保险基金支付范围的医疗费用包括(　　)。
    A. 应当从工伤保险基金中支付的
    B. 急诊、抢救的医疗费用
    C. 应当由第三人负担的
    D. 应当由公共卫生负担的

544. 在工作期间和工作岗位，突发疾病死亡或在(　　)小时之内经抢救无效死亡的，视同工伤。
    A. 48   B. 24
    C. 12   D. 8

545. 《社会保险法》规定，由用人单位按照国家规定缴纳，职工不缴纳(　　)保险费。
    A. 基本养老   B. 基本医疗
    C. 工伤   D. 失业

546. 企业在参加基本医疗保险的基础上，国家给予政策鼓励，由企业自主举办或参加的一种补充性医疗保险形式，称为(　　)。
    A. 企业补充医疗保险
    B. 商业医疗保险
    C. 职工大额医疗费用补助
    D. 基本医疗保险

547. 如果劳动者在某种伤害事故中非受害者本人故意行为所致，就应该按照(　　)原则规

定标准对其进行伤害赔偿。
A. 补偿和康复相结合
B. 过失责任
C. 无过失责任
D. 损害补偿

548. 《企业年金试行办法》规定：企业缴费每年不超过本企业上年度职工工资总额的（　　），企业和职工个人缴费合计一般不超过本企业上年度职工工资总额的（　　）。
A. 1/12，1/6
B. 1/6，1/12
C. 1/10，1/6
D. 1/6，1/10

549. 因病或非因工致残，由医院证明并经劳动鉴定委员会确认完全丧失劳动能力的男子的退休年龄为（　　）。
A. 45周岁
B. 50周岁
C. 55周岁
D. 60周岁

550. 生活不能自理的工伤职工在停工留薪期内需要护理的，由（　　）负责。
A. 当地劳动能力鉴定委员会
B. 员工所在街道居委会
C. 员工所在单位
D. 员工个人

551. 失业前用人单位和本人累计缴费满1年不足5年的，领取失业保险金的期限最长为（　　）。
A. 6个月
B. 12个月
C. 18个月
D. 24个月

552. 根据《工伤保险条例》的规定，受伤职工（　　），可认定为工伤或者视同工伤。
A. 故意犯罪的
B. 酗酒或者吸毒的
C. 患职业病的
D. 自残或者自杀的

553. 职工因工作遭受事故伤害或者患职业病需要暂停工作接受工伤医疗的，在停工留薪期内，原工资福利待遇不变，由（　　）按月支付。
A. 所在单位
B. 工伤保险基金
C. 劳动能力鉴定委员会
D. 劳动保障行政部门

554. 职工受到事故伤害后，用人单位不认为是工伤，而职工或者其直系亲属认为是工伤的，由（　　）承担举证责任。
A. 职工或者其直系亲属
B. 用人单位
C. 劳动行政部门
D. 工会组织

555. 社会保险行政部门应当自受理工伤认定申请之日起（　　）日内作出工伤认定的决定，并书面通知申请工伤认定的职工或者其直系亲属和该职工所在单位。
A. 15
B. 30

C. 45
D. 60

556. 基本医疗保险中统筹基金支付起付标准，大致在当地职工年平均工资的（   ）左右，如患者住院，个人首先要用个人账户或自付费用。
   A. 5%
   B. 10%
   C. 15%
   D. 20%

557. 工伤保险的原则不包括（   ）。
   A. 损害补偿原则
   B. 无过失责任原则
   C. 强制的原则
   D. 预防、补偿和康复相结合的原则

558. 关于工伤认定的说法，错误的是（   ）。
   A. 职工符合工伤认定条件，但存在醉酒情形的，不得认定为工伤
   B. 职工符合工伤认定条件，但存在患病情形的，不得认定为工伤
   C. 职工符合工伤认定条件，但存在吸毒情形的，不得认定为工伤
   D. 职工符合工伤认定条件，但存在自残或自杀情形的，不得认定为工伤

刷进阶

559. 关于基本养老保险说法，正确的是（   ）。
   A. 缴纳基本养老保险的个人死亡的，其个人账户余额由其他参保人分享
   B. 发放待遇可以委托社区现有机构
   C. 参保人享受待遇的前提是年满60周岁
   D. 基金仅由用人单位缴费和个人缴费组成

560. 关于社会保险覆盖范围的说法，正确的是（   ）。
   A. 外国人在我国就业的可以不缴纳社会保险
   B. 劳动者在两个单位工作的，可以选择其中一家单位缴纳工伤保险费
   C. 非全日制从业人员不能缴纳职工基本医疗保险
   D. 无雇工的个体工商户可以参加职工基本养老保险

第十七章　劳动争议调解仲裁

刷基础

561. （   ）因劳动权利义务产生分歧而引起的争议，不属于劳动争议。
   A. 事业单位与本单位实行聘用制的工作人员
   B. 企业和与之建立劳动关系的劳动者
   C. 国家机关和与之建立劳动关系的劳动者
   D. 国家机关与公务员

562. 根据《劳动争议调解仲裁法》，属于仲裁时效中断情形的是（   ）。
   A. 一方当事人向仲裁委员会申请支付令
   B. 因不可抗力，当事人不能够在法定仲裁时效期间申请仲裁
   C. 一方当事人通过协商等方式向对方当事人主张权利

D. 限制民事行为能力劳动者的法定代理人尚未确定,当事人不能在仲裁时效期间申请仲裁

563. 自劳动能力鉴定结论做出之日起 1 年后,工伤职工或其近亲属、所在单位或经办机构认为伤残情况发生变化的,可以申请(   )。
   A. 工伤认定   B. 工伤待遇
   C. 行政争议   D. 劳动能力复查鉴定

564. 在劳动争议中,如果一方是国家机关,则另一方是(   )。
   A. 个体经济组织
   B. 用人单位
   C. 与之建立劳动关系的劳动者
   D. 企业

565. 人民法院做出的财产保全裁定中,应当告知当事人在劳动仲裁机构的裁决书或者在人民法院的裁判文书生效后(   )个月内申请强制执行。
   A. 2   B. 3
   C. 4   D. 6

566. 下列关于仲裁员的任职条件描述错误的是(   )。
   A. 从事法律教学且具有中级以上职称
   B. 曾任审判员
   C. 从事人力资源管理工作满 3 年
   D. 律师执业满 3 年

567. 关于确定劳动争议诉讼当事人的说法,正确的是(   )。
   A. 当事人双方均不服劳动争议仲裁委员会作出的同一裁决,向同一人民法院起诉,双方当事人为原告,劳动争议仲裁委员会为被告
   B. 用人单位招用尚未解除劳动合同的劳动者,原用人单位与劳动者发生劳动争议,不可以列新的用人单位为第三人
   C. 劳动者与起字号的个体工商户发生的劳动争议诉讼,应当以业主为当事人
   D. 劳动者与以挂靠方式借用他人营业执照经营的用人单位发生劳动争议,应当将用人单位和营业执照出借方列为当事人

568. 仲裁调解和其他方式结案的案卷,保存期不少于(   )年。
   A. 5   B. 8
   C. 10   D. 15

569. 劳动人事争议仲裁委员会的组成人员不包括(   )。
   A. 工会代表   B. 企业监督人员
   C. 企业方面代表   D. 劳动行政部门代表

570. 劳动者或者用人单位向劳动争议仲裁委员会申请仲裁,仲裁费(   )。
   A. 应由用人单位交纳
   B. 无须交纳
   C. 应由败诉一方交纳
   D. 应由提出仲裁申请的一方交纳

571. 因用人单位作出的开除、除名、辞退、解除劳动合同、减少劳动报酬、计算劳动者工

作年限等决定而发生的劳动争议,( )负举证责任。
  A. 用人单位
  B. 劳动者
  C. 劳动人事争议仲裁委员会
  D. 劳动监察部门

572. 劳动人事争议仲裁委员会受理案件后,发现不应当受理的,应当撤销案件,并自决定撤销案件后( )日内,书面通知当事人。
  A. 3   B. 5
  C. 7   D. 10

刷进阶   高频进阶 强化提升

573. 任何一方在申请调解、仲裁和提起诉讼时,在参加调解、仲裁和诉讼活动时,都享有同等权利,承担的义务也是相同的。这句话描述的是劳动争议处理的( )的原则。
  A. 合法   B. 公正
  C. 及时   D. 着重调解

574. 人民法院审理劳动争议案件,实行( )。
  A. 一审终局制   B. 两审终局制
  C. 三审终局制   D. 多审终局制

575. 关于劳动人事争议仲裁时效的说法,错误的是( )。
  A. 发生不可抗力导致无法申请仲裁的,仲裁时效中止
  B. 因解除劳动关系产生的争议,用人单位不能证明劳动者收到解除通知书时间的,劳动者主张权利之日即为劳动争议发生之日
  C. 对方当事人同意履行义务的,仲裁时效重新起算
  D. 因拖欠劳动报酬发生的争议不受仲裁时效限制

576. 在劳动争议仲裁过程中,因不可抗力或者有其他正当理由,当事人不能在法定1年的仲裁时效期间申请仲裁的,仲裁时效( )。
  A. 连续计算   B. 中断
  C. 中止   D. 终止

第十八章　法律责任与行政执法

刷基础   紧扣大纲 夯实基础

577. 劳动监察是由法定的专门机关对劳动和社会保险法律法规的实施情况进行的监督检查,体现了劳动监察的( )。
  A. 法定性   B. 行政性
  C. 专门性   D. 强制性

578. 劳动法律责任的特点不包括( )。
  A. 以违法行为存在为前提
  B. 以调解、劝服为主要手段
  C. 以法律制裁为必然后果

D. 由国家强制力保证实施

579. 以欺诈、伪造证明材料或者其他手段骗取社会保险基金支出或者骗取社会保险待遇的,应当退回,并处骗取金额( )的罚款。
    A. 1倍以上3倍以下
    B. 1倍以上5倍以下
    C. 2倍以上5倍以下
    D. 5倍以上

580. 下列情况,可以撤销具体行政行为或撤销部分具体行政行为的是( )。
    A. 主要事实清楚
    B. 使用依据错误
    C. 符合法律规定
    D. 属于职权范围

581. 用人单位违反规定解除或者终止劳动合同的,应当依照《劳动合同法》规定的经济补偿标准的( )倍向劳动者支付赔偿金。
    A. 1
    B. 2
    C. 3
    D. 4

582. 劳动行政部门对违反劳动和社会保险法律、法规或规章的行为的调查,应当自立案之日起( )个工作日内完成。
    A. 90
    B. 60
    C. 30
    D. 15

583. 用人单位违反劳动保障法律、法规或规章,由劳动行政部门给予警告,责令限期改正,并可以按照受害的劳动者每人( )的标准计算,处以罚款。
    A. 50元以上500元以下
    B. 100元以上200元以下
    C. 100元以上300元以下
    D. 100元以上500元以下

刷进阶

584. 劳动监察机构不可以采取的措施是( )。
    A. 吊销许可证
    B. 警告
    C. 罚款
    D. 拘留

585. 申请工伤认定的用人单位不服社会保险行政部门作出的工伤认定结论,( )。
    A. 应依法先申请行政复议,对复议决定不服向人民法院提起行政诉讼
    B. 应依法先向人民法院提起行政诉讼,对判决结果不服再申请行政复议
    C. 只能申请行政复议,不得向人民法院提起行政诉讼
    D. 可依法直接向人民法院提起行政诉讼

第十九章 人力资源开发政策

刷基础

586. ( )是指所涉职业必须关系公共利益或涉及国家安全、公共安全、人身健康、生命财产安全,且必须有法律法规或国务院决定作为依据。
    A. 职称类资格
    B. 技能类资格
    C. 准入类资格
    D. 水平评价类职业资格

587. 当前国家职业资格目录共计( )项职业资格。
    A. 80
    B. 59

C. 160　　　　　　　　　　　　D. 140

588. (　　)是人力资源开发管理和使用的前提。
   A. 人才激励　　　　　　　　B. 人才评价
   C. 人才选拔　　　　　　　　D. 人才培训

589. 人力资源开发科学化、规范化的重要基础是(　　)。
   A. 人才分类　　　　　　　　B. 职业分类
   C. 行业分类　　　　　　　　D. 部门分类

590. 我国2015年《职业分类大典》的职业分类结构为(　　)大类。
   A. 5　　　　　　　　　　　　B. 6
   C. 7　　　　　　　　　　　　D. 8

591. (　　)是指能够熟练运用基本技能和专门技能完成本职业较为复杂的工作，包括完成部分非常规性的工作，能够独立处理工作中出现的问题。
   A. 初级工　　　　　　　　　B. 中级工
   C. 高级工　　　　　　　　　D. 技师

592. 在事业单位岗位绩效工资中，(　　)主要体现工作人员的实绩和贡献。
   A. 岗位工资　　　　　　　　B. 薪级工资
   C. 绩效工资　　　　　　　　D. 津贴补贴

刷进阶　　高频进阶　强化提升

593. (　　)是指授予运用科学技术知识创造出产品、工艺、材料及其系统等重大技术发明的公民的奖项。
   A. 国家最高科学技术奖　　　B. 国家技术发明奖
   C. 国家自然科学奖　　　　　D. 国家科学技术进步奖

594. 事业单位人员的(　　)主要体现工作人员所聘岗位的职责和要求。
   A. 岗位工资　　　　　　　　B. 薪级工资
   C. 绩效工资　　　　　　　　D. 津贴补贴

595. 职称评审委员会经过评议，采取少数服从多数的原则，通过无记名投票表决，同意票数达到出席评审会议的评审专家总数(　　)以上的即为评审通过。
   A. 1/2　　　　　　　　　　　B. 2/3
   C. 1/3　　　　　　　　　　　D. 4/3

596. 下列关于国有企业工资决定机制描述错误的是(　　)。
   A. 无论何种情形，企业都不可以减少工资总额
   B. 企业未实现国有资产保值增值的，工资总额不得增长，或者适度下降
   C. 实行工资与效益联动机制
   D. 劳动生产率指标一般以人均增加值、人均利润为主

597. 公务员定期考核结果公布方式为(　　)。
   A. 公告公示　　　　　　　　B. 口头传达
   C. 官网公布　　　　　　　　D. 书面形式

598. 人才创新创业的根本动力是(　　)。
   A. 人才引进　　　　　　　　B. 政策扶持

C. 薪资福利 D. 激励保障

599. 事业单位公开发布招聘信息,发布时间不少于( )个工作日。
   A. 5 B. 7
   C. 10 D. 15

600. 下列关于党政领导干部选拔任用的说法错误的是( )。
   A. 党政领导干部必须信念坚定、为民服务、勤政务实、敢于担当、清正廉洁
   B. 提任县处级领导职务的,应当具有5年以上工龄和2年以上基层工作经历
   C. 一般应当具有大学专科以上文化程度,其中厅局级以上领导干部一般应当具有大学本科以上文化程度。
   D. 特殊情况在提任前未达到培训要求的,应当在提任后半年内完成培训

601. "春潮行动"的针对人群是( )。
   A. 应届毕业生 B. 农民工
   C. 退役军人 D. 服刑人员

602. 人力资源服务机构应当建立服务台账,如实记录服务对象、服务过程、服务结果等信息,服务台账应当保存( )以上。
   A. 6个月 B. 12个月
   C. 18个月 D. 2年

刷 多项选择题

多项选择题 答题技巧

多项选择题在各类题型中得分率较低。根据考试要求，多项选择题的5个备选项中，有2~4个选项符合题意，至少有1个错项。错选，该题不得分；少选，所选的每个选项得0.5分。面对这种评分标准，考生要认真审题，在不犯低级错误的前提下，快速答题。千万不要在多选题上浪费太多时间。如果遇到不会做的题目，宁可少选，也别贪多。针对多选题，目标就是拿到50%以上的分数，不要给自己太大的压力。

第一章 组织激励

刷基础 紧扣大纲 夯实基础

603. 下列各项属于双因素理论中保健因素的有(　　)。
 A. 晋升
 B. 工资
 C. 成就感
 D. 人际关系
 E. 工作本身

604. 关于亚当斯公平理论的说法，正确的有(　　)。
 A. 人们不仅关心自己的绝对报酬，而且关心自己和他人工作报酬上的相对关系
 B. 员工倾向于将自己的产出投入比与他人的产出投入比相比较
 C. 员工所做的比较都是纵向的，即与除组织以外的其他人比较
 D. 辞职是感到不公平的员工恢复平衡的方式之一
 E. 对于有不公平感的员工应予以及时引导或调整报酬

605. 下列关于目标管理的表述正确的有(　　)。
 A. 目标管理是一种在企业中应用非常广泛的技术
 B. 目标管理使得每一名员工都有明确可行的、与部门和组织目标紧密联系的目标
 C. 实施目标管理只能自上而下来设定目标
 D. 目标管理的基本核心是强调通过群体共同参与制定具体的、可行的而且能够客观衡量的目标
 E. 实施目标管理可以将组织的目标层层具体化、明确化，分解为各个相应层次的目标

606. 关于马斯洛的需要层次理论的说法，错误的有(　　)。
 A. 未被满足的需要是行为的主要激励源
 B. 获得基本满足的需要具有很强的激励作用
 C. 基本需要主要靠内部条件满足，高级需要主要靠外在条件满足
 D. 管理者在进行激励时，需要考虑每个员工的特殊需要以及占主导地位的需要层次

E. 组织用于满足员工的低层次需要的投入是效益递减的

607. 马斯洛的需要层次理论对管理的建议有( )。
   A. 管理者需要考虑员工不同层次的需要
   B. 组织应为员工每一层次的需要设计相应的激励措施
   C. 组织用于满足低层次需要的投入效益是递增的
   D. 组织用于满足高层次需要的投入效益是递减的
   E. 管理者需要考虑每个员工的特殊需要情况,从而相应地加以满足

608. 关于公平理论的陈述,正确的有( )。
   A. 员工将自己的产出与投入比率与他人的相比较,依此进行公平判断
   B. 员工比较的是其投入与产出的客观测量结果
   C. 员工将自己的工作和报酬与其他组织的员工进行比较,这属于纵向比较
   D. 员工将自己在不同组织中的待遇进行比较,这属于横向比较
   E. 辞职也是一种恢复公平的方法

609. 目标管理的要素包括( )。
   A. 目标具体化
   B. 绩效评估
   C. 限期完成
   D. 参与决策
   E. 绩效反馈

刷进阶 高频进阶 强化提升

610. 公平理论认为,员工会将自己的产出与投入比与别人的产出与投入比进行比较。这里的"投入"包括( )。
   A. 资历
   B. 工作经验
   C. 创造力
   D. 工作绩效
   E. 工资和奖金

611. 关于绩效薪金制,下列选项表述正确的有( )。
   A. 绩效薪金制同期望理论关系比较密切
   B. 可以提高激励水平和生产力水平
   C. 绩效薪金制是将绩效与报酬相结合的激励措施
   D. 通常采用计件工资、工作奖金、利润分成、按利分红等
   E. 主要优点是可以减少员工的工作量

612. 根据麦克里兰的三重需要理论,权力需要高的人( )。
   A. 喜欢支配别人
   B. 喜欢对人发号施令
   C. 重视争取地位
   D. 希望别人顺从自己的意志
   E. 希望得到及时的反馈

613. 小张原本在A公司工作,后来跳槽到B公司;跳槽半年后,他发现新公司对自己努力工作的回报远不如A公司。根据公平理论,这种比较属于( )。
   A. 横向比较
   B. 纵向比较
   C. 组织内自我比较
   D. 组织外自我比较
   E. 组织外他比

第二章 领导行为

刷基础

614. 关于有限理性模型内容的说法，正确的有( )。
    A. 决策者可以知道所有的可能方案
    B. 决策者可以通过计算选出最佳方案
    C. 决策者的目标是找到令人满意的结果
    D. 存在完整和一致的偏好系统，使决策者在备选方案中进行选择
    E. 决策者认知的是真实世界的简化模型

615. 关于领导技能的说法，正确的有( )。
    A. 领导者可以依靠下属的技术技能
    B. 组织中任何层次的领导者都必须达到有效人际技能的要求
    C. 概念技能关心的是人
    D. 领导层次越高，技术技能所占比例越小
    E. 领导层次越高，概念技能所占比例越高

616. 根据价值取向与模糊耐受性两个维度的组合，决策风格可以分为( )。
    A. 指导型
    B. 概念型
    C. 分析型
    D. 行为型
    E. 合作型

617. 西蒙认为决策阶段可以分为( )。
    A. 确认阶段
    B. 发展阶段
    C. 选择活动
    D. 设计活动
    E. 智力活动

618. 明茨伯格将决策过程分为( )。
    A. 确认阶段
    B. 选择阶段
    C. 智力活动
    D. 发展阶段
    E. 选择活动

619. 在费德勒的权变模型中，属于情境性因素的有( )。
    A. 领导与下属的关系
    B. 工作结构
    C. 职权
    D. 员工导向
    E. 生产导向

620. 下列关于决策风格的描述，错误的有( )。
    A. 决策风格具有价值取向与模糊耐受性两种维度
    B. 分析型决策者具有较低的模糊耐受性水平，倾向于关注任务和技术本身
    C. 行为型决策者具有较低的模糊耐受性水平，倾向于关注人和社会
    D. 概念型决策者具有较高的模糊耐受性水平，倾向于关注人和社会
    E. 指导型决策者具有较高的模糊耐受性以及很强的任务和技术取向

621. 下列关于路径—目标理论的陈述，正确的有( )。
    A. 采用参与式领导方式，让员工明确别人对他的期望、成功绩效的标准和工作程序

B. 采用指导式领导方式，主动征求并采纳下属的意见
C. 补偿员工工作环境方面的不足会促进员工的工作绩效和满意度
D. 下属的工作是结构化的，则支持型的领导可以带来高绩效
E. 提出了两个权变因素：下属控制范围之外的环境因素和下属的个人特征

622. 下列关于领导—成员交换理论说法正确的有( )。
   A. 领导把下属分为"圈里人"和"圈外人"
   B. "圈里人"与领导打交道时比"圈外人"困难少
   C. 领导者倾向于对"圈里人"投入更多的时间、感情
   D. 领导很少对"圈外人"采用正式领导权威
   E. "圈里人"承担更高的工作责任感

☑ 刷进阶

623. 按照理性决策模型，决策者的特征包括( )。
   A. 从目标意义上分析，决策完全理性
   B. 决策者遵循的是满意原则，在选择时不必知道所有的可能方案
   C. 决策者可以知道所有备选方案
   D. 决策者可以采用经验启发式原则或一些习惯来进行决策
   E. 决策者在选择备选方案时，试图寻找令人满意的结果

624. 罗伯特豪斯在路径—目标理论中确定的领导行为包括( )。
   A. 支持型领导   B. 参与式领导
   C. 成就取向式领导   D. 指导式领导
   E. 权变型领导

625. 发展领导技能的途径包括( )。
   A. 通过奖惩下属来提高领导能力
   B. 讲师为领导者提供辅导
   C. 讲师帮助领导者明确事业范围和期望
   D. 运用培训、工作设计、行为管理等其他组织行为技术发展领导技能
   E. 基于领导能力的培养

626. 在密歇根模式中，通过测验、非结构化访谈等方法，得到描述领导行为的维度包括( )。
   A. 任务取向   B. 绩效取向
   C. 结果取向   D. 生产取向
   E. 员工取向

第三章 组织设计与组织文化

☑ 刷基础

627. 下列有关组织文化的描述中，正确的有( )。
   A. 组织文化是指控制组织内行为、工作态度、价值观以及关系设定的规范
   B. 组织文化是指组织成员的共同价值观体系，它使组织独具特色，区别于其他组织

C. 组织文化的结构可分为物质层、管理层和精神层

D. 组织文化是由管理者和基层主管的领导模式所决定的，它很少受到外部环境的影响

E. 组织文化是从最高管理层树立的典范发展而来，在很大程度上取决于他们的行为方式和管理风格

628. 职能制组织形式的缺点有（　　）。
   A. 狭隘的职能观念
   B. 企业领导负担重
   C. 适应性差
   D. 不利于培养具有全面素质的管理人才
   E. 不便于高层领导对整个企业实施严格的控制

629. 关于事业部制组织形式的说法，正确的有（　　）。
   A. 它有利于总公司的高层集中精力于战略决策和长远规划
   B. 它有利于把联合化和专业化结合起来，提高生产效率
   C. 它能增强企业的活力
   D. 它适合于产品种类多且产品之间工艺差别小的企业
   E. 它会减弱整个公司的协调一致性

630. 关于组织设计和组织文化的说法，正确的有（　　）。
   A. 组织设计会影响组织文化的形成
   B. 如果企业要鼓励创新、开放的组织文化，就需要提高组织的制度化程度
   C. 多样化程度高、以外部招聘为主的组织通常更重视灵活性和创新的价值
   D. 强调严格的等级差异的绩效评估体系可以培养合作的组织文化
   E. 一个希望培养合作氛围的组织不应该过分强调薪酬的功能性意义

631. 关于组织设计的说法，正确的有（　　）。
   A. 组织设计在形式上分为静态设计和动态设计
   B. 静态设计只对组织结构进行设计
   C. 动态设计只对组织运行制度进行设计
   D. 现代的组织设计理论同时关注组织结构设计和运行制度设计
   E. 组织设计影响组织文化的形成

632. 下列属于现代组织发展方法的有（　　）。
   A. 结构技术
   B. 敏感性训练
   C. 调查反馈
   D. 全面质量管理
   E. 团队建设

633. 行政层级式组织形式的决定因素包括（　　）。
   A. 规章
   B. 分工
   C. 权力等级
   D. 个人因素
   E. 技术能力

634. 关于矩阵组织形式的优点的说法，正确的有（　　）。
   A. 它有利于职能部门与产品部门相互制约，保证企业整体目标的实现

B. 它有利于提高组织的稳定性
C. 它有利于加强各职能部门之间的协作配合
D. 它有利于提高企业的适应性
E. 它有利于减轻高层人员的负担

635. 下列适合采用堡垒型的企业有(　　)。
    A. 大型零售商店　　　　　　　B. 大型制造企业
    C. 投资银行　　　　　　　　　D. 天然气探测公司
    E. 林业产品公司

636. 关于组织结构的说法，正确的有(　　)。
    A. 组织结构又称权责结构
    B. 设计组织结构的目的是实现组织目标
    C. 组织结构常以矩阵图形式出现
    D. 组织结构的内涵是企业员工在职、权、责三方面的结构关系
    E. 组织结构的本质是企业员工的分工协作关系

第四章　战略性人力资源管理

刷基础

637. 下列关于高绩效工作系统的描述正确的有(　　)。
    A. 美国早期的高绩效工作系统研究主要集中在服务业领域
    B. 能够提高组织有效性
    C. 关注社会系统和技术系统
    D. 组织的人力资源管理系统必须与组织的战略和目标保持一致并且确保后者的实现
    E. 是特定的人力资源管理方法和思路

638. 一个组织的战略通常包括(　　)层次。
    A. 组织战略　　　　　　　　　B. 管理战略
    C. 竞争战略　　　　　　　　　D. 人力资源战略
    E. 职能战略

639. 在人力资源管理计分卡的设计过程中，需要对(　　)关系进行量化处理。
    A. 各种人力资源管理活动
    B. 人力资源管理活动所产生的员工行为
    C. 员工的行为所产生的公司战略后果及绩效
    D. 人力资源管理计划的制定
    E. 人员技能、职位与工作任务之间的匹配

640. 人力资源管理对(　　)基本变量负有主要责任。
    A. 组织结构　　　　　　　　　B. 工作任务设计
    C. 人员的甄选　　　　　　　　D. 报酬系统
    E. 信息系统

641. 人力资源管理实践中，劳资关系与员工关系的备选内容包括(　　)。
    A. 集体谈判/个人谈判

B. 自上而下的决策/员工参与决策
C. 行为标准/结果标准
D. 正规的既定程序/无正规的既定程序
E. 将员工看成是费用支付项目/将员工看成是财富

642. 下列关于人力资源管理的角色转变的描述正确的有(　　)。
   A. 确定组织到底需要什么样的人力资源
   B. 通过各种人力资源管理实践的开发和协调，确保组织获得适当数量的员工
   C. 确保员工具备战略所需要的不同层次和不同类型的技能
   D. 确保员工采取行为的方式有利于推动战略目标实现
   E. 员工的技能和职位以及所需完成的任务之间可以不必匹配

643. 战略性人力资源管理将组织的注意力集中在(　　)。
   A. 改变结构和文化
   B. 提升组织效率和业绩
   C. 开发特殊能力
   D. 管理变革
   E. 员工培训

644. 关于实行创新战略的组织的人力资源管理，下列说法正确的有(　　)。
   A. 在人员招募上，更愿意得到富有创新精神和敢于承担风险的人
   B. 在薪酬上必须强调组织与员工的风险共担以及成功分享
   C. 员工的基本薪酬取决于内容非常清晰的职位范围和职责
   D. 更为关注创新的结果，而不是工作过程中的具体行为规范
   E. 绩效管理体系的目标导向性很强

刷进阶

645. 企业常常会使用SWOT(即内部的优势和劣势以及外部的机会与威胁)分析来制定战略，其中属于战略威胁的有(　　)。
   A. 本企业的人力资源管理水平较低
   B. 可能对本企业不利的法律即将出台
   C. 竞争对手实现技术创新
   D. 强劲竞争者的数量增加
   E. 劳动力市场上缺乏本企业所需的高素质人才

646. 收缩战略有时又称为精简战略，它往往与(　　)联系在一起。
   A. 重组
   B. 兼并
   C. 裁员
   D. 剥离
   E. 清算

647. 组织的领导者和管理者通常运用(　　)工具来帮助他们将组织的整体战略目标一步一步分解为具体的人力资源管理政策和实践，然后通过直观的方式了解和判断组织的人力资源管理政策和实践在围绕组织战略目标的实现而工作的过程中所取得的进展。
   A. 战略地图
   B. 德尔菲法
   C. 工作设计
   D. 人力资源管理计分卡
   E. 数字仪表盘

第五章 人力资源规划

刷基础

648. 在进行一个组织的人力资源需求预测时，主要应当考虑(   )几个方面的因素。
    A. 地域差异
    B. 产品和服务的变化情况
    C. 组织的技术变革
    D. 组织结构调整
    E. 组织的战略定位和战略调整

649. 下列关于人力资源需求预测方法的表述正确的有(   )。
    A. 人力资源需求既可以从宏观层面进行预测也可以从微观层面进行预测
    B. 德尔菲法又称专家预测法，源于兰德公司
    C. 比率分析法的实用性比较强，但是比较粗糙
    D. 根据回归方程所涉及的自变量数量，可以将回归分析法划分为线性回归和非线性回归
    E. 在使用经验判断法时，需要管理人员必须具备比较丰富的个人经验

650. 当人力资源需求小于供给时，有效的应对策略有(   )。
    A. 冻结雇用
    B. 临时性解雇
    C. 降低现有人员的流失率
    D. 缩短员工工作时间
    E. 鼓励员工提前退休

651. 下列关于人力资源需求预测和供给预测的表述正确的有(   )。
    A. 马尔科夫分析法属于人力资源需求预测方法
    B. 经验判断法是最简单的人力资源供给预测方法
    C. 德尔菲法采取多轮预测的方法，具有较高的准确性
    D. 回归分析法可划分为线性回归和非线性回归
    E. 人员替换分析法有利于激励员工士气，降低招聘成本

652. 德尔菲法具有一些明显的优点，主要包括(   )。
    A. 花费时间较短
    B. 避免了从众的行为
    C. 具有较高的准确性
    D. 避免了个人预测的片面性
    E. 能吸取和综合众多专家的意见

653. 关于临时性解雇或永久性裁员这种组织对策，下列选项中说法正确的有(   )。
    A. 该方法是一种最简单直接、见效最快的方法
    B. 该方法可能会受到国家法律方面的制约
    C. 该方法可能会受到工会的质疑和挑战
    D. 需要付出较高的成本
    E. 该方法会提升组织在劳动力市场上的形象

654. 关于人力资源预测方法的趋势预测法的说法正确的有(   )。
    A. 是一种简单的时间序列分析方法

B. 该方法实用性比较强

C. 该预测方法比较精准

D. 预测的准确度很高

E. 使用时要确保经营环境及重要技术的稳定

655. 事实上在人力资源供求的数量大体平衡的情况下，却存在供求结构不一致的问题，在这种供求结构不对等的情况下，组织需要采取的措施包括（　　）。

A. 在可能的情况下，加强对现有人员的培训开发

B. 通过自然退休的方式让现有的一些员工离开组织

C. 从组织外部招聘高素质的新员工

D. 将原来的一些技能不足的老员工逐渐替换到一些辅助性的工作岗位上

E. 缩短每位现有员工的工作时间，采用工作分享的方式同时降低工资

刷进阶　　高频进阶　强化提升

656. 关于人力资源需求预测方法的说法，正确的有（　　）。

A. 经验判断法是一种定性的主观判断法

B. 回归分析法是一种定量的预测方法

C. 德尔菲法要求专家们一起开会集体进行需求预测

D. 定量的需求预测方法准确性往往比较高

E. 定性的需求预测方法过于主观，不适合使用

657. 为了确保离岸经营战略取得成功，企业应采取的步骤有（　　）。

A. 外包最好先从小的工作开始入手，同时还要密切监督这些工作的完成情况，尤其是在刚刚开始的时候

B. 在选择外包服务供应商时，最好选择刚刚成立的小型海外公司

C. 不要对那些有专利权或者需要严格的安全保障措施才能完成的工作实行离岸经营

D. 在选择外包服务供应商时，通常是该机构的规模越大、历史越长越好

E. 需要被外包出去的工作最好是"模块化的"

658. 狭义的人力资源规划的流程包括（　　）。

A. 人力资源需求预测

B. 人力资源供给预测

C. 人力资源供求平衡分析

D. 人力资源的绩效管理规划

E. 实施人力资源供求平衡计划

第六章　人员甄选

刷基础　　紧扣大纲　夯实基础

659. 根据面试的标准化程度，面试可以分为（　　）。

A. 非结构化面试　　　　　　B. 结构化面试

C. 半结构化面试　　　　　　D. 单独面试

E. 系列面试

660. 心理运动能力测试通常用于( )。
   A. 收音机装配工　　　　　　B. 电视组装工
   C. 政府官员　　　　　　　　D. 企业管理层
   E. 手表装配工

661. 下列关于六种基本的职业兴趣类型的说法中，正确的有( )。
   A. 现实型的人适合从事技能性和技术性的职业
   B. 艺术型的人适合从事文学艺术方面的工作
   C. 常规型的人适合从事社会、教育、咨询等方面的工作
   D. 企业型的人不喜欢从事研究性的活动
   E. 常规型的人看重商业和经济方面的具体成就，看重财富和地位

662. 关于面试的优缺点，说法正确的有( )。
   A. 简便快捷　　　　　　　　B. 容易操作
   C. 没有成本　　　　　　　　D. 准确无误
   E. 不需要复杂的专用测试工具和方法

663. 现实型职业兴趣类型的人适合从事的职业有( )。
   A. 技能性职业　　　　　　　B. 技术性职业
   C. 工程设计类工作　　　　　D. 企业领导
   E. 会计

664. 下列关于人才管理的说法，不正确的有( )。
   A. 人才是抽象的
   B. 人才不仅仅是指组织中最优秀的员工
   C. 人才管理的关键在于人员培训
   D. 人才的获取和保留方面必须具有前瞻性
   E. 对人才进行评价的重点在于绩效和潜力

665. 在职业兴趣测试中，约翰·霍兰德在人格与职业关系的假设基础之上，提出的基本职业兴趣类型包括( )。
   A. 社会型　　　　　　　　　B. 传统型
   C. 艺术型　　　　　　　　　D. 研究型
   E. 特质型

刷进阶　　　　　　　　　　　　　　　　　高频进阶　强化提升

666. 履历分析技术对作为分析对象的履历的要求有( )。
   A. 履历信息必须真实　　　　B. 履历信息必须全面
   C. 履历信息必须简单　　　　D. 履历信息必须及时
   E. 履行信息必须相关

667. 无领导小组讨论中使用的试题主要有( )。
   A. 开放式问题　　　　　　　B. 封闭式问题
   C. 两难性问题　　　　　　　D. 多项选择问题
   E. 资源争夺性问题

668. 从测试的内容来看，心理测试的类型可以划分为( )。

A. 评价中心技术 B. 职业兴趣测试
C. 成绩测试 D. 人格测试
E. 能力测试

669. 公文筐测试的缺点有（　　）。
   A. 编制成本较高
   B. 评分比较困难
   C. 操作比较复杂
   D. 无法通过这种测试观察被测试者的人际交往能力
   E. 不同的评价者对不同的公文处理方式的看法有所不同

670. 从实践中看，似乎与销售或管理职位上的绩效有关的有（　　）。
   A. 外向性 B. 宜人性
   C. 责任心 D. 开放性
   E. 情绪稳定性

671. 关于无领导小组讨论的说法，正确的有（　　）。
   A. 考官并不参与讨论，而是在不干扰讨论的情况下进行观察
   B. 通过无领导小组讨论可以考察求职者的口头表达以及人际交往等方面的能力
   C. 无领导小组讨论让一开始没有领导者的一组人通过讨论选出一位领导者
   D. 在无领导小组讨论中，求职者的地位是平等的
   E. 无领导小组讨论使用的问题必须是两难性的问题

第七章　绩效管理

刷基础

672. 在绩效计划制定的准备阶段，搜索制定的信息包括（　　）。
   A. 组织最新的战略管理资料
   B. 工作分析的相关资料
   C. 组织的使命
   D. 组织和员工近期的绩效考核结果
   E. 组织近几年的绩效管理资料

673. 下列对绩效计划概念的描述正确的有（　　）。
   A. 它的制定是一个自上而下的过程，也是将组织绩效分解成个人绩效目标的过程
   B. 是主管人员与员工在绩效年开始之初围绕绩效目标进行反复沟通的过程
   C. 要求组织与员工对绩效目标有明确的认识，并将这种共识落实为绩效计划书
   D. 是绩效管理的第一个环节，也是绩效管理过程的起点
   E. 它包括组织对员工工作成果的期望，但不包括组织希望员工使用的技能

674. 作为被广泛应用的绩效考核方法，目标管理法存在的不足有（　　）。
   A. 可能增加企业的管理成本
   B. 倾向于聚焦短期目标
   C. 目标有时可能难以制定
   D. 没有可量化的客观标准，考核中存在主观偏见

E. 过分乐观的假设高估了企业内部自觉、自治氛围形成的可能性

675. 绩效管理有效实施的影响因素有(　　)。
   A. 绩效计划的完成情况
   B. 绩效系统的时效性
   C. 高层领导的支持
   D. 人力资源管理部门的尽职程度
   E. 绩效管理与组织战略的相关性

676. 下列不属于良好的绩效管理在组织管理中作用的有(　　)。
   A. 有助于建立和谐的组织文化
   B. 有助于员工培训
   C. 有助于促进员工的自我发展
   D. 有助于人员招聘
   E. 有助于实现组织的战略

677. 关于绩效评价技术的说法，正确的有(　　)。
   A. 行为观察量表开发成本较低，且应用者较为普遍
   B. 行为锚定法的计量方法更为准确，评估结果具有较高的信度
   C. 配对比较法在人数较少的情况下，能快速比较出员工的绩效水平
   D. 强制分布法可有效避免考核结果的趋中趋势
   E. 关键事件法无法提供员工之间、部门之间和团队之间的业绩比较信息

678. 关于有效的绩效管理体系的说法，正确的有(　　)。
   A. 有效的绩效管理体系能够确保不同的评价者对同一个员工的评价基本相同
   B. 有效的绩效管理体系可以明确区分高效率员工和低效率员工
   C. 有效的绩效管理体系能够将工作标准和组织目标相联系
   D. 绩效管理工作能够得到组织上下的接受和支持
   E. 绩效管理带来的收益要小于绩效管理体系的建立和维护成本

679. 作为被广泛应用的绩效考核方法，目标管理法存在的优势有(　　)。
   A. 有效性　　　　　　　　　　　B. 较为公平
   C. 聚焦长期目标　　　　　　　　D. 调动了员工的积极性
   E. 实施过程比关键指标法和平衡计分卡法更易操作

680. 在运用关键绩效指标法确立绩效评估体系时，管理者需要注意的问题有(　　)。
   A. 关键绩效指标要彻底贯彻企业战略重点
   B. 同类型职位的关键绩效指标必须保持一致
   C. 关键绩效指标必须是不可量化的
   D. 关键绩效指标的数量不宜过多
   E. 关键绩效指标的数量要足够多

681. 关于绩效评价相关问题的说法，错误的有(　　)。
   A. 晕轮效应是指主管人员在绩效评价过程中，对员工的评定过于严厉
   B. 盲点效应是指主管人员难于发现员工身上存在的与主管自身相似的缺点
   C. 刻板印象是指主管人员不愿意得罪人，使绩效考核结果没有好坏的差异
   D. 近因效应是指主管人员在绩效考核中往往根据最初的印象去评价员工

E. 首因效应是指根据最初的印象去判断一个人

682. 下列属于绩效管理工具的有(   )。
   A. 目标管理法
   B. 标杆超越法
   C. 关键事件法
   D. 平衡计分卡法
   E. 不良事故评估法

683. 关于绩效考核和绩效管理的说法，正确的有(   )。
   A. 有效的绩效考核是对绩效管理的有力支撑
   B. 绩效管理是绩效考核的一个环节
   C. 绩效管理侧重于信息的沟通和绩效的提高
   D. 绩效考核侧重于信息的沟通和绩效的提高
   E. 绩效考核是绩效管理中的一个环节

684. 平衡计分卡法关注组织绩效的角度包括(   )。
   A. 财务角度
   B. 客户角度
   C. 内部流程角度
   D. 竞争对手角度
   E. 学习与发展角度

685. 对绩效改进效果进行评价的维度包括(   )。
   A. 员工对绩效改进结果的反应
   B. 员工能力素质的提升程度
   C. 员工个人心态调整的程度
   D. 员工工作方式的改进效果
   E. 员工的绩效结果与预期的对比

刷进阶 —— 高频进阶 强化提升

686. 企业可以根据绩效考核结果划分出四种类型的员工，关于针对这四种员工应当采取的措施的说法，正确的有(   )。
   A. 应该对堕落型员工进行适当的惩罚以促使其改进绩效
   B. 应该对贡献型员工给予必要的奖励
   C. 应该对冲锋型员工进行绩效辅导
   D. 应该对安分型员工进行必要的培训以提升其工作技能
   E. 应该对防守型员工加以更严密的监督

687. 知识型团队的绩效考核指标包括(   )。
   A. 追求员工工作态度的过程型指标
   B. 判断工作产生出成果的效益型指标
   C. 追求投入产出比例的效率型指标
   D. 追求长远影响的递延型指标
   E. 判断不确定性风险的数量和团队及其成员的危害程度的风险型指标

688. 根据绩效考核结果划分的员工类型有(   )。
   A. 安分型
   B. 贡献型
   C. 管理型
   D. 堕落型
   E. 冲锋型

689. 面谈中评价者可能走入的误区有( )。
    A. 理解不足
    B. 不适当发问
    C. 首因效应
    D. 盲点效应
    E. 期待逾期的结果

第八章　薪酬管理

☑ 刷基础　　　　　　　　　　　　　　　　　　　　紧扣大纲
夯实基础

690. 根据我国有关政策规定，允许参与员工持股计划的人员通常包括( )。
    A. 在企业工作满一定时间的正式员工
    B. 公司的董事、监事、经理
    C. 长期在本企业工作的兼职人员
    D. 企业在册管理的离退休人员
    E. 企业派往投资企业、代表处工作，劳动人事关系仍在本企业的外派人员

691. 职位评价方法中，因素比较法的缺点有( )。
    A. 设计复杂
    B. 难度较大
    C. 成本较高
    D. 可靠性低
    E. 不易理解

692. 实行成本领先战略的企业在制定薪酬方案时通常会( )。
    A. 提高奖金在整体薪酬中所占的比例
    B. 实施高于市场水平的基本薪酬
    C. 使薪酬水平不超过竞争对手
    D. 追求效率最大化、成本最小化
    E. 对于创新给予足够的报酬和奖励

693. 出现下列( )情形之一的人员，不得成为股票期权的激励对象。
    A. 最近3年内被证券交易所公开谴责的
    B. 最近3年内因重大违法违规行为被中国证监会予以行政处罚的
    C. 最近3年所从事工作的原公司发生破产的
    D. 最近3年内被证券交易所宣布为不适当人选的
    E. 具有我国《公司法》规定的不得担任公司董事、监事、高级管理人员情形的

694. 股票增值权作为股权激励模式，具有的优点包括( )。
    A. 操作方便、快捷
    B. 激励对象无须现金付出
    C. 降低企业激励成本，并且企业有现金流入
    D. 无须证监会审批，无须解决股票来源问题
    E. 通过对业绩条件、禁售期限的严格规定，使激励与约束对等

695. 根据我国的股权激励相关政策，关于股票期权的说法，正确的有( )。
    A. 上市公司不得为激励对象为了获得行权资金而进行的贷款提供担保
    B. 上市公司应在定期报告公布前30日向激励对象授予股票期权
    C. 行权价格应为股权激励计划草案摘要公布前一交易日的公司标的股票收盘价

D. 股票期权的等待期不得超过 1 年

E. 股票期权有效期不得超过 10 年

696. 股票期权行权所需股票来源包括(   )。

　　A. 公司发行新股票

　　B. 从发行市场购买股票

　　C. 通过留存股票账户回购股票

　　D. 从二级市场购买股票

　　E. 股东自愿赠予

697. 关于薪酬管理的陈述，正确的有(   )。

　　A. 企业现状及未来战略目标是进行薪酬决策的前提

　　B. 战略性薪酬管理的核心是企业应根据不同战略做出薪酬决策

　　C. 全面薪酬管理以成本控制为中心

　　D. 薪酬调查是构建薪酬体系的第一步

　　E. 薪酬管理要服务于企业人力资源管理的总体战略

698. 股票期权作为股权激励模式的缺点有(   )。

　　A. 过分依赖股票市场有效性

　　B. 现金流压力较大

　　C. 业绩目标或股价的科学确定较困难

　　D. 可能带来大量经理人的短期行为

　　E. 公司股本变化，原股东的股权可能被稀释

刷进阶　高频进阶　强化提升

699. 关于员工持股计划的股份设置及持股比例的说法，正确的是(   )。

　　A. 参与员工持股计划的员工不得高于企业员工总数的 90%

　　B. 只有本企业正式聘用的员工才能参与员工持股

　　C. 参与员工持股计划的员工能够购买的企业股票数量由本人工资在员工全体薪金总额的比例确定

　　D. 员工持股占企业总股本的比例一般不宜超过 30%

　　E. 一般企业高管人员与一般职工在员工持股中的认购比例不得低于 10∶1

700. 关于销售人员薪酬的说法，正确的有(   )。

　　A. 销售人员的薪酬应主要以行为为导向

　　B. 单纯佣金制因将销售人员的薪酬收入与其工作业绩直接挂钩而使薪酬管理成本较低

　　C. 产品具有较高技术含量的企业会对销售人员采用高佣金加低基本薪酬的薪酬制度

　　D. 单纯佣金制会导致销售人员的薪酬缺乏稳定性

　　E. 单纯佣金制不利于培养销售人员对企业的归属感

701. 职位评价方法中的分类法具有的优点是(   )。

　　A. 简单　　　　　　　　　　　　B. 容易解释

　　C. 成本低　　　　　　　　　　　D. 主观成分小

　　E. 等级定义简单

702. 在确定薪酬水平时，企业可以选择(　　)。
    A. 杠杆策略
    B. 领先策略
    C. 跟随策略
    D. 滞后策略
    E. 混合策略

第九章　培训与开发

刷基础

703. 关于培训与开发效果评估中的结果评估的说法，正确的有(　　)。
    A. 结果评估是培训与开发效果评估的最重要内容
    B. 结果评估是培训与开发效果评估的最具有说服力的评价指标
    C. 结果评估是组织高管层最关心的评估内容
    D. 结果评估包括硬指标和软指标
    E. 结果评估中的软指标易于衡量和量化

704. 下列属于培训与开发评估中结果评估的硬指标的有(　　)。
    A. 质量
    B. 时间
    C. 成本
    D. 主动性
    E. 顾客服务

705. 在组织层次的职业生涯管理中，潜能评价中心常用的方法包括(　　)。
    A. 评价中心
    B. 职业生涯锚
    C. 心理测验
    D. 替换或继任规划
    E. 职业生涯研讨会

706. 下列关于职业生涯锚类型的表述正确的有(　　)。
    A. 技术/职能能力型追求一般性管理工作，且责任越大越好
    B. 管理能力型具有强烈的升迁动机，以提升等级和收入作为衡量成功的标准
    C. 安全稳定型的驱动力和价值观是追求安全、稳定的职业前途
    D. 自主独立型视自主为第一需要
    E. 创造型的有强烈的创造需求和欲望，发明创造是他们工作的强大驱动力

707. 关于霍兰德的职业兴趣类型理论的表述正确的有(　　)。
    A. 企业型的人喜欢和人互动，自信，有支配能力
    B. 六种职业兴趣类型标注在六角形上，离得越近的类型，拥有越多的相同之处
    C. 现实型与常规型和研究型的相邻，与艺术型的对立
    D. 社会型的人善于和人相处，喜欢教导
    E. 职业兴趣是指个体对某种活动或某种职业的喜好

708. 组织实施职业生涯管理对组织的重要性包括(　　)。
    A. 员工能更好地认识自己
    B. 为组织培养后备人才
    C. 员工可在组织中学到各种有用的知识
    D. 满足员工的发展需要
    E. 满足员工高层次的需求

709. 下列职业生涯管理方法中,属于组织层次的方法有(   )。
    A. 提供内部劳动力市场信息
    B. 给个人提供自我评估工具和机会
    C. 成立潜能评价中心
    D. 实施培训与发展项目
    E. 提供个人职业生涯指导与咨询

710. 关于职业生涯锚的说法,正确的有(   )。
    A. 它是可以通过各种测试提前预得出来的
    B. 它并非完全固定不变的
    C. 他强调个人能力、动机和价值观三方面的相互作用与整合
    D. 它产生于个人的早期职业生涯阶段,以个体习得的工作经验为基础
    E. 它是一个人无论如何都不会放弃的职业生涯中的某种至关重要的东西或价值观

711. 组织在设立培训与开发机构时,需要考虑的因素是(   )。
    A. 组织的规模   B. 领导的喜好
    C. 员工的表现   D. 国家的政策
    E. 人力资源管理在组织中的地位和作用

712. 培训与开发部门的职能包括(   )。
    A. 审批企业年度的培训与开发计划
    B. 制定年度培训开发预算
    C. 管理好员工培训与开发的档案
    D. 确定企业内部和外部的培训与开发资源
    E. 帮助和指导员工个人职业发展计划

713. 职业生涯管理是组织进行培训与开发的重要内容,评估其效果的标准有(   )。
    A. 劳动力市场就业率
    B. 劳动力市场平均工资水平
    C. 组织的绩效指数变化
    D. 员工态度或知觉到的心理变化
    E. 个人或组织目标的达成程度

714. 影响培训与开发利润的因素主要有(   )。
    A. 受训员工的努力程度
    B. 受训员工的文凭高低
    C. 受训员工可能的服务年限
    D. 受训员工对组织的忠诚度
    E. 受训员工技能可能提高的程度

715. 组织在设立培训与开发机构时,需要考虑的因素是(   )。
    A. 组织的规模   B. 领导的喜好
    C. 员工的表现   D. 国家的政策
    E. 人力资源管理在组织中的地位和作用

716. 培训与开发效果评估中的反应评估通常采用的方法有( )。
    A. 访谈法   B. 问卷调查
    C. 直接观察法   D. 绩效监测法
    E. 自我评价法

717. 一般认为,可以用来衡量职业生涯管理的有效性的标准包括( )。
    A. 成立潜能评价中心
    B. 是否达到个人或组织目标及程度
    C. 态度或心理的变化
    D. 具体活动的完成情况
    E. 绩效指数变化

718. 在个人的职业生涯发展中或在组织的职业生涯管理中,职业生涯锚发挥的重要作用包括( )。
    A. 有助于增强个人职业技能和工作经验,并提高个人和组织的绩效
    B. 有助于识别个人的职业生涯目标和职业生涯成功的标准
    C. 能够促进员工预期心理契约的发展
    D. 不利于个人与组织稳固地相互接纳
    E. 为个人中后期职业生涯发展奠定基础

第十章 劳动关系

刷基础

719. 下列关于劳动者的内涵表述正确的有( )。
    A. 劳动者是被用人单位依法雇用的人员
    B. 劳动者是在用人单位管理下从事劳动的人员
    C. 劳动者是以工资收入为主要生活来源的人员
    D. 劳动者仅限定在国家劳动法律所规定的范围之内
    E. 劳动者也包括自雇用者

720. 工会按照层级可划分为( )。
    A. 职业工会   B. 产业工会
    C. 企业工会   D. 区域性工会
    E. 全国性工会

721. 下列选项属于劳动关系运行过程的有( )。
    A. 劳动关系的构成   B. 劳动者的聘用
    C. 雇主组织的成立   D. 劳动标准的确定和实施
    E. 劳动争议的处理和解决

722. 下列属于劳动者个人权利的有( )。
    A. 组织权   B. 劳动就业权
    C. 工资报酬权   D. 休息休假权
    E. 劳动指挥权

刷进阶

723. 下列属于劳动基本权的有（　　）。
    A. 团结权
    B. 集体谈判权
    C. 集体行动权
    D. 集体保障权
    E. 集体安全权

724. 下列属于实施劳动关系主体权益保护原则的具体要求的有（　　）。
    A. 全面保护
    B. 平等保护
    C. 优先保护
    D. 一般保护
    E. 特殊保护

725. 我国实行的是（　　）争议处理体制。
    A. 一判
    B. 一调
    C. 一裁
    D. 两审
    E. 终审

726. 下列选项属于解决员工申诉的方法的有（　　）。
    A. 调查矛盾发生有关的原因
    B. 迅速了解事实真相，做出解释
    C. 尊重申诉人，对其困境和苦恼表示理解和同情
    D. 对员工进行与申诉相关的辅导
    E. 为员工聘请法律顾问

第十一章　劳动力市场

刷基础

727. 从理论上来分析，通过提供效率工资来刺激员工的生产率的企业通常有（　　）。
    A. 从降低员工流动性中所能够获得的收益最大的企业
    B. 内部运营系统比较复杂的大型现代企业
    C. 必须对员工进行较多的人力资本投资才能确保他们胜任组织中的重要岗位的企业
    D. 很容易通过基于产出的工资制度来激励员工的企业
    E. 对员工进行监督的难度很大的企业

728. 一个国家或地区人口总量主要取决于（　　）。
    A. 人口出生率
    B. 人口死亡率
    C. 老年人口数
    D. 净流入率
    E. 少年人口数

729. 市场或企业所面临的劳动力供给曲线的情况有（　　）。
    A. 垂直形状
    B. 向右上倾斜
    C. 水平形状
    D. 向后弯曲
    E. 向前弯曲

730. 下列属于影响已婚女性的劳动力参与率大幅上升的因素有（　　）。
    A. 女性的相对工资率上升

B. 女性对劳动力市场工作的偏好和态度发生了改变

C. 家庭生产活动的生产率提高

D. 出生率提高

E. 离婚率上升

731. 劳动力需求自身工资弹性的情况主要有( )。

　　A. 缺乏弹性　　　　　　　　B. 富有弹性

　　C. 无限弹性　　　　　　　　D. 单位弹性

　　E. 无弹性

732. 在设计企业内部的晋升竞赛时，需要注意的是( )。

　　A. 必须使参与晋升竞赛的候选人之间在知识、能力或经验等方面具有较高的可比性

　　B. 要在当前职位以及拟晋升职位之间创造出一种合理的工资差距

　　C. 不应使某个人能够非常有把握地认为自己能够获得晋升，或认为自己没有获得晋升的希望

　　D. 晋升风险越高，当前职位和拟晋升职位之间的工资差距就应该设计得越小

　　E. 工资差距太大，会削弱竞赛参与者的努力动机

733. 下列关于生命周期中劳动力供给的表述，正确的有( )。

　　A. 一个人在生命的不同时期所面临的市场工资率不同，其劳动力供给水平也不同

　　B. 时间密集型的闲暇活动消费通常主要发生在一个人成长的早期阶段以及晚年阶段

　　C. 一般中年阶段工资率较高

　　D. 已婚妇女的劳动力参与率下降

　　E. 在人们刚刚成年的阶段，把大部分时间用于工作

734. 按各产业所使用的投入组合的特点为标志来划分，产业部门可分为( )。

　　A. 初级产业　　　　　　　　B. 制造业

　　C. 劳动密集型产业　　　　　D. 资本密集型产业

　　E. 技术密集型产业

735. 在长期中，工资率与劳动力需求之间的关系是( )。

　　A. 工资率上涨的规模效应导致劳动力需求上升

　　B. 工资率上涨的替代效应导致劳动力需求上升

　　C. 工资率上涨的规模效应导致劳动力需求下降

　　D. 工资率上涨的替代效应导致劳动力需求下降

　　E. 工资率的上涨总是会导致劳动力需求下降

736. 下列关于个人劳动力供给决策的说法，正确的是( )。

　　A. 工资率上升的时候，如果收入效应大于替代效应时，那么劳动者的个人劳动力供给时间减少

　　B. 工资率上升的时候，如果收入效应大于替代效应时，那么劳动者的个人劳动力供给时间增加

　　C. 通常情况下，在工资率比较低时，替代效应要大于收入效应

　　D. 个人劳动力的供给曲线是一条向后弯曲的曲线

　　E. 当工资率上升到一定的程度，劳动者的需要层次随之提高，这时收入效应要大于替代效应

737. 关于家庭生产理论的说法，正确的是（   ）。
    A. 家庭生产理论认为劳动力供给决策的主体是家庭而不是单个的劳动者
    B. 家庭生产理论将家庭物品视为家庭的直接效用来源
    C. 家庭生产理论认为家庭会根据比较优势原理来决定家庭成员的时间利用方式
    D. 家庭生产理论认为一个家庭需要做出的重要决策之一是，家庭成员需要将多少时间用于市场工作，多少时间用于家庭生产
    E. 家庭生产理论是一种劳动力需求理论

738. 为提高就业水平可以采取扩张性的财政政策，具体手段包括（   ）。
    A. 提高税率   B. 增加转移支付
    C. 降低利率   D. 扩大财政支出
    E. 降低财政支出

739. 劳动力市场具有的特征包括（   ）。
    A. 劳动力市场的确定性
    B. 劳动力市场的多样性
    C. 交易对象的难以衡量性
    D. 交易条件的复杂性
    E. 劳动力出售者地位的不利性

刷进阶　　　　　　　　　　　　　　高频进阶　强化提升

740. 下列需求属于派生需求的是（   ）。
    A. 对劳动力的需求   B. 对资本的需求
    C. 对机器设备的需求   D. 对食物的需求
    E. 对衣服的需求

741. 家庭生产理论认为（   ）。
    A. 家庭可以用时间密集型和商品密集型两种方式生产家庭物品
    B. 家庭的可支配时间可以划分为市场工作时间和家庭生产时间两大类
    C. 家庭的直接效用的来源是整个家庭获得的总劳动收入
    D. 家庭需要决定消费哪些家庭物品
    E. 家庭的劳动力供给行为是家庭成员劳动力供给行为的简单加总

742. 根据"派生需求定理"影响劳动力自身需求工资弹性的因素主要有（   ）。
    A. 劳动力需求的交叉弹性
    B. 最终产品的需求价格弹性
    C. 要素替代的难易程度
    D. 其他因素的供给弹性
    E. 产品总成本中劳动力成本所占比重

743. 个人劳动力供给曲线是由（   ）构成。
    A. 工资率   B. 工资多少
    C. 供给小时数   D. 工作强度
    E. 雇佣人数

第十二章　工资与就业

刷基础

744. 补偿性工资差别揭示了由于( )原因而导致的收入差异。
    A. 工作条件　　　　　　　　B. 社会环境
    C. 地理状况　　　　　　　　D. 知识技能
    E. 个人能力

745. 关于季节性失业，下列说法中正确的有( )。
    A. 季节性失业是一种正常失业
    B. 季节性失业是由于季节变化导致的定期性就业岗位的丧失
    C. 季节性失业会影响季节工人的收入及生活的稳定性
    D. 从长远来看，季节性失业会促进劳动生产率的提高，促进生产力的发展
    E. 季节性失业不利于劳动力资源的有效利用，造成一定的人力浪费

746. 不同产业部门之间工资差别形成的原因有( )。
    A. 熟练劳动力所占比重
    B. 技术经济特点
    C. 工会化程度
    D. 发展的目标
    E. 地理位置

747. 劳动者之间因为( )的不同而形成工资差别不应当视为歧视。
    A. 工作经验　　　　　　　　B. 受教育程度
    C. 工时数量　　　　　　　　D. 长相
    E. 性别

748. 在现实生活中，影响工资水平确定的因素有( )。
    A. 劳动者学历情况
    B. 劳动者个人及其家庭所需的生活费用
    C. 同工同酬原则
    D. 劳动力市场的现状
    E. 企业的工资支付能力

749. 通常情况下，大企业员工的工资随着员工经验的增加而增长的速度要比中小企业快得多，下列对此解释正确的有( )。
    A. 大企业比小企业为员工提供了更多的特殊培训机会
    B. 大企业内部的生产过程往往具有高度的相互依赖性
    C. 大企业可以为员工提供多层次晋升的机会
    D. 大企业对员工更容易进行严密的监督
    E. 大企业更重视降低员工的离职率以及迅速填补职位空缺

750. 高工资往往导致高生产率，这是因为高工资通常( )。
    A. 有助于企业控制人工成本
    B. 有助于组织吸引优秀员工

C. 有助于员工产生外部公平感
D. 有助于提高员工工作积极性
E. 有助于降低员工离职率

751. 技术性失业的形成原因有（　　）。
    A. 采用先进的科学技术通过提高劳动生产率取代了一部分劳动力
    B. 采用新的经营管理方式通过提高劳动生产率取代了一部分劳动力
    C. 一些部门或行业对劳动力的需求随季节的变化而变化
    D. 信息的不完善
    E. 经济的周期性波动

752. 在亚当·斯密所提及的引起职业间工资差别的各种原因中，属于补偿性工资差别的有（　　）。
    A. 劳动强度和劳动条件引起的工资差别
    B. 从业时的愉快或不愉快程度引起的工资差别
    C. 职业稳定与保障程度引起的工资差别
    D. 从业能力的难易程度引起的工资差别
    E. 从业者承担的责任程度引起的工资差别

753. 下列关于劳动力市场歧视的表述，正确的有（　　）。
    A. 劳动力市场歧视可以分为工资歧视和职业歧视
    B. 具有相同生产率特征的两类人却获得了不同的报酬，属于工资歧视
    C. 对具有相同的受教育水平和其他生产率特征的不同类型的劳动者加以区别对待，属于职业歧视
    D. 如果所有的职业都是完全隔离的，则差异指数的值为零
    E. 劳动力市场歧视来源于个人偏见、统计性偏见，以及非竞争性歧视

754. 经济学家认为可缓和结构性失业的措施有（　　）。
    A. 政府规定合理的失业补助期限
    B. 加强劳动力市场的情报工作，使求职人员及时了解劳动力市场的供求情况
    C. 由政府提供资金，向愿意从劳动力过剩地区迁到劳动力短缺地区的失业工人提供安置费
    D. 制定各种培训计划，使工人的知识更新与技术发展同步进行，以适应新职业的需要
    E. 提供更好的职业指导和职业供求预测

755. 从歧视产生的根源的角度来看，经济学家提出的可能的劳动力市场歧视来源有（　　）。
    A. 工资歧视　　　　　　　　B. 个人歧视
    C. 统计性歧视　　　　　　　D. 职业歧视
    E. 非竞争性歧视

756. 在我国关于失业人员的统计中，失业人员必须满足的条件包括（　　）。
    A. 在法定劳动年龄之内
    B. 有工作能力

C. 有工作意愿

D. 尚未实现就业

E. 正在领取失业保险金

757. 下列属于就业基本含义的有( )。

A. 参与家庭劳动
B. 劳动者有劳动意愿
C. 参与社会劳动
D. 能够获得报酬或收入
E. 劳动者有劳动能力

758. 男性与女性之间工资性报酬差距形成的原因包括( )。

A. 年龄
B. 身高
C. 职业
D. 工时和工作经验
E. 受教育程度

759. 关于摩擦性失业,下列说法中正确的有( )。

A. 摩擦性失业是正常性的失业
B. 由于寻找工作、达成就业协议的时滞会造成摩擦性失业
C. 摩擦性失业是由于工作岗位缺乏而造成的
D. 摩擦性失业是竞争性劳动力市场的一个自然特征
E. 摩擦性失业的存在与充分就业不矛盾

760. 关于工资差别的说法,正确的是( )。

A. 工资差别的存在不利于实现社会公平
B. 工资差别是推动劳动力流动的重要因素
C. 劳动者在素质和技能方面的差异是导致工资差别产生的原因之一
D. 劳动条件方面的差异往往会体现在工资差别中
E. 社会工资差别越小越好

761. 关于工资水平的说法正确的有( )。

A. 实际工资就是指员工实际拿到手的货币工资
B. 实际工资就是指名义工资
C. 企业在确定工资水平时必须了解实际工资水平
D. 货币工资上涨时,实际工资有可能是下降的
E. 物价指数越高,相同的货币工资代表的实际工资水平越低

762. 在我国的城镇登记失业率统计中,以下选项中的人员不应该统计在城镇单位从业人员范围内的有( )。

A. 单位使用的农村劳动力
B. 外方人员
C. 聘用的离退休人员
D. 港澳台地区人员
E. 距离退休不足1年的劳动力

763. 一国政府追求的宏观经济目标包括( )。

A. 充分就业
B. 经济增长
C. 物价稳定
D. 快速发展
E. 国际贸易收支平衡

第十三章 人力资本投资理论

刷基础

764. 在其他条件一定的情况下，有助于强化人们当前的高等教育投资动机的情况包括（   ）。
    A. 大学毕业生的工资水平与高中毕业生差距缩小
    B. 政府承诺为上大学者提供无息贷款
    C. 大学毕业生的就业机会远远多于高中毕业生
    D. 高校为提高人才培养质量，提高了大学生拿到文凭的难度
    E. 上大学的学费有了较大幅度提高

765. 下列属于影响劳动力流动的劳动者因素的是（   ）。
    A. 劳动者的年龄   B. 劳动者的任职年限
    C. 社会环境   D. 劳动者的性别
    E. 地理位置

766. 对教育投资的私人收益进行估计的选择性偏差表现为（   ）。
    A. 低估了上大学的人通过上大学而获得的收益
    B. 高估了那些没上大学的人因为未上大学而遭受的损失
    C. 高估了那些上大学的人因为上大学而产生的成本和收益
    D. 低估了上大学的成本，高估了上大学的收益
    E. 高估了上大学的成本，低估了上大学的收益

767. 人力资本投资的活动包括（   ）。
    A. 各级正规教育和在职培训   B. 加强学龄前儿童营养
    C. 增进健康   D. 工作流动
    E. 丰富生活

768. 大多数接受过特殊培训的员工通常（   ）。
    A. 在本企业获得的工资率高于市场工资率
    B. 愿意在本企业工作较长的时间
    C. 被企业解雇的可能性比较小
    D. 流动的倾向会比较强
    E. 不可能被企业解雇

769. 下列支出中，属于人力资本投资支出的有（   ）。
    A. 上大学交的学费
    B. 为换工作而支付的费用
    C. 为改善身体状况而交纳的健身俱乐部会费
    D. 日常应酬中请朋友吃饭的花费
    E. 为参加在职研究生班学习而支付的费用

770. 企业实施在职培训的机会成本包括（   ）。
    A. 在职培训支付的场地费
    B. 邀请外部讲师提供培训的讲课费

C. 受训员工因为参加培训而无法全力工作的损失
D. 利用本企业的机器和资深员工提供培训而导致的工作效率损失
E. 购买培训材料的费用

771. 接受高等教育会产生直接成本、机会成本以及心理成本，同时也会带来(　　)。
A. 经济收益
B. 机会受益
C. 沉没受益
D. 间接受益
E. 心理收益

772. 企业常常根据他们认为与生产率之间存在某种联系的，同时又是可以被观察到的标志或特征来进行人员的筛选。这些标志或特征包括(　　)。
A. 工作能力
B. 年龄
C. 经验
D. 受教育程度
E. 表达能力

刷进阶

高频进阶
强化提升

773. 下列关于影响劳动力流动的因素的表述正确的有(　　)。
A. 一般情况下，企业规模越大，员工的流动率越高
B. 企业所处的地理位置实际上决定了企业员工到其他组织寻找工作的便利性及其成本高低
C. 劳动者在一个组织中的心理成本过高或心理收益过低会导致员工的流失
D. 在其他条件相同的情况下，劳动者的任职年限越长，通常离职的可能性越低
E. 整个社会对于流动的态度以及流动的传统习惯会影响劳动力的流动率

774. 在其他条件相同的情况下，若(　　)，则进行人力资本投资的合理性越强。
A. 人力资本投资后获得收益的时间越长
B. 人力资本投资的成本越低
C. 人力资本投资后收入增加值越大
D. 人力资本投资完成后获得收益的风险越高
E. 人力资本投资的机会成本越高

775. 关于上大学的合理年限决策，下列说法正确的有(　　)。
A. 对于任何人来说，能够达到效用最大化的高等教育投资数量都是在边际收益大于边际成本的那个点上取得的
B. 对于不同的人来说，上大学的边际成本不可能是完全相同的
C. 在边际收益一定的情况下，边际成本较高的人愿意上大学的年限会更少一些
D. 对于学习特别费劲的学生来说，他们完成高等教育所付出的边际成本实际上会更高一些
E. 多上一年大学的边际收益会因人而异

776. 在其他条件相同的情况下，使高等教育投资的价值变得越高的情形包括(　　)。
A. 上大学的心理成本越低
B. 大学毕业生比高中毕业生的工资性报酬高出越多
C. 上大学期间的劳动力市场工资水平越高
D. 上大学的学费越低

E. 大学毕业后工作的年限越长

777. 教育不仅能够产生较高的私人收益率,还能够产生整个社会效益,包括(   )。
   A. 直接导致国民收入水平的提高和社会财富的增长,从而提高整个国家和社会的福利
   B. 有助于增加失业率
   C. 父母的受教育水平不会影响下一代的受教育情况
   D. 较高的教育水平有助于提高政策决策过程的质量和决策效率
   E. 有助于提高社会的道德水平和信用水平

778. 关于劳动力流动的说法,以下说法正确的有(   )。
   A. 适度的劳动力流动有助于劳动力资源的有效配置
   B. 在劳动力市场宽松时,劳动者的流动动机明显加强
   C. 大企业工资水平较高是导致其劳动力流动率较低的主要原因之一
   D. 社会制度对劳动力流动的成本几乎没有任何影响
   E. 自愿的劳动力流动可以被视为一种人力资本投资行为

779. 教育投资的私人收益估计偏差包括(   )。
   A. 流动性偏差
   B. 低估偏差
   C. 高估偏差
   D. 固定性偏差
   E. 选择性偏差

780. 下列条件中有利于促使人们选择上大学的是(   )。
   A. 投资后的收入增量流加长
   B. 上大学的成本降低
   C. 大学毕业生与高中毕业生的工资薪酬差距加大
   D. 在折算上大学的未来收益时使用的贴现率升高
   E. 在折算上大学的未来收益时使用的贴现率降低

第十四章 劳动合同管理与特殊用工

刷基础

781. 劳务派遣用工单位应承担的法定义务包括(   )。
   A. 应当向被派遣劳动者收取管理费
   B. 向被派遣劳动者告知工作要求和劳动报酬
   C. 只能以非全日制用工形式招用被派遣劳动者
   D. 支付加班费、绩效奖金
   E. 连续用工的,实行正常的工资调整机制

782. 劳动合同履行应遵循的原则有(   )。
   A. 公平原则
   B. 平等原则
   C. 全面履行原则
   D. 自愿原则
   E. 合法原则

783. 下列关于竞业限制描述正确的有(   )。
   A. 高级管理人员属于竞业限制人员
   B. 竞业限制的范围、地域、期限由用人单位与劳动者约定,竞业限制的约定不得违反

法律法规的规定

C. 在解除或者终止劳动合同后，自己开业生产或者经营同类产品、从事同类业务的竞业限制期限，不得超过2年

D. 在竞业限制期限内，用人单位请求解除竞业限制协议时，人民法院应予支持

E. 在解除竞业限制协议时，劳动者请求用人单位额外支付劳动者6个月的竞业限制经济补偿的，人民法院应予以支持

784. 除执行《劳动法》《劳动合同法》相关规定外，在履行劳动合同过程中，劳动者还应当承担义务的义务包括(　　)。
   A. 遵守用人单位的规章制度　　　B. 完成劳动合同约定的工作内容
   C. 约定保守用人单位的商业秘密　　D. 按照公司的强制要求进行加班
   E. 无条件服从单位领导的命令

785. 下列情形不影响劳动合同履行的有(　　)。
   A. 变更名称　　　　　　　　　B. 变更法定代表人
   C. 变更主要负责人　　　　　　D. 用人单位合并或者分立
   E. 劳动者不能胜任工作被辞退

786. 关于用人单位义务的说法，正确的是(　　)。
   A. 用人单位安排劳动者加班应当向劳动者支付餐费
   B. 用人单位应当保护劳动者的安全和身体健康
   C. 用人单位应当按照劳动合同的约定和国家规定，向劳动者及时支付劳动报酬
   D. 用人单位应当严格执行劳动定额标准
   E. 用人单位应当按照劳动者的要求提供劳动条件和劳动用具

刷进阶

787. 关于劳务派遣的说法，正确的是(　　)。
   A. 劳务派遣单位属于劳动合同法调整的用人单位
   B. 劳务派遣单位与同一被派遣劳动者每派遣一次可以约定一次试用期
   C. 用人单位可以合资设立劳务派遣单位向本单位派遣劳动者
   D. 劳务派遣单位不得向被派遣劳动者收取费用
   E. 劳务派遣用工是我国企业的基本用工形式

788. 可以约定竞业限制的人员包括(　　)。
   A. 保洁员　　　　　　　　　　B. 高级管理人员
   C. 高级技术人员　　　　　　　D. 门卫
   E. 负有保密义务的人员

789. 劳务派遣单位的法定义务包括(　　)。
   A. 应当将劳务派遣协议的内容告知被派遣劳动者
   B. 不得向被派遣劳动者收取费用
   C. 连续用工的，实行正常的工资调整机制
   D. 对在岗被派遣劳动者进行工作岗位所必需的培训
   E. 派遣单位不得以非全日制用工形式招用被派遣劳动者

790. 因与用人单位解除劳动关系，个人领取一次性补偿收入时按照国家和地方政府规定的比例实际缴纳的(　　)。
　　A. 医疗保险费
　　B. 失业保险费
　　C. 基本养老保险费
　　D. 生育保险费
　　E. 住房公积金

第十五章　社会保险法律

刷基础

791. 从社会保险责任分，社会保险法律关系的主体有(　　)。
　　A. 国家
　　B. 监督人
　　C. 社会保险的管理和经办机构
　　D. 用人单位
　　E. 劳动者及家庭

792. 社会保险法律适用的基本规则包括(　　)。
　　A. 原则上保持历史的连续性
　　B. 上位法的效力高于下位法
　　C. 同位法中特别规定与一般规定不一致时，适用特别规定
　　D. 同位法中新的规定与旧的规定不一致，适用新的规定
　　E. 原则上不溯及既往

793. 下列关于社会保险法律责任，说法正确的有(　　)。
　　A. 以欺诈、伪造证明材料或者其他手段骗取社会保险基金支出或者骗取社会保险待遇的，应当退回，并处骗取金额2倍以上5倍以下的罚款
　　B. 隐匿、转移、侵占、挪用社会保险基金或者违规投资运营的，由社会保险行政部门、财政部门、审计机关责令追回
　　C. 用人单位不办理社会保险登记的，逾期不改正的，处应缴社会保险费数额1倍以上3倍以下的罚款，对其直接负责的主管人员和其他直接责任人员处500元以上3 000元以下的罚款
　　D. 用人单位未按时足额缴纳社会保险费的，社会保险费征收机构责令其限期缴纳或者补足，并自欠缴之日起，按日加收万分之二的滞纳金
　　E. 工伤职工或者其近亲属骗取工伤保险待遇的，由社会保险行政部门责令退还，处骗取金额2倍以上5倍以下的罚款

794. 社会保险法律适用根据主体的不同，可分为(　　)。
　　A. 仲裁
　　B. 调解
　　C. 解释
　　D. 行政适用
　　E. 司法适用

795. 下列选项中属于社会保险法律关系客体的有(　　)。
　　A. 承担缴纳社会保险的义务
　　B. 就业服务项目
　　C. 医疗保险中的医疗津贴
　　D. 医疗服务
　　E. 失业保险中的失业保险金

刷进阶

796. 下列关于基本养老保险和基本医疗保险覆盖范围的表述正确的有(　　)。
    A. 用人单位及其职工应当参加职工基本养老保险和职工基本医疗保险
    B. 无雇主的个体工商户、未在用人单位参加社会保险的非全日制从业人员以及其他灵活就业人员可以参加职工基本养老保险和职工基本医疗保险
    C. 农村居民可以参加新型农村社会养老保险和新型农村合作医疗
    D. 公务员和参照公务员法管理的工作人员养老保险的办法由全国人民代表大会规定
    E. 进城务工的农村居民依照规定参加社会保险

797. 社会保险法律适用的基本原则包括(　　)。
    A. 实事求是的原则
    B. 强制性的原则
    C. 有错必纠的原则
    D. 以事实为依据,以法律为准绳
    E. 公民在法律面前一律平等原则

798. 下列法律关系中,属于社会保险法律关系的有(　　)。
    A. 征收社会保险费的机构与劳动者因征收失业保险费产生的法律关系
    B. 企业与劳动者因建立企业年金产生的法律关系
    C. 社会保险经办机构与退休职工因支付基本养老金产生的法律关系
    D. 社会保险行政部门与企业认定工伤产生的法律关系
    E. 商业保险公司与参加意外伤害险的职工因支付住院津贴产生的法律关系

第十六章　社会保险体系

刷基础

799. 下列属于建立企业年金条件的有(　　)。
    A. 依法参加基本养老保险并履行缴费义务
    B. 依法参加了基本医疗保险
    C. 具有相应的经济负担能力
    D. 为员工提供了优厚的福利
    E. 已建立集体协商机制

800. 下列情形中,不应当被认定为工伤的有(　　)。
    A. 职工因公外出期间,由于工作原因受到伤害的
    B. 职工下班后在工作场所从事收尾性工作受到事故伤害的
    C. 职工在上班途中打架斗殴受到暴力伤害的
    D. 职工在工作时间内因私外出发生交通事故受到伤害的
    E. 职工因公外出期间下落不明

801. 关于失业保险金标准的说法,正确的有(　　)。
    A. 失业保险金标准由省、自治区、直辖市人民政府确定
    B. 失业保险金标准不得低于最低工资标准

C. 失业保险金标准应相当于城镇居民最低工资标准
D. 失业保险金标准应相当于社会平均工资水平
E. 失业保险金标准不得低于城镇居民最低生活保障标准

802. 《工伤保险条例》规定，不得认定为工伤或者视同工伤的情形是(   )。
    A. 职工因故意犯罪遭受事故伤害的
    B. 职工因醉酒遭受事故伤害的
    C. 职工因操作失误遭受事故伤害的
    D. 职工因自残遭受事故伤害的
    E. 职工因工作疲劳遭受事故伤害的

803. 下列医疗费用不纳入基本医疗保险基金支付范围的有(   )。
    A. 在境外就医的   B. 由社会保险经办机构支付的
    C. 应当有第三人负担的   D. 应当由公共卫生负担的
    E. 应当从工伤保险基金中支付的

第十七章　劳动争议调解仲裁

804. 劳动争议处理的一般程序有(   )。
    A. 搁置   B. 协商
    C. 调解   D. 仲裁
    E. 诉讼

805. 在法律没有具体规定举证责任承担时，仲裁庭可以根据(   )，综合当事人举证能力等因素确定举证责任的承担。
    A. 公平原则   B. 诚实信用原则
    C. 民主说服原则   D. 公正原则
    E. 合法原则

806. 下列情形中，属于劳动争议仲裁时效中断的有(   )。
    A. 当事人能够证明因不可抗力等客观原因无法申请仲裁
    B. 一方当事人向对方当事人主张权利
    C. 一方当事人向有关部门请求权利救济
    D. 对方当事人同意履行义务
    E. 限制民事行为能力劳动者的法定代理人尚未确定

807. 李某与用人单位发生争议，在人民调解委员会主持下达成了调解协议。如用人单位不履行该调解协议，李某可以就(   )事项向人民法院申请支付令。
    A. 支付经济补偿金   B. 支付拖欠劳动报酬
    C. 承租单位宿舍   D. 支付工伤医疗费
    E. 补签书面劳动合同

808. 仲裁庭裁决劳动争议案件中，仲裁员若( )，则应当回避。
   A. 与案件有利害关系
   B. 接受代理人请客送礼
   C. 促使争议双方当事人达成调解协议
   D. 私自会见当事人
   E. 是仲裁委员会主任

第十八章　法律责任与行政执法

809. 劳动监察的属性包括( )。
   A. 法定性
   B. 强制性
   C. 行政性
   D. 专门性
   E. 监督性

810. 用人单位应当承担违反劳动法律责任的情形，包括( )。
   A. 用人单位扣押劳动者身份证
   B. 劳动者依法解除劳动合同后，用人单位扣押劳动者档案
   C. 劳动者因参加工会活动而被解除劳动合同
   D. 用人单位未对未成年工定期进行健康检查
   E. 用人单位与劳动者订立劳动合同未约定试用期

811. 劳动保障监察机构查处用人单位或劳动者的违法行为的程序有( )。
   A. 立案
   B. 告知
   C. 处理
   D. 归档
   E. 调查

812. 行政复议申请书应包括的内容有( )。
   A. 申请人的情况
   B. 被申请人的情况
   C. 具体的行政复议请求
   D. 事实和理由
   E. 被申请人签名

813. 劳动法律责任的特点有( )。
   A. 以违法行为存在为前提
   B. 以法律制裁为必然后果
   C. 国家强制力保证实施
   D. 以国际劳工协会为参照
   E. 由国家特别授权的机关来执行

第十九章 人力资源开发政策

刷基础

814. 2018年3月7日，人力资源社会保障部对《国家职业技能标准编制技术规程》(2012年版)进行了全面修订，主要修改内容为(   )。
    A. 强调工匠精神和敬业精神
    B. 落实"考培分离""鉴培分离"
    C. 支持科技创新
    D. 支持技能人才成长
    E. 突出安全生产

815. 在科技项目资金管理中，下列关于提高间接费用比重的说法正确的有(   )。
    A. 500万元以下的部分为10%
    B. 500万元以下的部分为20%
    C. 500万元至1 000万元的部分为15%
    D. 500万元至1 000万元的部分为20%
    E. 1 000万元以上的部分为10%

816. 下列属于我国职称评审标准分类的有(   )。
    A. 国家标准
    B. 地区标准
    C. 行业标准
    D. 单位标准
    E. 部门标准

刷进阶

817. 行政机关公务员受处分的期间分为(   )。
    A. 警告，3个月
    B. 警告，6个月
    C. 记过，6个月
    D. 记大过，18个月
    E. 降级、撤职，24个月

818. 公务员基本工资包括(   )。
    A. 薪级工资
    B. 职务工资
    C. 绩效工资
    D. 津贴补贴
    E. 级别工资

819. 公务员的考核方式包括(   )。
    A. 平时考核
    B. 一般考核
    C. 专项考核
    D. 定期考核
    E. 非常规考核

案例分析题

案例分析题 答题技巧

《专业知识与实务》中的案例分析题的得分规则与多项选择题类似。每题的4个备选项中，有2~3个选项符合题意，至少有1个错项。错选，该题不得分；少选，所选的每个选项得0.5分。本着谨慎原则，不确定的项目不选，拿满分很困难，拿60%~70%左右的分数相对较容易。关键在于协调好答题时间，不在前面不会的题目（尤其是多项选择题）上浪费时间，不定项选择题只要拿到二十几分，加上前面题型最基本的分数，那么通过考试十拿九稳。

第一章 组织激励

 举一反三 高效通关

（一）

张明是一家著名高科技企业的人力资源总监，企业成立时他就负责人力资源工作。公司的主要领导对他很信任，有关人事方面的事情都是他说了算。他的激励方法就是支付高额奖金。经过十几年的努力，这家公司发展成为一家大型的企业。公司的业务也由以前的软件开发延伸到下游的测评、咨询和规划等方面。但不知什么缘故，最近这些新业务部门的员工，如销售部门和咨询部门的员工对张明的意见很大，他们认为张明制定的激励措施没有考虑到他们的工作性质，他们加班不需要待在办公室，按照在办公室加班时间来发奖金不公平。此外，他们向总经理反映说张明不懂人力资源的管理。这让张明很恼火，他认为用高额奖金激励员工没有什么不对。多劳多得不正是我们所提倡的吗？

820. 用马斯洛的需要层次理论解释张明的做法，正确的是（　　）。
   A. 张明没有充分考虑到员工的自我实现的需要
   B. 用高额奖金满足员工生理需要的投入收益是递增的
   C. 奖金一定能够满足员工的高级需要
   D. 不同部门员工的需要应该一致

821. 如果张明按照双因素理论的观点来摆脱面临的困境，他应该（　　）。
   A. 用更加严格的制度管理员工
   B. 给员工减发奖金
   C. 让员工感到自己的工作有成就感
   D. 让员工在工作中承担更多的责任

822. 上述情境中，员工的不满来自（　　）。

A. 张明用单一的方式对待每一个员工
B. 张明没有考虑到咨询等部门的特点
C. 计发奖金的方式不公平
D. 认为张明用人唯亲

823. 要让员工觉得公平，张明今后应该(　　)。
   A. 多和员工沟通，了解不同员工的不同需求
   B. 对不同部门的员工的业绩衡量采取不同的标准
   C. 加强自己的领导权威
   D. 考虑不同部门工作性质的差异，制定与员工贡献相匹配的奖励方案

(二)

小张和小王是美国名校计算机专业研究生，毕业后两人回国创业，在北京成立了一家小型互联网公司。起初，公司一共不到20人，与很多公司一样，小张和小王实行了"领导决策，员工执行"的管理方式。公司近几年发展很快，规模也扩大到100多人，但不久就陷入了瓶颈：一方面，作为互联网公司，技术创新是核心，仅靠小张和小王很难保持公司长期的创新活力；另一方面，公司员工的工作积极性也成了问题。小张和小王开始反思："公司有这么多员工，为什么技术创新总是跟不上呢?"很快，他们想到可能是管理方式出了问题。

于是，小张和小王借鉴了谷歌公司的管理方式，用扁平的组织结构取代了传统金字塔形的组织结构，淡化了领导与员工之间的职位等级观念，建立起一种民主的工作氛围。此外，小张和小王鼓励员工积极表达自己的想法，并采纳了员工很多好的想法。改变管理方式后，公司冲破了发展的瓶颈，迅速发展壮大。

824. 小张和小王借鉴的是(　　)领导风格。
   A. 目标管理　　　　　　　　B. 参与管理
   C. 授权管理　　　　　　　　D. 团队管理

825. 基于小张和小王借鉴的这种领导风格，该公司可考虑采用的管理措施还有(　　)。
   A. 员工参与新员工的甄选
   B. 采用"基本年薪+年底分红"的薪金模式
   C. 不向员工提供绩效反馈
   D. 建立质量监督小组

826. 小张和小王借鉴的这种领导风格的有效性取决于(　　)。
   A. 领导的个人魅力
   B. 组织文化的支持
   C. 员工的能力，如智力、知识技术等
   D. 是否规定目标完成的时间期限

827. 与小张和小王借鉴的这种领导风格相关的激励理论包括(　　)。
   A. 双因素理论　　　　　　　B. ERG 理论
   C. 期望理论　　　　　　　　D. 强化理论

(三)

A公司董事长每年年底都会与员工谈话，目的是了解员工过去一年的工作状况，对公司的态度以及未来的打算。在今年的谈话中，员工小李说，自己很喜欢公司的工作环

境，跟大部分同事的关系也很好，但是自己工作非常努力，却不被领导认可，升职希望渺茫；而同办公室的小王工作没有自己努力，却总被领导夸奖，上个月还涨了工资，这让自己深受打击，工作动力没有以前那么大了，甚至萌生了辞职念头。董事长询问小李原因，小李认为，这是由于公司为员工设置的工作目标不合理造成的。领导给小王设置的工作目标比自己的容易达到，所以即使自己非常努力，领导也不认可；然而，工作目标是领导设定的，自己没有发言权。董事长听后表示在今后公司管理工作中会考虑小李的意见。

828. 根据马斯洛的需要层次理论，小李在工作中没有得到满足的需要是( )。
    A. 生理需要 B. 安全需要
    C. 尊重需要 D. 自我实现需要

829. 根据双因素理论，让小李感到不满的主要因素是( )。
    A. 工作目标设定的政策 B. 晋升
    C. 别人的认可 D. 人际关系

830. 小李感到不公平时所采用的恢复平衡的方式是( )。
    A. 改变自己的投入或产出 B. 改变对投入或产出的知觉
    C. 改变参照对象 D. 寻求社会兼职

831. 小李反映的不公平问题，表明目标管理中的( )要素出现了问题。
    A. 目标具体化 B. 参与决策
    C. 限期完成 D. 绩效反馈

(四)

某公司是一家由事业单位转制而成的股份制企业。在转制之前，员工的薪酬基本上是按照职务、技术职称和工龄等来确定的，员工的工资差别不大，所以干多干少一个样，尽管单位的效率不高，但大家觉得挺满足。但改制以后，由于企业要直接面对激烈的市场竞争，所以公司的领导层决定打破传统的薪酬体制，实行绩效薪金制，如今两年过去了，该公司的产值翻了两番，员工的收入也大大增加，大家觉得比以前更满足了。

832. 绩效薪金制的主要优点是( )。
    A. 减少管理人员的工作量
    B. 为企业节省成本
    C. 使管理者的监督职能加强
    D. 使员工的晋升和产品质量挂钩

833. 关于绩效薪金制度的说法，正确的是( )。
    A. 绩效薪金制指将绩效与考勤相结合的激励措施
    B. 绩效薪金制的基础是公平、量化的绩效评估体系
    C. 常用的绩效薪金制有计件工资等
    D. 对管理者实施按利润分红也是绩效薪金制

834. 该公司实行绩效薪金制时，可以选择的绩效包括( )。
    A. 个人绩效 B. 部门绩效
    C. 责任绩效 D. 组织绩效

835. 绩效薪金制通常采用的方式有( )。

A. 计件工资　　　　　　　　　B. 计时工资
C. 按利分红　　　　　　　　　D. 利润分成

（五）

某广告公司人力资源管理部门近日通过调查发现：基层员工近期工作效率下滑、缺勤率上升、工作积极性下降，基层员工与客户的不和谐事件也凸显上升趋势。公司领导为了调动员工积极性，决定在管理上进行改进，并要求公司的人力资源部门进行了一系列调查与分析。

836. 根据调查发现，员工普遍感觉工作内容十分枯燥，每天只能按部就班地完成工作，缺乏成就感，这体现了双因素理论中的（　　）。
A. 保健因素　　　　　　　　　B. 激励因素
C. 安全因素　　　　　　　　　D. 尊重因素

837. 员工普遍反映，员工沟通机会少得可怜，缺少集体活动，没有有效的沟通平台，大龄未婚职工人数日渐上升。员工的这些情况反映出在高层次需要没有得到满足时，对低层次的需要就会显得更加渴望，这符合（　　）的观点。
A. 需要层次理论　　　　　　　B. ERG 理论
C. 双因素理论　　　　　　　　D. 三重需要理论

838. 该广告公司现行的工资福利待遇中，比较突出的是基层员工缺少社会保险，使得基层员工在医疗、养老、工伤、失业等方面缺乏有效保障。从马斯洛需要层次理论上看，该种现象表明该广告公司的管理未能满足基层员工的（　　）。
A. 生理需要　　　　　　　　　B. 安全需要
C. 尊重需要　　　　　　　　　D. 归属需要

839. 根据上述分析，人力资源部建议该广告公司管理部门施行以下正确措施（　　）。
A. 完善公司的保健因素和激励因素
B. 对具备高亲和需要的员工予以重用，并在组织中培养提拔充当管理者的角色
C. 对具备高成就需要的员工予以宣传表扬，并在业务上为其安排富有挑战性的工作
D. 为所有签订劳动合同的职工建立养老和医疗保险，解除员工后顾之忧

（六）

某公司在北京成立分公司，王先生被聘为总经理，随着分公司的发展，王先生决定提拔一名经理辅助自己的工作，他对骨干员工进行了调查分析。

840. 员工小李在公司人缘特好，追求与大家友好相处，根据三重需要理论，小李属于（　　）较高的员工。
A. 成就需要　　　　　　　　　B. 权力需要
C. 亲和需要　　　　　　　　　D. 关系需要

841. 员工小张具有较强的责任感，喜欢及时看到自己工作的绩效和评价，根据三重需要理论，小张属于（　　）较高的员工。
A. 成就需要　　　　　　　　　B. 权力需要
C. 亲和需要　　　　　　　　　D. 关系需要

842. 员工小马喜欢支配、影响别人，喜欢"发号施令"，根据三重需要理论，小马属于（　　）较高的员工。
A. 成就需要　　　　　　　　　B. 权力需要

C. 亲和需要 D. 关系需要

843. 经过以上分析，王先生计划在以上三人中选出一名经理，则较为合适的人选是（　　）。
    A. 小李 B. 小张
    C. 小马 D. 无法确定

第二章　领导行为

刷通关　　　　　　　　　　　　　　　　　　举一反三　高效通关

（七）

小张是某个工程设计公司从资深工程师团队中选拔上来的一位主管，他原来是公司的技术骨干，在业务上总能拔得头筹。但是转到管理岗位后感觉压力很大，抱怨下属不支持自己的工作，工作满意度明显降低，而很多下属员工也抱怨小张不通人情。此外，小张采用的仍然是十五年前制定的管理流程，并没有随着市场和时间的变化而调整。管理的风格与公司现在的业务不符，公司领导决定与小张深入分析解决这些问题，同时聘请专业讲师来提升他的技能。

844. 从领导技能看，小张缺乏的是（　　）。
    A. 技术技能 B. 人际技能
    C. 概念技能 D. 统筹技能

845. 关于领导技能的说法，错误的是（　　）。
    A. 领导者可以依靠下属的技术技能
    B. 组织中任何层次的领导者都必须达到有效人际技能的要求
    C. 不同层次的领导者需要的技能的相对比例是不同的
    D. 领导层次越高，需要的技术技能越高

846. 小张提高领导技能的途径可以包括（　　）。
    A. 通过批评下属来提高领导能力
    B. 专业讲师对小张提供辅导
    C. 专业讲师帮助小张明确事业范围和期望
    D. 运用培训、工作设计、行为管理等其他组织行为技术发展领导技能

847. 领导者的成功取决于他的（　　）。
    A. 合适的行为 B. 技能
    C. 行动 D. 背景

（八）

老赵是一位技术经验丰富的工程师，在技术科，每一位科员都认为老赵的工作相当出色。不久前，原来的科长调到另一个厂去当技术副厂长了，老赵被任命为技术科科长。老赵上任后，下定决心要把技术科搞好。在头一个月内，全科室的人都领教了老赵的"新官上任三把火"。小张由于汽车出毛病，迟到了三分钟，老赵当众狠狠地批评了他一顿，并说"技术科不需要没有时间概念的人。"老李由于忙着接待外宾，一项技术改革提案晚交了一天，老赵又大发雷霆。老赵需要一份技术资料，小林加班三个晚上替他赶了出来，老赵连一句表扬话也没有。一年过去了，厂领导发现技术科似乎出

问题了，科室里缺乏团结和谐的气氛，缺勤的人很多，不少人要求调动工作，许多技术工作都应付不过来了。

848. 按照豪斯的路径—目标理论，老赵的领导行为属于(　　)。
    A. 指导式领导　　　　　　　B. 支持式领导
    C. 参与式领导　　　　　　　D. 成就取向式领导

849. 按照领导风格理论，老赵的领导风格属于(　　)。
    A. 中庸式领导风格
    B. "乡村俱乐部"式领导风格
    C. "无为而治"式领导风格
    D. "任务指导型"领导风格

850. 从领导技能的角度看，成功的领导需要具备的技能包括(　　)。
    A. 技术技能　　　　　　　　B. 人际技能
    C. 概念技能　　　　　　　　D. 发展技能

851. 领导生命周期理论认为，影响员工成熟度的因素有(　　)。
    A. 年龄　　　　　　　　　　B. 能力
    C. 意愿　　　　　　　　　　D. 学历

(九)

某公司成立时只有一百多名员工，经过几年发展，在国外成功上市，公司业务及人员迅速发展，现有员工一千五百多人，公司从内部提拔了一批管理干部，这些干部都是业务骨干，经过一段时间发现，这些干部不善于管理，为了改变这种局面，公司聘请了人力资源专家为公司新提拔的领导干部进行了培训。

852. 公司个别干部在管理中主要依靠对员工的奖励和惩罚来影响员工的绩效，这些干部属于(　　)。
    A. 魅力型领导　　　　　　　B. 交易型领导
    C. 变革型领导　　　　　　　D. 特质型领导

853. 公司部分干部对员工亲切友善，关心下属的要求，这属于(　　)。
    A. 指导式领导　　　　　　　B. 参与式领导
    C. 成就取向式领导　　　　　D. 支持型领导

854. 公司部分干部对下属漠不关心，只关心业务的完成程度，这属于管理方格理论中的(　　)。
    A. 无为而治型　　　　　　　B. 乡村俱乐部型
    C. "任务"型　　　　　　　　D. 中庸式

855. 人力资源专家对员工进行培训中提到，影响领导者风格选择的一个重要因素是下属的成熟程度，包括(　　)。
    A. 工作成熟度　　　　　　　B. 心理成熟度
    C. 执行成熟度　　　　　　　D. 认识成熟度

(十)

为了提高党政基层机构的执政能力，某市市委为200多名后备干部举办了一次培训。在培训班上，从事领导科学研究的李教授为学员们做了专场报告，系统地介绍了领导行为理论，这些理论既包括传统的特质理论，也包括现代备受欢迎的魅力型领导理论、路径—目标理论以及领导—成员交换理论。李教授的讲座让学员们受益匪浅,很多人表示要把这些知识应用到自己的管理实践中。

856. 路径—目标理论的提出者是( )。
   A. 罗伯特·豪斯　　　　　　B. 伯恩斯
   C. 麦克格雷斯　　　　　　　D. 布莱克

857. 在路径—目标理论中,领导行为与结果之间的中间变量有( )。
   A. 下属的经验　　　　　　　B. 领导的成就
   C. 下属的能力　　　　　　　D. 领导者的个性

858. 关于领导—成员交换理论的说法,正确的是( )。
   A. 领导—成员交换理论强调领导公平对待每一个成员
   B. 领导—成员交换理论认为领导与下属的交换是一个互惠过程
   C. 领导—成员交换理论认为领导不能改变下属的自我概念
   D. 领导—成员交换理论反对领导把下属分为"圈里人"和"圈外人"

859. 下列属于魅力型领导者的道德特征的是( )。
   A. 使追随者的需要和志向与愿景相结合
   B. 提升自己的个人愿景
   C. 对追随者的需要感觉迟钝
   D. 指责或批评相反的观点

(十一)

某公司是一家成立于2019年的生鲜创业公司。该公司在很短的时间内在北京等大城市拥有了超过500家直营及联营门店,注册用户超过300万。随着店铺数量的增加,公司运作开始出现问题,客户投诉增多,主要反映水果不新鲜。为了减轻各区域总经理的工作量,公司急需在各区域内部提拔副总经理。

曾先生为华东地区的区域总经理,有丰富的创业经历,加入公司时从上一家公司带来了不少得力骨干。他善于从危机中思考和学习,并且愿意发展和支持下属,因此和他共事的人都对他有极高的信任感与忠诚度。目前,曾先生有两个比较中意的副总经理人选,一位是曾先生从上一家公司带来的得力助手小刘,他善于通过更高的理想和价值观来激励身边的同事,另一位则是一直在该公司工作的小李,他做事非常关注任务的明晰度、标准和产出。两人的工作效率都很高且优点突出。曾先生最初感到很难选择,最终,还是决定任命小李为区域副总经理。

由于本区域员工的能力、产能存在差异,有的店铺下午六点下班,有的晚上八点半下班。曾先生和小李需要决定是否对员工的下班时间做出统一规定。小李表示,这件事情的关键问题是统一下班时间后,原本工作效率低的店铺如何提高工作效率,以及为了提高员工的效率,公司需要提供的资源及相应的成本。

860. 曾先生的领导风格属于( )。
   A. 目标型　　　　　　　　　B. 魅力型
   C. 权变型　　　　　　　　　D. 发展型

861. 小李被任命为区域副总经理,他的领导风格属于( )。
   A. 变革型　　　　　　　　　B. 交易型
   C. 专制型　　　　　　　　　D. 民主型

862. 小李现在需要承担的主要职责是统筹管理整个大区的整体运营,因此小李需要拥有或亟待提高的技能有( )。
    A. 技术能力　　　　　　　　B. 人际技能
    C. 概念技能　　　　　　　　D. 专业知识

863. 在决定是否统一下班时间的问题上,小李的决策风格属于( )。
    A. 指导型　　　　　　　　　B. 分析型
    C. 概念型　　　　　　　　　D. 行为型

第三章　组织设计与组织文化

(十二)

某公司是一家中小型制造企业,由厂长全面主持企业的生产经营活动,按照厂部、车间、工段、班组层次划分职权,逐级下达指令:厂里的职能管理人员只起到参谋指导作用,无权直接对下级单位发号施令。日常工作中,下级通常只接受其直接上级的指令,明确每个人只有一个直接上级,而每个上级直接管辖的下属为3~9人。一开始厂长还能够亲临各个车间,现场直接领导,但随着公司业务和规模的扩大,这种管理已经超出了他力所能及的范围,变得非常艰难,企业的管理也因此陷入混乱,迫切需要进行变革。

864. 该企业的组织结构为( )。
    A. 事业部制　　　　　　　　B. 职能制
    C. 矩阵组织形式　　　　　　D. 团队结构形式

865. 该企业的管理层次和管理幅度分别为( )。
    A. 5层；3~9人　　　　　　　B. 4层；4~10人
    C. 3层；3~9人　　　　　　　D. 6层；4~10人

866. 该企业组织形式的主要缺点是( )。
    A. 组织的稳定性差　　　　　B. 横向协调差
    C. 企业领导负担轻　　　　　D. 多头指挥混乱

867. 假如该企业进行组织变革,最适合采用以( )为中心的组织变革。
    A. 成本　　　　　　　　　　B. 结构
    C. 技术　　　　　　　　　　D. 任务

(十三)

2010年,创业时的H公司,只生产风扇,需要的是当机立断的决策机制。当时采用直线式管理简单直接、环节清晰。几年后H公司已经变成了集团,直线式管理的弊端渐显。各个产品经营单位埋头生产,整个集团的五大种类、近千种产品统一由销售公司负责推广。产销脱节的矛盾使原有的市场优势渐渐失去。

2018年,H集团开始了事业部形式的体制改革试点,一年后,改革全面铺开。集团负责总体发展战略、产业发展取向、投资导向、资本经营和品牌经营,原有的五大类核心产品生产单位组建成五个事业部,实行开发、生产、销售、服务一体化,事业部自主权的充分落实带来了活力。各事业部由原先单纯的"生产型企业"变成了"市场型企业"，在市场经营中主动出击，快速反应。空调事业部总经理张先生说，以前的冷气机公司只管生产，实行事业部制后，它成为一个以市场为导向，集产品开发、生产制造、市场营销为一体的现代化企业。

H 集团副总裁陈先生描述道，实行事业部制以前，总裁一天到晚忙得焦头烂额，原材料没有了，找总裁；产品有次品，找总裁。总裁成了"大保姆"。改革后，高层干部把以往埋头拉车的时间，用来抬头看路了，从日常工作中解脱出来，有时间思考企业文化、经营方针等战略问题。

868. 创业时的 H 公司所采取的组织设计类型是(   )。
    A. 行政层级式   B. 职能制
    C. 矩阵组织形式   D. 无边界组织形式

869. 创业时的 H 公司采取直线式管理之所以是适宜的，并取得成功，是因为(   )。
    A. 当时的环境是简单/动态的
    B. 公司当时是中小型企业
    C. 公司产品品种比较单一
    D. 管理权力高度集中，便于公司最高层对整个企业实施严格的控制

870. H 集团后来实行事业部制之所以是适宜的，是因为(   )。
    A. 集团的产品种类多
    B. 集团所面临的市场环境变化快
    C. 集团是一家强调适应性的大型联合性公司
    D. 集团想削减管理成本与费用

871. H 集团实行事业部制之所以取得成功，是因为(   )。
    A. 集团高层摆脱了具体管理事务，集中精力于战略问题
    B. 事业部之间相互协调，从而增强了企业的活力
    C. 集团能够组织高度的专业化生产，从而提高了生产效率
    D. 事业部得到集团对经营活动更具体的指导

(十四)

某咨询公司是一家以战略咨询为主要业务的公司，已有 9 年的发展历史。公司形成了强调冒险与革新的组织文化，提升了公司的核心竞争力。公司一直重视员工的培养，注重从各种年龄和经验层次的员工中选拔人才。公司的薪酬制度强调以员工绩效水平为依据，对工作出色的员工提供高额奖金和较大的工作自由度，因而员工的敬业度很高。目前，公司有员工 32 人，通常以小组为单位进行工作。公司把管理决策权下放到员工手中，也没有设置严格的部门界限。由于最近获得一笔很大的海外投资，公司着手开始组织变革，计划在未来半年内实施大规模扩张计划，针对不同行业组建专业咨询小组，以便为客户提供更加专业的服务。同时，公司计划成立独立的客户关系部门，加强客户的拓展和维护工作。

872. 该咨询公司目前的组织文化类型属于(   )。
    A. 学院型   B. 俱乐部型
    C. 棒球队型   D. 堡垒型

873. 该咨询公司目前的组织设计类型是(   )。
    A. 虚拟组织形式   B. 行政层级式

C. 矩阵结构式　　　　　　　　　D. 团队结构式

874. 该咨询公司计划进行的组织变革方法属于(　　)。
   A. 以人员为中心的变革　　　　B. 以结构为中心的变革
   C. 以技术为中心的变革　　　　D. 以文化为中心的变革

875. 如果该企业想要构建一个自由、平等、开放、创新的组织文化,可以采用的组织设计手段包括(　　)。
   A. 提升组织制度化和规范化的程度
   B. 减少管理层次,形成趋于扁平的组织
   C. 以外部招聘为主,提高员工的多样化程度
   D. 建立强调等级差异的绩效评估体系

(十五)

某制鞋公司地处新加坡,为全世界约30多个国家和地区400多个经销商生产制造各类运动鞋,是世界知名的制鞋公司。但说起"生产制造",它没有一个车间和生产员工,而是与很多国家和地区的10 000多个制鞋公司保持密切的业务联系。该公司注重发明创造,鼓励冒险和革新。

876. 该公司的组织结构形式属于(　　)。
   A. 团队结构形式　　　　　　　B. 虚拟组织形式
   C. 无边界组织形式　　　　　　D. 事业部制形式

877. 按照桑南菲尔德提出的组织文化类型,该公司的组织文化属于(　　)。
   A. 学院型　　　　　　　　　　B. 堡垒型
   C. 俱乐部型　　　　　　　　　D. 棒球队型

878. 该公司所实行的组织形式具有的特点是(　　)。
   A. 灵活性比较高
   B. 管理人员对主要职能活动缺乏有力的控制
   C. 会增加管理费用
   D. 机构相对臃肿

879. 该公司组织文化决定了该公司具有的特点包括(　　)。
   A. 薪酬制度以员工绩效水平为标准
   B. 招聘时,从各种年龄和经验层次的人中寻求有才能的人
   C. 对工作出色的员工予以巨额奖励
   D. 把管理人员培养成通才

(十六)

某广告公司面对激烈的市场竞争,为了继续保持市场发展地位,对组织结构和组织文化进行了一系列改革。变革前公司内部实行直线—参谋制的组织形式,这种组织形式下,企业领导负担过重,不能培养具有全面素质、能够经营整个企业的管理人才。变革后实行的是按职能组合与按产品组合相结合的组织设计形式,该组织形式有利于减轻高层管理人员的负担,有利于高层管理人员集中精力制定战略目标、决策与规划。公司还对组织文化进行改革,改革前公司注重员工的资历,忽略了员工的能力与创新,改革后公司鼓励员工进行产品创新,开拓新的服务领域,并设立了创新奖。

880. 该广告公司改革前的组织设计类型属于(　　)。

A. 矩阵式 B. 职能制
C. 行政层级式 D. 事业部制

881. 该广告公司改革后的组织类型属于（　　）。
A. 无边界组织形式 B. 职能制
C. 行政层级式 D. 矩阵式

882. 该广告公司变革前的组织文化属于（　　）。
A. 学院型 B. 堡垒型
C. 俱乐部型 D. 棒球队型

883. 该广告公司变革后的组织文化属于（　　）。
A. 俱乐部型 B. 学院型
C. 堡垒型 D. 棒球队型

第四章　战略性人力资源管理

刷通关

（十七）

某跨国公司有两项主营业务，业务 A 采取成本领先竞争战略，业务 B 采取差异化竞争战略。公司为制订下一年度各部门的绩效计划，在 10 月份就开始了绩效目标的沟通，计划到明年 1 月份最终完成绩效计划的制订。该公司制订绩效计划的程序是，首先由各部门和下属机构提出绩效目标和计划，然后由人力资源部门简单汇总并最终确定。

884. 对于该公司的业务 A，适宜的绩效管理策略有（　　）。
A. 采用行为锚定法进行绩效评价
B. 选择客观的财务指标作为绩效的评价指标
C. 只选择直接上级作为绩效评价的主体
D. 以行业内成本领先的企业作为绩效改进的标杆

885. 对于该公司的业务 B，适宜的绩效管理策略有（　　）。
A. 采用以员工行为为导向的绩效评价方法
B. 绩效评价的主体多元化
C. 适当拉长绩效考核的周期
D. 将绩效考核的结果充分应用于成本改进

886. 该公司在制订绩效计划的过程中存在的问题有（　　）。
A. 绩效计划的制订是自下而上进行的
B. 公司主管在绩效计划制订的过程中没有充分发挥作用
C. 上下级之间缺乏对绩效目标和计划的讨论
D. 制订绩效计划的时间周期过长

887. 对于该公司的海外机构的绩效考核，适宜采取的策略有（　　）。
A. 绩效考核不仅要关注业绩，而且要突出战略方向，强调长远发展
B. 采取以工作结果为导向的绩效考核方法
C. 采取基于员工特征的绩效考核方法
D. 以同事作为考核的主体

第五章 人力资源规划

(十八)

A公司在2019年制定了新的发展战略：2020年收入达到20亿元，2021年达到100亿元，2022年达到200亿元。为了配合该扩张战略，公司决定对人力资源的运用与配备进行规划，为此他们采用德尔菲法来预测劳动力需求。

888. 关于该公司使用的德尔菲法的表述，错误的是(　　)。
   A. 采用集体讨论的做法
   B. 吸取了众多专家的意见，可以避免个人预测的片面性
   C. 采取多轮预测，具有较高的准确性
   D. 能够避免从众行为

889. 在实施德尔菲法时需要注意的问题有(　　)。
   A. 专家的挑选要有代表性
   B. 问题的设计要合理
   C. 专家的人数至少要达到10人
   D. 专家提供的资料和信息要相对充分

890. 在进行人力资源需求预测时，该公司还可以采取的主观判断法是(　　)。
   A. 趋势预测法　　　　　　　B. 经验判断法
   C. 回归分析法　　　　　　　D. 比率分析法

891. 如果该公司的人力资源需求小于供给，则需要采取的措施有(　　)。
   A. 冻结雇用　　　　　　　　B. 临时性解雇
   C. 业务外包　　　　　　　　D. 缩短员工工作时间

(十九)

某机床厂因订单减少，开工不足，近5年来第一次发生亏损。厂长于是考虑精简人员，为此他来到人力资源部听取意见，素来以铁面无私著称的小李刚从财务部轮岗上任，他从财务部成本的角度认为裁员一定能大幅度降低人工成本，并主张以绩效标准为依据，裁减绩效差的员工或者实施减薪方案；而一直从事员工关系管理工作的小赵则认为裁员会给企业带来震荡，必须考虑裁员可能给员工带来消极影响，他提出使用自然裁员或提前退休的方法；肖经理从战略人力资源管理角度出发，认为企业的困境不是裁员就能克服的，他主张通过组织的战略分析，开拓新的增长点，从而增加对人力资源的需要。经过调研，厂长感觉裁员确实不能草率地实施，决定先实施人力资源规划，以此确定具体的应对方案。

892. 实施人力资源规划对解决该企业当前困境的意义是(　　)。
   A. 有助于降低人力资本开支
   B. 有利于组织战略目标的实现
   C. 有助于改善员工的福利
   D. 有助于提高企业的薪酬水平

893. 当人力资源需求小于供给时，有效的应对策略是(　　)。

A. 鼓励员工提前退休   B. 延长现有员工的工作时间
C. 改进生产技术   D. 加强员工管理

894. 在该企业人力资源部提出的方案中，关于裁员的说法错误的是(　　)。
A. 裁员有助于提升人力资源管理的价值
B. 成功裁员的关键在于采用手术式的战略裁员
C. 管理不当的裁员将会导致人才流失
D. 裁员在成本削减方面会产生立竿见影的效果

895. 在该企业人力资源部提出的方案中，执行速度快、员工受到伤害大的方案是(　　)。
A. 减薪   B. 提前退休
C. 自然裁员   D. 裁员

第六章　人员甄选

刷通关　　　　　　　　　　　　　　　　　　　举一反三 高效通关

（二十）

A公司正在进行"校园总经理"项目的结构化面试，面试已经持续了两个小时，激烈的竞争进入白热化状态。台上是接受面试的学生，台下坐着来自A公司人力资源部和业务部门的高管，以及咨询公司的专业测评专家。测评专家的主要作用是帮助公司测评胜任特征模型中深层的胜任特征。但紧张有序的面试突然发生了意外，台上应聘者的麦克风频频"卡壳"。面对意外，学生们表现不一，有的左顾右盼、惊慌失措，有的镇定自如，成功地要求工作人员更换了麦克风。令学生们没有想到的是，这些意外正是A公司设计的压力面试情境，学生们这些看似不经意的表现，都被台下评委看在眼中，成为被考察的内容，并影响到对他们的评分。

896. 与非结构化面试相比，结构化面试的优点是(　　)。
A. 灵活性很高
B. 遵循固定的程序
C. 面试的公平性比较高
D. 面试的信度和效度都会比较高

897. A公司采用的测试方法称为(　　)。
A. 行为事件面谈   B. 角色扮演
C. 公文筐测试   D. 无领导小组讨论

898. 结构化面试又称为(　　)。
A. 单独面试   B. 标准化面试
C. 公文处理测验   D. 知识测试

899. A公司的测试方法主要用来考察应聘者的(　　)。
A. 专业知识   B. 工作背景
C. 人际关系处理能力   D. 人格特质

（二十一）

最近，某公司人力资源部对员工甄选效果进行了评估，发现了一些不太理想的情况。
第一，公司很多管理人员甚至高层管理人员不重视员工甄选工作，参与面试时存在

"应付差事""走过场"的情况，向求职者提出的问题天马行空，比较随意。

第二，有些已经录用的员工与公司文化不相匹配，例如有些人沟通能力较差，缺乏团队合作精神，无法融入集体。

第三，尽管公司在甄选过程中采用了多种测试方法，但在实际工作中却发现，在当初测试打分较高的人，其实际工作绩效反而不如一些测试分数相对较低的人。

人力资源部就这些情况咨询了相关专家。专家建议针对第一种情况可实施情境化结构面试并建立题库；针对第二种情况可增加无领导小组讨论方法。

900. 根据第一种情况描述的现象，关于该公司招聘面试的说法，正确的是(　　)。
    A. 这家公司的面试标准化程度比较高
    B. 这家公司的面试官可能对应聘相同职位的不同求职者提出不同的问题
    C. 这家公司的面试过程很容易受到面试官个人主观意志的影响
    D. 改善这家公司面试效果的方法之一是对参与面试的管理者进行面试培训

901. 第三种情况说明，该公司员工甄选体系的(　　)比较低。
    A. 预测效度   B. 构想效度
    C. 内部一致性信度   D. 重测信度

902. 关于无领导小组讨论的说法，正确的是(　　)。
    A. 无领导小组能够考察被试者的人际沟通能力、口头表达能力和领导能力
    B. 在无领导小组讨论中，每个人的地位都是平等的
    C. 在无领导小组讨论中，评价者不参与讨论过程
    D. 无领导小组讨论对评价者的评价技术要求比较低

903. 下列面试题目中，属于情境化结构面试题目的是(　　)。
    A. 请谈一谈你本人有哪些优点
    B. 请谈一下你对所面试的工作的认识
    C. 请谈一谈你为什么希望进入本公司
    D. 请你举一个例子，设定一个目标，你如何完成

(二十二)

某公司过去的员工甄选工作比较简单，一般是人力资源部门先筛选简历，重点看简历是否符合公司的任职资格要求。然后再将条件最好的几个人推荐给用人部门进行简单的笔试和面试。最近几年，公司发现这种过于简单的员工甄选方法存在很多问题。问题一是陆续出现了一些管理人员违规侵占公司利益的问题。经过调查发现，公司录用的跳槽过来的个别人员在上家公司工作时就存在类似问题，因为被发现，才不得不选择跳槽。问题二是公司采用的甄选测试方法缺乏有效性，一些测试得分较高的人被录用后，实际工作绩效却不如一些分数低的人。问题三是由于面试考官没有受过系统培训，面试方法不够科学。问题四是公司在招录管理人员时，只进行简单的笔试和面试，甄选方法过于单一，效果欠佳。为此，公司人力资源部门准备系统学习和掌握员工甄选工作的基本原理和相关规范，并在此基础上改进公司员工甄选系统，包括引进评价中心技术、改进面试效果等。

904. 一些测试得分较高的人被录用后，实际工作绩效却不如一些分数低的人，这说明该公司甄选测试的(　　)比较低。
    A. 内部一致性效度   B. 预测效度

C. 同质性效度　　　　　　　　D. 分半效度

905. 为了解决案例中的问题一，该公司可以采取的措施有（　　）。
   A. 对候选人进行履历分析以更好地理解其背景
   B. 对候选人进行知识测试以了解其专业知识程度
   C. 对候选人进行认知能力测试以了解认知能力
   D. 对候选人进行职业兴趣测试以了解其职业兴趣

906. 为了解决案例中的问题三，公司决定对面试考官进行系统培训。这种系统培训应当让考官掌握的要点包括（　　）。
   A. 为了更好地考核候选人的真实情况，应让候选人充分发挥，不要试图控制面试时间
   B. 如果在面试之初，就对一位候选人很有把握，可尽快做出决定，不必浪费太多时间
   C. 了解面试中容易出现的误区和相应的解决方法
   D. 为了更好地考察，考官应该在面试前留出时间看候选人的简历

907. 为了解决案例中的问题四，该公司准备采用评价中心技术，关于评价中心技术的说法，正确的是（　　）。
   A. 评价中心技术能够有效考察候选人的管理能力和问题解决能力
   B. 评价中心技术通过要求候选人完成实际工作任务来进行测试
   C. 评价中心技术在甄选管理人员方面具有较高的效度
   D. 评价中心技术包括公文筐测试和角色扮演等

第七章　绩效管理

刷通关　　　　　　　　　　　　　　　　　　　举一反三　高效通关

(二十三)

某集团公司在对员工进行绩效考核时，将员工分为"优秀员工""合格员工"和"不合格员工"三类，将员工的岗位考核也分为"优秀绩效""合格绩效"和"不合格绩效"三类。通常三类员工的比例分别为10%、85%和5%。在绩效评价期末，部门主管通常与员工每月保持一次正式评价会见。对于不合格员工，一般给予一个月必要的培训和指导，并提醒如果其再不提高业绩将会因末位而被淘汰解雇。同时，公司每年按季度轮流对部门主管开展绩效评价的培训。

908. 从绩效考核的方法上看，该公司实行的是（　　）。
   A. 配对比较法　　　　　　　B. 行为锚定法
   C. 强制分布法　　　　　　　D. 关键事件法

909. 在绩效评价中容易出现的问题有（　　）。
   A. 晕轮效应　　　　　　　　B. 趋中倾向
   C. 盲点效应　　　　　　　　D. 主观效应

910. 绩效面谈的技巧主要包括（　　）。
   A. 主管人员要认真倾听
   B. 以积极的方式结束对话
   C. 主管人员应时常打断员工的谈话
   D. 鼓励员工多说话

911. 通过找出组织或员工工作绩效中的差距，制定并实施有针对性的改进计划来提高员工绩效水平的过程称为(　　)。
   A. 绩效监控　　　　　　　　B. 绩效辅导
   C. 绩效改进　　　　　　　　D. 绩效反馈

第八章　薪酬管理

刷通关

(二十四)

某合资公司成立于1995年，目前是中国最重要的中央空调和机房空调产品生产销售厂商之一。公司在人力资源管理方面起步较晚，基础比较薄弱，尚未形成完整的体系，在薪酬福利方面存在严重的问题。早期，公司人员较少，单凭领导一双手、一支笔就可以明确给谁多少工资，但人员激增之后，靠过去的老办法显然不灵，并且这样的做法带有强烈的个人色彩，更谈不上公平性、公正性和竞争性了。为了改变这种情况，公司新聘用了一位人力资源部经理。人力资源部经理上任后经过调查认为，该公司的薪酬分配原则不清楚，存在内部不公平；不同职位之间、不同员工之间的薪酬差别基本上是凭感觉来确定；不能准确了解外部，特别是同行业的薪酬水平，无法准确定位薪酬整体水平；给谁加薪、加多少，老板和员工心里都没底。

912. 该公司薪酬管理的主要问题有(　　)。
   A. 薪酬没有体现不同职位之间的差距
   B. 薪酬随意性大，没有统一的政策
   C. 员工之间薪酬水平差距不大
   D. 薪酬水平没有参考市场水平

913. 该公司确定薪酬的基础是(　　)。
   A. 薪酬调查　　　　　　　　B. 成本分析
   C. 工作分析　　　　　　　　D. 薪酬预算

914. 为了解决该公司薪酬的外部竞争性问题，应进行(　　)。
   A. 工作分析　　　　　　　　B. 绩效考核
   C. 薪酬调查　　　　　　　　D. 薪酬预算

915. 确保薪酬内部公平性的手段是(　　)。
   A. 心理测评　　　　　　　　B. 职位评价
   C. 薪酬控制　　　　　　　　D. 薪酬调查

(二十五)

某科技公司成立初期，公司人员较少，单凭领导一双手、一支笔就可以明确给谁多少工资，随意性很大，但人员激增之后，靠过去的老办法显然不灵，并且这样的做法带有强烈的个人色彩，更谈不上公平性、公正性和竞争性了。为了改变这种情况，人力资源部对公司的薪酬体制进行调查后发现，该公司的薪酬分配原则不清楚，存在内部不公平；不能准确了解外部，特别是同行业的薪酬水平，无法准确定位薪酬整体水平。

916. 在薪酬调查结束之后，企业在确定薪酬水平时，可以选择的策略不包括(　　)。
   A. 领先策略　　　　　　　　B. 跟随策略

C. 滞后策略　　　　　　　　　　D. 协同策略

917. 该公司拟实行精简战略,则下列说法正确的是( )。
    A. 薪酬管理的指导思想是将企业的经营业绩与员工收入挂钩
    B. 薪酬管理的指导思想是将企业的经营业绩与领导绩效挂钩
    C. 在薪酬结构上基本薪酬所占的比例相对较低
    D. 在薪酬结构上基本薪酬所占的比例相对较高

918. 该公司拟实行稳定战略,则下列说法正确的是( )。
    A. 薪酬决策的集中度比较低
    B. 薪酬决策的集中度比较高
    C. 在薪酬结构上基本薪酬和福利所占的比重较大
    D. 在薪酬结构上基本薪酬和福利所占的比重较小

919. 该公司拟实行成长战略的薪酬管理战略,则下列说法正确的是( )。
    A. 采取企业与员工共担风险、共享收益
    B. 短期内实行相对较低的基本薪酬
    C. 薪酬决策的集中度比较高
    D. 基本薪酬和福利所占比重较大

第九章　培训与开发

刷通关　　　　　　　　　　　　　　　　　　举一反三　高效通关

(二十六)

麦克、汉斯与白文莉共同毕业于美国著名学府哈佛商学院职业经理人专业,麦克来自美国,汉斯来自德国,白文莉来自中国。毕业后,他们同在可口可乐大中华区中国公司工作,工作地点在天津。麦克直觉好、有想象力和创造力,喜欢在自由的环境中工作;汉斯则有良好的运动或机械操作能力,喜欢加工机械与改进工具,偏好户外活动;而白文莉善于和人相处,喜欢教导、帮助、启发别人。工作半年后发现,麦克体现出很强的职业承诺,追求能够施展个人能力的工作环境;汉斯拒绝一般性管理工作,愿意在其技术领域有所长进;白文莉则追求一般性管理工作,愿意承担更多的责任和义务。

920. 根据霍兰德职业兴趣理论分析麦克、汉斯与白文莉三人的职业兴趣类型特点,正确的是( )。
    A. 麦克属于艺术型,汉斯属于研究型,白文莉属于社会型
    B. 麦克属于研究型,汉斯属于现实型,白文莉属于企业型
    C. 麦克属于艺术型,汉斯属于现实型,白文莉属于社会型
    D. 麦克属于研究型,汉斯属于研究型,白文莉属于企业型

921. 根据埃德加·施恩的职业生涯锚类型分析麦克、汉斯与白文莉三人的职业生涯锚类型,正确的是( )。
    A. 麦克属于自主独立型,汉斯属于技术/职能型,白文莉属于管理能力型
    B. 麦克属于技术/职能型,汉斯属于创造型,白文莉属于管理能力型
    C. 麦克属于自主独立型,汉斯属于技术/职能型,白文莉属于安全稳定型

D. 麦克属于技术/职能型，汉斯属于创造型，白文莉属于安全稳定型

922. 通过分析推断，最有可能具备分析能力、人际沟通能力和情绪控制能力三种能力强强组合特点的潜在晋升人选是(　　)。
    A. 麦克
    B. 汉斯
    C. 白文莉
    D. 上述三人都不是

923. 下列有关职业生涯锚的陈述，正确的是(　　)。
    A. 强调个人能力、动机和价值观三方面的相互作用与整合
    B. 能够促进员工预期心理契约的发展，有利于个体与组织稳固地相互接纳
    C. 以自我与雇佣组织和工作环境的准则和价值观之间的实际遭遇为基础
    D. 可以根据各种测试提前进行预测

第十一章　劳动力市场

(二十七)

某大学课堂上，一位教授指出，劳动力供给涉及劳动力供给数量和劳动力供给质量两个方面的问题，一国的经济发展既取决于劳动力数量，也取决于劳动力质量。目前，我国的劳动力供给数量增长速度放慢，劳动力质量未能实现较快的提高。此外，一个国家的劳动力资源利用情况可以从就业中反映出来，教授指出，对中国劳动者就业产生影响的近期动向有以下两个：一是由于中国的劳动力成本不断上升，国际上一些知名的大公司已经开始将原来委托中国企业生产加工的很多产品收回到本国生产；二是随着技术水平的不断进步，很多资本设备的价格在不断下降。最后，教授还强调，影响劳动力需求弹性的因素会对劳动力的就业产生影响。

924. 劳动力供给质量包括的内容有(　　)。
    A. 劳动力队伍的身体健康状况
    B. 劳动者的平均工资水平
    C. 劳动力队伍的受教育训练程度
    D. 劳动力队伍的人数

925. 一国的劳动力数量主要取决于该国的(　　)。
    A. 人口总量
    B. 劳动力参与率
    C. 人口的地域分布
    D. 平均周工作时间

926. 教授提到的两个动向会对中国劳动者的就业产生影响，关于这种影响的说法，正确的有(　　)。
    A. 如果发达国家同类劳动者的工资率水平不变，而中国劳动者的工资率上涨，则很可能会出现前者对后者的替代，从而不利于中国劳动者的就业
    B. 其他条件不变，资本价格下降的规模效应会导致中国劳动者的就业减少
    C. 其他条件不变，资本价格下降的替代效应会导致中国劳动者的就业减少
    D. 在长期中，其他条件不变，中国劳动者工资率上升的规模效应和替代效应都会导致其就业减少

927. 有利于中国劳动者就业的情况是(　　)。

A. 中国劳动者的劳动力需求弹性比较小
B. 发达国家劳动者对中国劳动者的替代难度比较高
C. 中国劳动者生产的产品具有较高的需求价格弹性
D. 能够替代中国劳动者的其他生产要素（资本和发达国家劳动者等）的供给弹性比较小

(二十八)

小张在学习了劳动经济基本理论之后发现，很多理论与现实情况并不相符。比如，一般的劳动经济理论认为，在其他条件不变的情况下，工资率上涨会导致劳动力的需求量下降；但是在很多时候，企业并没有在工资上涨的情况下解雇员工。理论上认为，当其他企业提供的工资水平更高时，员工会从工资水平低的企业跳槽去工资水平更高的企业。但是在现实中，很多员工明明知道另一家企业工资水平更高一些，也不会从本单位辞职。此外，小张还发现，在部分城市已婚女性人群当中，劳动力参与率出现了下降的趋势，而在已经退休的劳动者当中却出现了劳动力参与率上升的趋势。

928. 导致很多企业不轻易解雇员工的原因是（　　）。
A. 解雇员工会导致企业已经承担的搜寻和筛选成本流失
B. 解雇员工会导致企业已经承担的培训成本流失
C. 经常解雇员工不仅会使企业将来招人困难，而且可能会损害留任员工的生产率
D. 这些企业支付给员工的工资水平已经高于市场水平

929. 很多员工不会因为其他企业提供的工资高就从本单位辞职，出现这种现象的原因是（　　）。
A. 劳动者对工资水平方面的差别不是很敏感
B. 劳动力流动是有成本的
C. 劳动力流动可能会使劳动者在原单位掌握的部分技能失效
D. 劳动力流动有可能导致劳动者在原单位积累的部分经济收益和非经济收益遭受损失

930. 可能导致女性的劳动力参与率下降的原因包括（　　）。
A. 女性更加偏好家务劳动而不是市场工作
B. 女性的配偶有着较高的经济收入
C. 女性的相对工资水平较高
D. 女性的家务劳动生产率较低

931. 下列关于已退休劳动者的劳动力参与率上升现象的说法，正确的是（　　）。
A. 已退休者的非劳动收入比劳动适龄人口更多，因而导致其劳动力参与率上升
B. 已退休者的劳动力参与率上升可能是因为他们重新就业的机会较多
C. 当退休者的实际养老收入明显下降时，可能导致已退休者的劳动力参与率上升
D. 在工作期间工资水平越高的退休者，退休后劳动力参与率上升的趋势越明显

(二十九)

劳动力市场均衡是一种理想状态，但在现实中，经常会存在劳动力市场非均衡的状态，这与劳动力供求双方在劳动力市场上的摩擦力有关。例如，企业并不都是按照所谓的通行市场工资率来支付工资，也不总是根据需要任意调整雇用的劳动力数量；而对于劳动者来说，他们也并非为获得更高的工资就经常性地变换雇主，或者因为对当前雇主支付的工资水平不满意就立即辞职。

932. 下列关于理想的劳动力市场均衡的说法，正确的是(　　)。
   A. 劳动力市场均衡的一个基本假设是劳动者和企业的劳动力供求调整不会受到任何妨碍，可以在无成本情况下完成
   B. 劳动力市场均衡意味着在某一个既定的市场工资率上，劳动力供给数量和劳动力需求数量正好相等
   C. 在劳动力市场均衡状态下，不存在失业情况，但可能会存在劳动力短缺
   D. 劳动力市场均衡一旦形成，就不会轻易被打破

933. 下列关于企业支付的工资偏离通行市场工资率的说法，正确的是(　　)。
   A. 企业可以选择支付低于通行市场工资率的工资而不必担心雇不到人
   B. 企业可以通过支付效率工资来吸引、留住和激励员工
   C. 企业支付的工资水平可以偏离通行市场工资率，但不能低于政府颁布的最低工资标准
   D. 在市场经济国家，工会可能会通过集体谈判迫使企业支付高于市场通行工资率的工资

934. 即使企业可以随时雇佣员工，并且可以在不额外支付任何补偿的情况下解雇员工，他们往往也不会随意调整雇佣量，其主要原因在于(　　)。
   A. 企业在雇佣员工时付出的搜寻成本和筛选成本会随着员工被解雇而流失
   B. 解雇员工在一定程度上会对企业未来的新员工招募能力产生不良影响
   C. 解雇员工的成本总是会超过雇用新员工的成本
   D. 解雇员工就意味着企业在员工身上付出的培训成本流失

935. 下列关于劳动力供给方在劳动力市场上的摩擦力的说法，正确的是(　　)。
   A. 在现实中，即使在同一职业中拥有相同技能的劳动者之间也可能存在工资差别，这是一种劳动力市场非均衡现象
   B. 在现实中，之所以出现同一职业中拥有相同技能的劳动者之间也存在工资差别的情况，主要原因在于劳动力流动受到人为限制
   C. 劳动力流动成本的存在是导致劳动者不会因为存在工资差别就一定流动的主要原因
   D. 从存在劳动力流动成本角度来看，劳动力在不同雇主之间的流动实际上并不是完全自由的

(三十)

在经济衰退和经济结构调整过程中，老王所在的企业转产，老王被迫下岗待业。为了解决全家的生活收入来源，支付小孩上学费用等问题，老王与妻子商定，原来在家操持家务的妻子到一家家政服务公司上班，以获得的收入补贴家用；而老王在未找到工作之前暂时在家操持家务。

936. 由于老王的下岗，导致其妻子临时就业的这种效应称为(　　)。
   A. 灰心丧气的劳动者效应
   B. 附加的劳动者效应
   C. 收入替代效应
   D. 劳动力市场效应

937. 经济衰退时期会产生附加的劳动者效应和灰心丧气的劳动者效应，下列说法错误的是(　　)。

A. 附加的劳动者效应所产生的潜在作用类似于收入效应

B. 附加的劳动者效应和灰心丧气的劳动者效应在作用上是相同的

C. 灰心丧气的劳动者效应在二者中比较强,并且占据着主导地位

D. 附加的劳动者效应在经济衰退时期表现得尤为明显

938. 根据家庭生产理论,下列说法正确的是( )。

A. 一个家庭会把它生产出来的家庭物品看成是效用的直接来源

B. 把家庭的可能时间分为市场工作时间和家庭生产时间

C. 家庭物品的生产方式可以划分为时间密集型和资本密集型两种

D. 家庭的内部分工决策通常适用于比较优势理论

939. 目前女性(尤其是已婚女性)的劳动力参与率( )。

A. 大幅度下降　　　　　　B. 大幅度上升

C. 没有明显变化　　　　　D. 时而上升,时而下降

(三十一)

某研究机构对于本地区的劳动力市场状况进行了研究,结果发现以下几种情况:第一,本地区的大部分企业都是劳动密集型企业,同时企业所生产的产品的需求价格弹性也比较大;第二,本地区男性劳动力和女性劳动力之间的交叉工资弹性较高,而且为负值;第三,本地区目前处于一种劳动力市场均衡状态,但是未来几年中,几家新建的企业将投产,而本地区的劳动力供给却不会出现大的变化;第四,某特殊行业的生产规模及所使用的技术没有明显变化,但是,由于该行业过去的工资水平一直很高,本地的年轻人在上大学时纷纷报考与该行业有关的专业,今后几年,预计这些人大学毕业后,绝大部分会回到本地就业。

940. 根据第一种情况,下列说法中正确的是( )。

A. 该地区的劳动力需求的自身工资弹性比较高

B. 劳动密集型企业的劳动力需求自身工资弹性较低

C. 该地区的劳动力供给量比较大

D. 该地区的产品需求价格弹性较大,这种情况不利于工资水平的提高

941. 关于第二种情况,下列说法正确的是( )。

A. 劳动力需求的交叉工资弹性是指劳动力自身的工资率变化1%导致的另外一种劳动力的需求量变化百分比

B. 男性和女性劳动力的交叉工资弹性为负值,这说明两种劳动力之间是一种总替代关系

C. 男性和女性劳动力的交叉工资弹性为负值,这说明两种劳动力之间是一种总互补关系

D. 当男性劳动力的工资率上涨时,女性劳动力需求会出现上升

942. 根据第三种情况,该地区在未来几年中将会出现( )。

A. 工资率和就业人数同时上升的情况

B. 工资率上涨而就业人数不变的情况

C. 工资率不变而就业人数上升的情况

D. 劳动力市场无法实现均衡的情况

943. 根据第四种情况，下列说法中正确的是( )。
    A. 该行业的劳动力供给在未来几年会出现大幅度增加
    B. 该行业的劳动力需求在未来几年会出现大幅度增加
    C. 该行业未来几年可能出现工资率下降，但是就业人数上升的情况
    D. 该行业未来几年可能出现工资率和就业人数同时上升的情况

(三十二)

某人力资源咨询机构在对劳动力市场调研后发现了一些现象：现代社会中，已婚女性出去找工作的现象比较普遍，已婚女性已不再满足于在家做家务。与此相反，一些发达国家中的老年人大多选择了提前退休，提前退出了劳动力市场。另外还发现，一般的劳动经济理论认为，在其他条件不变的情况下，工资率上涨会导致劳动力的需求量下降，但是在很多时候，企业并没有在工资上涨的情况下解雇员工。理论上认为，当其他企业提供的工资水平更高时，员工会从工资水平低的企业跳槽去工资水平更高的企业，但是在现实中，很多员工明明知道另外一家企业工资水平更高一些，也不会从本单位辞职。

944. 可能导致女性的劳动力参与率上升的原因包括( )。
    A. 女性的相对工资率上升
    B. 离婚率上升
    C. 工作机会增加
    D. 女性的配偶有着较高的经济收入

945. 造成发达国家老年人提前退休的原因是( )。
    A. 工资率提高带来的收入效应高于替代效应
    B. 工资率提高带来的收入效应低于替代效应
    C. 健康状况下降，闲暇的重要性上升
    D. 养老金福利的增加

946. 导致很多企业不轻易解雇员工的原因是( )。
    A. 解雇员工会导致企业已经承担的搜寻和筛选成本流失
    B. 解雇员工会导致企业已经承担的培训成本流失
    C. 这些企业支付给员工的工资水平已经高于市场水平
    D. 经常解雇员工不仅会使企业将来招人困难，而且可能会损失留任员工的生产率

947. 很多员工不会因为其他企业提供的工资高就从本单位辞职，出现这种现象的原因是( )。
    A. 劳动力流动是有成本的
    B. 劳动者对工资水平方面的差别不是很敏感
    C. 劳动力流动可能会使劳动者在原单位掌握的部分技能失效
    D. 劳动力流动有可能导致劳动者在原单位积累的部分经济收益和非经济收益遭受损失

(三十三)

计算机专业毕业的研究生小韩非常庆幸自己能够顺利在一家世界知名的国内通信技术公司找到一份研发工作，因为这家公司的工资水平远远超过市场水平，因此每年都有大批毕业生来求职。这家公司的人力资源管理水平很高，在招聘、晋升、绩效、薪酬以及解雇等各人力资源管理领域都制定了非常明确的规划和程序，管理非常规范。入

职后小韩发现，该公司非常重视新员工培训，而且倾向于从内部提拔管理人员，公司在做出晋升决定时，会严格按任职员工的历史绩效以及一线的工作时间和发展潜力等因素来进行综合考察。晋升标准和晋升待遇也是非常明确的，每一次晋升都会有若干员工作为候选人，其中最优秀的人将被选拔至上一级领导岗位。

948. 与该公司的人力资源管理实践吻合的特征包括（　　）。
　　A. 内部劳动力市场　　　　　　B. 封闭劳动力市场
　　C. 终身雇佣　　　　　　　　　D. 晋升竞赛

949. 该公司支付高工资的作用在于（　　）。
　　A. 吸引优秀的、高生产率员工
　　B. 降低员工的离职率
　　C. 削弱员工的偷懒动机
　　D. 降低人工成本

950. 该公司做出晋升决策的依据是候选人的（　　）。
　　A. 学历　　　　　　　　　　　B. 相对绩效水平
　　C. 资历　　　　　　　　　　　D. 能力

951. 可以使该公司的晋升体系更为有效的做法包括（　　）。
　　A. 使多位候选人在晋升潜力和实力方面存在较为明显的差距
　　B. 使候选人的现有薪酬和新职位的薪酬水平之间存在明显差距
　　C. 尽可能确保在晋升决策中不掺杂实力以外的运气成分
　　D. 不把候选人的直接上级的主观评价作为晋升决策的唯一依据

（三十四）

小罗是国内重点大学计算机专业毕业的研究生。找工作过程中他发现，与几年前报考研究生时相比，由于整体经济下滑、计算机专业学生过剩，工作不如当年好找，工资水平也达不到当年的预期。

由于小罗学习成绩优异，在校期间开发的一套校园交友软件还被某公司收购，所以他很快通过了一家知名网络公司的专业笔试、面试和心理测试，作为软件编程人员开始在这家公司实习。实习三个月后，小罗顺利得到了这份工作。公司给他这类的软件编程人员的工资比市场水平高出20%，办公环境和各项福利待遇也很好。小罗对这份工作比较满意。

952. 小罗大学毕业后的求职经历表明，劳动者在劳动力市场上的议价能力在相当大程度上取决于（　　）。
　　A. 某种类型劳动力在劳动力市场上的供求状况
　　B. 劳动者是否加入工会
　　C. 劳动者本人的技术、能力和经验
　　D. 某种类型劳动者的市场工资水平

953. 关于小罗毕业后就职的这家网络公司的工资水平，正确的是（　　）。
　　A. 这种高工资有利于降低优秀员工的离职率
　　B. 这种高工资会使企业的人工成本过高，从而无法与对手展开有效竞争
　　C. 这种高工资更容易让员工产生公平感
　　D. 企业支付这种高工资的一个基本假设是高工资往往能带来高生产率

954. 这家网络公司之所以利用笔试、面试、能力测试和实习等手段来对小罗进行考察，是因为劳动力市场具有（　　）特征。
   A. 交易对象难以衡量性
   B. 多样性
   C. 交易连续性
   D. 不确定性

955. 小罗所在的劳动力市场属于（　　）。
   A. 地区性劳动力市场
   B. 优等劳动力市场
   C. 次等劳动力市场
   D. 内部劳动力市场

第十三章　人力资本投资理论

刷通关

（三十五）

据新闻媒体报道，目前我国高等教育领域存在以下三种现象：第一，一部分家庭经济条件较好的大学生在大学期间花费较高，而另一部分家庭经济条件较差的大学生则非常节俭。有些家庭经济条件优越的大学生在校期间学习成绩很一般甚至很差，借助父母的关系找到了工资水平较高的工作，而有些很优秀的大学生在刚毕业时工资水平却不高。第二，受美国金融危机的影响，国内很多企业开始降薪甚至裁员，一些在职人员选择回到学校全职攻读硕士或博士学位。第三，本科毕业直接就业的学生比例有所下降，希望读研究生的学生比例有所上升。

956. 关于大学生在大学期间的花费说法，正确的是（　　）。
   A. 家境好的学生比家境差的学生上大学的直接成本更高
   B. 上大学的直接成本主要体现在学费及与学习直接有关的其他费用方面
   C. 在大学期间的奢侈性消费不属于上大学的直接成本
   D. 在大学期间的奢侈性消费属于上大学的机会成本

957. 一些成绩较差但家庭条件优越的大学生反而能通过关系找到工资更高的工作，关于这一现象的分析，正确的是（　　）。
   A. 这些大学生比刚毕业时工资较低的其他同学上大学的总收益要高
   B. 这些大学生毕业后获得的较高的工资与他们是否上大学无关
   C. 上大学的成绩好坏与未来可以获得的工资性报酬之间是没有关系的
   D. 上大学的总收益并不仅仅取决于刚开始工作时的工资水平

958. 关于在职人员回到学校攻读硕士或博士学位的说法，正确的是（　　）。
   A. 在经济不景气时期进行人力资本投资的机会成本比较低
   B. 在职人员全职攻读研究生学位的机会成本高于没工作过的年轻学生
   C. 在经济不景气时期攻读学位的直接成本比较低
   D. 在经济不景气时期攻读学位不属于人力资本投资活动

959. 促使本科毕业生继续攻读硕士学位而不是马上就业的情形包括（　　）。
   A. 毕业研究生和本科生之间的工资差距扩大
   B. 政府提高了研究生在校期间的助学金水平
   C. 研究生找到好工作的机会大大超过本科生
   D. 本科生的就业形势非常好

第十四章 劳动合同管理与特殊用工

(三十六)

2018年7月1日，施某与L劳务派遣公司签订了为期1年6个月的劳动合同，并被派遣到M机械公司从事锻压技术辅助工作。劳动合同约定，施某自行参加社会保险并缴费，在工作中出现任何安全问题，均由施某自己负责，L劳务派遣公司和M机械公司不承担任何责任。施某认为自己还年轻，也没把参加社会保险当回事。2019年4月20日，施某在锻压汽车零件时，由于操作失误受伤。事故发生后，施某住院治疗20天，自己垫付了全部的医疗费。出院后，施某找到L劳务派遣公司经理，要求L劳务派遣公司报销其住院医疗费。经理说："我们事先已有约定，你在工作中出现任何安全问题，都应该由你自己承担。而且你是在M机械公司工作受的伤，即使为你报销住院医疗费，也不应当由我公司负责。"施某觉得经理的话有道理，于是找到M机械公司。M机械公司人力资源部经理告诉施某："公司设立了劳动争议调解委员会，我被总经理任命为调解委员会主任。你的问题必须先由劳动争议调解委员会调解。"施某不同意调解。M机械公司人力资源部经理又告诉施某："你不是我公司的员工。你只能找L劳务派遣公司报销住院医疗费。"施某感觉很无奈，家人建议他去咨询律师。律师则告诉他，他受的伤属于工伤，他应当自己到当地社会保险行政部门提出工伤认定申请。

960. 施某与L劳务派遣公司签订的劳动合同内容中，符合法律规定的是（　　）。
   A. 劳动合同为期1年6个月
   B. 施某被派遣到M机械公司从事锻压技术辅助工作
   C. 施某自行参加社会保险并缴费
   D. 施某在工作中出现任何安全问题，均由施某自己负责

961. 2019年4月20日，施某在锻压汽车零件时由于操作失误受伤，应当承担施某受伤责任的主体是（　　）。
   A. 施某   B. L劳务派遣公司
   C. M机械公司   D. 订购汽车零件的公司

962. 下列情形中，符合法律规定的是（　　）。
   A. M机械公司设立劳动争议调解委员会
   B. M机械公司人力资源部经理被总经理任命为调解委员会主任
   C. 施某住院医疗费报销问题首先由劳动争议调解委员会调解
   D. 施某不同意由劳动争议调解委员会进行调解

963. 施某因操作失误受伤，对施某所受伤害，可以向当地社会保险行政部门提出工伤认定申请的是（　　）。
   A. 施某   B. L劳务派遣公司
   C. M机械公司   D. 律师

(三十七)

甲公司因整理文字资料的需要招聘了李某，并与李某协商签订了一份非全日制用工劳

动合同。李某工作一段时间后，觉得收入太低，又到乙公司工作，并签订了非全日制用工劳动合同。不久，李某觉得同时在两家公司工作太累，遂向甲公司提出解除劳动合同。甲公司认为李某应提前30日通知该公司解除劳动合同；而李某则向甲公司提出解除劳动合同经济补偿的要求。

964. 关于李某订立非全日制用工劳动合同的说法，正确的是（　　）。
   A. 李某不得与甲公司以外的用人单位订立劳动合同
   B. 李某与甲公司订立的非全日制用工劳动合同不得约定试用期
   C. 需经甲公司同意，李某才能与乙公司订立劳动合同
   D. 甲公司与李某不可以订立口头协议

965. 关于甲公司支付李某劳动报酬的说法，正确的是（　　）。
   A. 李某所从事的非全日制用工必须按周计酬
   B. 甲公司向李某支付劳动报酬的周期最长不得超过15日
   C. 甲公司应按月向李某支付劳动报酬
   D. 李某在甲公司的计酬标准不得低于最低生活保障标准

966. 关于李某解除劳动合同的说法，正确的是（　　）。
   A. 李某应提前30日通知甲公司解除劳动合同
   B. 甲公司可不向李某支付经济补偿
   C. 李某可以随时通知甲公司终止用工
   D. 甲公司应向李某支付解除劳动合同生活补助

967. 李某在同一用人单位的每周工作时间累计不超过（　　）小时。
   A. 20 B. 24
   C. 28 D. 30

(三十八)

2013年8月1日，甲公司与乙劳务派遣公司开始商洽订立劳务派遣协议事宜。甲公司人力资源部张经理对乙劳务派遣公司是否具有订立劳务派遣协议资格提出疑义。乙劳务派遣公司李经理当场表态，乙劳务派遣公司从2005年就开展劳务派遣业务，所订立的劳务派遣协议至今履行良好。李经理请张经理放心，乙劳务派遣公司从事劳务派遣业务一向守法合规。经过一段时间的洽商，张经理向公司总经理办公会报告了洽商进展情况。会上，总经理要求张经理研究三个问题：一是全国人大常委会对劳动合同法进行修改后，乙劳务派遣公司从事劳务派遣业务是否符合法律规定？二是按照修改后的劳动合同法，公司的哪些岗位可以使用劳务派遣人员？三是公司在2011年与丙劳务派遣公司订立的为期3年的劳务派遣协议还能继续履行吗？张经理带着问题找到公司聘用的法律顾问。法律顾问逐一解答了张经理的问题。

968. 关于甲公司与乙劳务派遣公司订立劳务派遣协议的说法，正确的是（　　）。
   A. 乙劳务派遣公司派遣劳动者到甲公司应当订立劳务派遣协议
   B. 甲公司与乙劳务派遣公司订立的劳务派遣协议应当约定派遣岗位和人员数量等内容
   C. 乙劳务派遣公司与被派遣劳动者订立的劳动合同可以代替劳务派遣协议
   D. 甲公司应当根据工作岗位的实际需要与乙劳务派遣公司确定派遣期限，不得将连续用工期限分割订立数个短期劳务派遣协议

969. 根据全国人大常委会关于修改劳动合同法的决定，2013年7月1日后，乙劳务派遣公

司派遣劳动者到甲公司须( )。
A. 经工商行政部门审批
B. 获得乙劳务派遣公司工会同意
C. 经甲公司职工代表大会批准
D. 取得经营劳务派遣业务行政许可

970. 甲公司只能在( )工作岗位上使用被派遣劳动者。
A. 临时性   B. 灵活性
C. 辅助性   D. 替代性

971. 关于甲公司在2011年与丙劳务派遣公司订立的为期3年的劳务派遣协议能否继续履行的说法正确的是( )。
A. 该劳务派遣协议自2013年7月1日起不得继续履行
B. 该劳务派遣协议内容不符合同工同酬规定的,应当依法进行调整
C. 该劳务派遣协议不受全国人大常委会修改劳动合同法决定的影响,继续履行至期限届满
D. 该劳务派遣协议须经甲公司所在地劳动行政部门批准,方可继续履行

(三十九)

甲投资公司(以下简称甲公司)与乙国有企业(以下简称乙企业)以甲公司出资金乙企业提供场地的方式成立了一家大型超市。超市成立后,与丙劳务派遣公司(以下简称丙公司)签订劳务派遣协议,由丙公司派遣李某到超市工作。不久,甲公司与乙企业产生纠纷,导致超市停业。超市于是将李某退回丙公司,丙公司以李某经过调整工作岗位仍不胜任工作为由解除了与李某的劳动合同,李某认为,其在超市的工作属于法律规定禁止实施劳务派遣的范围,遂向劳动行政部门投诉,要求追究甲乙丙三家公司的法律责任。

972. 李某的用人单位是( )。
A. 甲公司   B. 乙公司
C. 丙公司   D. 超市

973. 关于超市将李某退回丙公司的说法,正确的是( )。
A. 超市可以因决定提前解散而将李某退回丙公司
B. 超市可以因甲公司拒绝承担出资责任而将李某退回丙公司
C. 超市可以因乙企业收回场地而将李某退回丙公司
D. 超市可以自行决定将李某退回丙公司

974. 丙公司解除李某劳动合同,符合法律规定的做法是( )。
A. 李某因超市退回,丙公司在解除与李某的劳动合同时无须支付经济补偿
B. 丙公司解除与李某的劳动合同时,无须考虑李某被退回的原因
C. 李某经调整工作岗位仍不胜任工作而被退回,丙公司可以解除与李某的劳动合同
D. 丙公司只可在与李某协商一致的情况下才能解除劳动合同

975. 超市在( )岗位上使用李某不符合劳动合同法的规定。
A. 临时性工作   B. 辅助性工作
C. 主营业务工作   D. 替代性工作

(四十)

甲公司有职工500名。2019年公司生产经营发生重大困难，准备裁减人员，同年6月1日，甲公司向职工公布了裁减人员方案，并宣布一周后解除50名职工劳动合同。6月2日，甲公司将方案送给本公司工会征求意见。当地劳动行政部门指出，甲公司裁减人员方案没有向该部门报告，存在程序问题，公司工会也提出，公司应当在裁员前30日向工会说明情况。

同时，公司工会反映，在收集职工意见时，职工表示，公司在既没有破产也没有转产的情况下，不应当实施裁员；还有职工表示希望公司遵守劳动合同法，优先留用签订较长期限劳动合同、无固定期限劳动合同、家庭无其他就业人员且有未成年人需要抚养和被评过先进的职工。

于是甲公司重新制定了裁员方案，在经过规定程序后公布的裁员方案中，将裁员被解除劳动合同职工的经济补偿金标准定为在本公司工作每满1年支付半个月工资。

976. 以下公司裁减人员的方案的说法，正确的是(　　)。
　　A. 甲公司应当在裁减人员前30日向工会全体职工说明情况，听取工会或职工的意见
　　B. 甲公司应当向当地劳动行政部门报告裁减人员方案后，再裁减人员
　　C. 甲公司裁员人数未达到职工总人数的10%，可以随时实施裁员
　　D. 甲公司裁减人员方案应当经当地劳动行政部门批准方能实施

977. 甲公司依法可以实施裁员的情形包括(　　)。
　　A. 甲公司生产经营发生严重困难
　　B. 甲公司可能破产
　　C. 甲公司决定转产
　　D. 甲公司富余的职工较多

978. 甲公司裁员时应优先留用的职工有(　　)。
　　A. 与甲公司签订较长期限劳动合同的职工
　　B. 与甲公司签订无固定期限劳动合同的职工
　　C. 家庭无其他就业人员且有需要抚养未成年人的职工
　　D. 曾被评为先进职工

979. 关于甲公司支付经济补偿，说法正确的是(　　)。
　　A. 甲公司因生产经营严重困难实施裁员，可以不支付经济补偿金
　　B. 甲公司应对支付的经济补偿标准为在本公司工作每满1年支付半个月工资
　　C. 甲公司应对支付的经济补偿标准为在本公司工作每满1年支付1个月工资
　　D. 甲公司应当按本地区上年度职工月平均工资3倍的标准支付经济补偿金

(四十一)

女职工甲与某公司依法签订无固定期限劳动合同。2017年7月，甲怀孕，由于年龄较大，需要保胎，甲多次迟到或者不上班，2018年7月至12月累积15天没有上班。某公司规章规定，累计旷工10天以上构成严重违反用人单位规章。据此，公司与甲解除了劳动合同。甲认为公司违法解除，要求其承担违法解除的法律责任。

980. 关于该公司解除劳动合同行为的说法，正确的是(　　)。
　　A. 因为甲处于孕期，公司无权解除劳动合同
　　B. 公司解除劳动合同应通知工会，并经工会书面同意

C. 作为解除依据的公司规章制度,应当内容合法、经过民主程序,并向劳动者公示或告知

D. 因为甲签订的是无固定期限劳动合同,所以公司无权单方解除劳动合同

981. 关于该公司解除劳动合同后的义务的说法,正确的是( )。
    A. 因为甲是孕妇,公司应为其支付经济补偿
    B. 因为甲是孕妇,公司应为其支付赔偿金
    C. 公司应当保存已解除的合同文本至少2年备查
    D. 公司应在2个月内为劳动者办理社会保险和档案转接手续

982. 如果甲以公司未为其缴纳社会保险为由解除劳动合同,下列判断中,正确的是( )。
    A. 如需支付经济补偿,则经济补偿按甲在公司的工作年限,每满1年支付1个月工资的标准支付
    B. 甲需提前3天通知公司
    C. 甲需提前30天通知公司
    D. 公司无须支付经济补偿

983. 如果甲对该公司的解除劳动合同行为不服,可以采取的救济途径是( )。
    A. 甲可以请求工会协助其与企业进行协商
    B. 甲可以直接向劳动仲裁机构申请仲裁
    C. 甲可以直接向人民法院提起诉讼
    D. 甲可以向劳动行政部门申请行政复议

第十六章 社会保险体系

刷通关

(四十二)

钱某于2019年8月应聘到某公司工作,一直未签订劳动合同。2019年11月的一天,钱某骑自行车上班途中,因与汽车相撞而受伤致残,经劳动能力鉴定委员会鉴定为8级残疾。出院后,钱某要求公司认定工伤,并支付工伤待遇。公司以未与钱某签订劳动合同为由予以拒绝。

984. 钱某骑自行车上班途中因车祸受伤致残,该情况( )。
    A. 可以认定为工伤   B. 可以视同为工伤
    C. 不属于工伤   D. 条件不足,无法确定

985. 自劳动能力鉴定结论做出之日起( )年后,钱某或其直系亲属、所在单位或经办机构认为伤残情况发生变化的,可以申请劳动能力复查鉴定。
    A. 0.5   B. 1
    C. 2   D. 3

986. 社会保险行政部门应当自受理工伤认定申请之日起( )日内作出工伤认定的决定,并书面通知申请工伤认定的职工或者其近亲属和该职工所在单位。
    A. 20   B. 30
    C. 40   D. 60

987. 职工所在用人单位未依法缴纳工伤保险费，发生工伤事故的，由（　　）支付工伤保险待遇。
   A. 职工
   B. 工会
   C. 用人单位
   D. 社保机构

(四十三)

2019年3月，张某到某建筑公司打工，双方签订了为期1年的劳动合同，合同约定：月工资3 000元，每天工作9小时，每周工作7天，不享受年休假，合同履行期间发生伤残，公司概不负责。2019年6月，王某在施工中因操作不当被砸伤。王某认为自己被砸伤属于工伤，要求公司予以赔偿，公司却以王某违反规章制度为由解除与王某劳动合同。王某不服，向当地劳动争议仲裁委员会申请仲裁，要求认定被砸伤为工伤，并要求公司支付解除劳动合同经济补偿。

988. 下列劳动合同约定中，符合法律规定的是（　　）。
   A. 王某与某建筑公司签订的劳动合同为期1年
   B. 王某与某建筑公司签订的劳动合同约定每日工作9小时，每周工作7天
   C. 王某与某建筑公司签订的劳动合同约定合同履行期间发生伤残，公司概不负责
   D. 王某与某建筑公司签订的劳动合同约定不享受年休假

989. 关于王某被砸伤是否为工伤的说法，符合法律规定的是（　　）。
   A. 王某在施工中因操作不当被砸伤，责任在王某本人，因此所受伤不应当为工伤
   B. 王某与公司已约定发生伤残公司概不负责，因此所受伤不应当为工伤
   C. 王某在施工中因操作不当被砸伤，王某本人有一定责任，但所受伤仍应当为工伤
   D. 王某在建筑公司如果工作1年以上，所受伤才可以认定为工伤

990. 关于工伤认定的说法，正确的是（　　）。
   A. 王某已申请劳动争议仲裁，劳动争议仲裁委员会应对王某所受伤做出工伤认定
   B. 劳动争议仲裁委员会无权对王某所受伤做出工伤认定
   C. 王某被砸伤后可以向社会保险行政部门申请工伤认定
   D. 王某认为自己被砸伤属于工伤，某建筑公司应当同意王某的看法

991. 如果王某所受伤没有被认定为工伤，甲公司依法支付王某解除劳动合同经济补偿金额为（　　）元。
   A. 1 500
   B. 3 000
   C. 6 000
   D. 12 000

(四十四)

上个月，小赵被公司解除了劳动合同，成为失业人员，偏偏他又生病住了院，医疗费用不断增加，小赵犯了愁。同病房的老王对小赵说，现在失业人员不用缴纳医疗保险费，同样可以享受医疗保险待遇。小赵将信将疑，但他想起办理解除劳动合同手续时，公司人力资源部的小王曾告诉他，他可以去社会保险经办机构申请领取失业保险金。小赵担心，因为他没有及时提出申请，可能已经不能享受失业保险待遇了。小赵于是向医生请假，赶紧跑到社会保险经办机构问个究竟。

992. 小赵如申请领取失业保险金，应当（　　）。
   A. 持公司出具的解除劳动合同的证明，先到公共就业服务机构办理失业登记
   B. 直接到社会保险经办机构办理领取失业保险金的手续

C. 由原公司到社会保险经办机构为其办理领取失业保险金的手续

D. 自被解除劳动合同之日起15日内到社会保险经办机构报到

993. 失业人员在领取失业保险金期间，参加(　　)，享受基本医疗保险待遇。

A. 城镇居民医疗保险　　　　　　B. 职工基本医疗保险

C. 新型农村合作医疗保险　　　　D. 除失业保险外的其他社会保险

994. 关于领取失业保险金的条件的说法，正确的是(　　)。

A. 劳动者失业前，其本人和所在用人单位必须缴纳失业保险费满十五年，是申请领取失业保险金的条件之一

B. 劳动者失业后不能重新就业，是申请领取失业保险金的条件之一

C. 劳动者失业后生活困难，是申请领取失业保险金的条件之一

D. 劳动者非因本人意愿中断就业，是申请领取失业保险金的条件之一

995. 失业保险金领取期限自(　　)之日起计算。

A. 解除劳动合同

B. 申请领取失业保险金

C. 办理失业登记

D. 用人单位出具解除劳动关系的证明

996. 失业保险基金中领取失业保险金的条件包括(　　)。

A. 失业前用人单位和本人已经缴纳失业保险费满一年

B. 已经进行失业登记，并有求职要求

C. 移居境外的

D. 应征服兵役的

第十七章　劳动争议调解仲裁

刷通关

（四十五）

2015年1月1日，小李与位于S市的某单位，签订劳动合同，约定日薪200元，合同期限截至2017年12月31日，小李由单位安排到G市工作，工作期间小李周末共加班70天，每周加班有单位考勤记录为准，但考勤记录由单位保管，2017年12月31日劳动合同到期后劳动关系终止，2018年8月，小李向该单位主张加班费，单位认为2015年和2016年的加班费已过仲裁时效，同时主张曾向小李支付过5000元的加班费，仲裁委员会支持了小李的仲裁请求，单位表示不服。据悉，S市和G市2017年、2018年的最低工资均为3000元。

997. 关于本案仲裁管辖的说法，错误的是(　　)。

A. 如果小李和单位同时分别向S市和G市的仲裁委员会仲裁，从方便劳动者角度出发应当由S市仲裁委员会管辖

B. S市和G市的仲裁委员会都有权管辖

C. 如果在S市仲裁委员会仲裁过程中，单位搬迁到G市，此时仲裁管辖不发生变更

D. 在答辩期满前，当事人可以书面提出管辖异议

998. 关于本案举证责任的说法，错误的是(　　)。

A. 举证是当事人的义务，仲裁委员会没有收集证据的权限
B. 如果用人单位主张已经向小李支付过加班费，应就该事实承担举证责任
C. 小李主张加班费的，应就加班的事实承担举证责任
D. 用人单位应出示考勤表，否则应承担不利后果

999. 关于本案加班费仲裁时效的说法，正确的是(　　)。
A. 小李离职未满一年，可以主张离职前的全部加班费
B. 小李离职之后八个月才主张加班费，已有八个月的加班费超过仲裁时效
C. 主张加班费的仲裁时效是两年
D. 单位可以提起行政复议

1000. 关于本案裁决的说法，错误的是(　　)。
A. 因执行国家劳动标准在工作时间方面发生的争议，属于一裁终局
B. 仲裁裁决被撤销后，中级人民法院可以直接作出判决
C. 劳动者隐瞒足以影响公正裁决的证据时，法院可以撤销仲裁裁决
D. 仲裁裁决被撤销后，高级人民法院可以直接作出判决

参考答案及解析

刷 单项选择题

第一章 组织激励

刷基础 紧扣大纲 夯实基础

1. **C** （解析）本题考查ERG理论。成长需要指个体追求自我发展的内在欲望。这一类需要可与马斯洛需要层次理论中部分"尊严需要"和全部"自我实现需要"相对应。

2. **C** （解析）本题考查期望理论。期望理论认为，动机（激励程度）取决于三种因素的共同作用：效价、期望和工具性。它们之间的关系是：效价×期望×工具性＝动机。

3. **A** （解析）本题考查目标管理的相关内容。选项B错误，实施目标管理时可以自上而下，也可以自下而上。选项C错误，目标管理包括四个要素。选项D错误，目标管理实施的效果有时候并不符合管理者的期望。

4. **B** （解析）本题考查马斯洛的需要层次理论。马斯洛的需要层次理论认为，组织用来满足员工低层次需要的投入是效益递减的，当员工低层次的需要得到一定程度的满足后，公司仍以原来的方式来激励员工，效果会很小。

5. **B** （解析）本题考查双因素理论。根据赫茨伯格的双因素理论，具备激励因素，员工满意；缺失激励因素，员工没有满意。所以本题选B。

6. **A** （解析）本题考查参与管理。质量监督小组是一种常见的参与管理模式，通常由8~10位员工及1名督导员组成，小组成员定期集会（通常每周一次，占用工作时间）讨论质量方面的难题，分析问题原因，并提出解决方案，然后监督实施，管理层掌握最后决定权。

7. **C** （解析）本题考查ERG理论。ERG理论提出了"挫折—退化"观点，认为如果较高层次的需要不能得到满足的话，对满足低层次需要的欲望就会加强。

8. **C** （解析）本题考查三重需要理论。成就需要高的人的特点：选择适度的风险、有较强的责任感、希望能够得到及时的反馈。成就需要高的人通常只关心自己的工作业绩，而不关心如何影响他人使其干出优秀的业绩。所以本题选C。

9. **D** （解析）本题考查需要层次理论。马斯洛需要层次理论认为：人具有五种主要的需要，按照从低到高的顺序分别为生理需要、安全需要、归属和爱的需要、尊重的需要、自我实现的需要。前三个层级为基本需要，后两个层级为高级需要，前三层需要的满足主要靠外部条件和因素，后两层需要的满足主要靠内在因素。

10. C （解析）本题考查绩效薪金制与期望理论的关系。绩效薪金制同期望理论关系比较密切。期望理论认为如果要使激励作用达到最大化，应该让员工相信绩效和报酬之间存在紧密的关系，而绩效薪金制就可以使员工的报酬与其绩效直接挂钩。

11. B （解析）本题考查马斯洛的需要层次理论。马斯洛认为人的需要由低到高分为五种类型：生理需要、安全需要、归属和爱的需要、尊重的需要、自我实现的需要。其中，归属和爱的需要包括情感、归属、被接纳、友谊等需要，如获得友好和睦的同事。所以选项 B 正确。

12. D （解析）本题考查动机。出于外源性动机的员工更看重工作所带来的报偿，如工资、奖金、表扬、社会地位等，所以选项 D 错误。

13. A （解析）本题考查期望理论中效价的概念。效价指个体对所获报酬的偏好程度；期望指员工对努力工作能够完成任务的信念强度；工具性指员工对一旦完成任务就可以获得报酬的信念。

14. B （解析）本题考查公平理论。投入包括员工认为他们带给或贡献给工作的所有丰富多样的成分。产出是他们觉察到从工作或雇主那里获得的报酬，包括直接的工资和奖金、额外福利、工作安全等。

15. B （解析）本题考查需要、动机与激励。动机是指人们从事某种活动、为某一目标付出努力的意愿，这种意愿取决于目标能否以及在多大程度上能够满足人的需要。

16. B （解析）本题考查需要层次理论。组织用来满足员工低层次需要的投入是效益递减的。当员工低层次的需要得到一定程度的满足后，公司仍以原来的方式来激励员工，效果会很小。

17. B （解析）本题考查动机的内容。员工的能力与天赋并不能直接决定其对组织的价值，只有当其能力和天赋发挥出来才能够为组织带来益处，而员工能力与天赋的发挥在很大程度上取决于其动机水平的高低。

18. B （解析）本题考查三重需要理论。麦克里兰认为出色经理人往往都有较高的权力欲望，以希望获得更高的职位；在成就需要动机方面，杰出经理们为了关心下属以提高他们的业绩，就会降低自己的成就需要；在亲和需要动机方面，杰出经理们为了避免由于亲和下属可能导致管理效力的下降，会自觉降低自己的亲和需要。因此选项 B 正确。

☑ 刷进阶　　　　　　　　　　　　　　　　　　　　　　　　高频进阶
　　　　　　　　　　　　　　　　　　　　　　　　　　　　强化提升

19. A （解析）本题考查绩效薪金制。绩效薪金制指将绩效与报酬相结合的激励措施，通常采用的方式有计件工资、工作奖金、利润分成、按利分红等。

20. C （解析）本题考查激励的定义。激励就是通过满足员工的需要而使其努力工作，从而实现组织目标的过程。

21. A （解析）本题考查需要层次理论。管理者需要考虑每个员工的特殊需要，因为不同人的需要是不同的。

22. A （解析）推行参与管理要有成效必须符合的一个条件是在行动前，要有充裕的时间来进行参与。所以选 A。

23. C （解析）本题考查质量监督小组的内容。质量监督小组提出的各种建议，管理层有最后决定权。因此选 C。

第二章 领导行为

刷基础

24. D **(解析)** 本题考查斯道格迪尔对领导风格的研究。斯道格迪尔对领导风格的研究,指出人格和情境都是决定领导的因素。

25. D **(解析)** 本题考查管理方格图的类型。管理方格理论中对人极端关注的是"乡村俱乐部"领导风格,因此选 D。

26. C **(解析)** 本题考查决策过程。西蒙认为决策过程可以分为三个阶段,即智力活动、设计活动和选择活动。

27. C **(解析)** 本题考查豪斯的路径—目标理论。豪斯确定了四种领导行为:指导式领导、支持型领导、参与式领导、成就取向式领导。指导式领导:让员工明确他人对自己的期望、成功绩效的标准和工作程序。

28. C **(解析)** 本题考查概念技能的含义。概念技能是按照模型、框架和广泛联系进行思考的能力。

29. A **(解析)** 本题考查管理方格图。管理方格理论把领导者的基本风格划分为五种,其中管理者既不关心任务,也不关心人的领导风格是"无为而治"的领导风格。

30. C **(解析)** 本题考查魅力型领导的特征。魅力型领导者是具有自信并且信任下属,对下属有高度的期望,有理想化的愿景和个性化风格的领导者。

31. A **(解析)** 本题考查密歇根模式。密歇根模式发现员工取向的领导风格与团体高绩效和员工高度满足感相关,生产取向的领导风格则和低绩效、低满足感相关。因此密歇根模式支持员工取向的领导作风。

32. D **(解析)** 本题考查交易型领导者的特征。交易型领导者的特征:奖励、差错管理(积极型)、差错管理(消极型)、放任。选项 A、B、C 属于变革型领导者的特征。

33. A **(解析)** 本题考查交易型和变革型领导理论。伯恩斯把领导分为两种类型:交易型和变革型。其中,交易型领导强调任务的明晰度、工作的标准和产出,他们关注任务的完成和员工的顺从,更多依靠组织的激励和惩罚来影响员工的绩效。

34. C **(解析)** 本题考查特质理论。吉伯认为卓越的领导必须具备以下特质:身强力壮,聪明但不过分聪明,外向有支配欲,有良好的调适能力,自信。

35. B **(解析)** 本题考查路径—目标理论的相关内容。根据路径—目标理论,支持型领导努力建立舒适的工作环境,亲切友善,关心下属的要求。

36. C **(解析)** 本题考查领导者的技能。组织中任何层次的领导者都不能逃避有效人际技能的要求,这是领导行为的重要部分之一。

37. B **(解析)** 本题考查特质理论。传统的特质理论认为,领导者具有某些固有的特质,并且这些特质是与生俱来的。

38. D **(解析)** 本题考查路径—目标理论。罗伯特·豪斯确定了四种领导行为,其中成就取向式领导是指设定挑战性目标、鼓励下属实现自己的最佳水平。

39. A **(解析)** 本题考查理性决策模型。选项 B、C、D 属于有限理性模型的观点。

40. C **(解析)** 本题考查魅力型领导理论。魅力本身是一个归因现象,会随着情境发生变化,而不是一种特质,所以选项 C 错误。

41. B （解析）本题考查权变理论。费德勒认为情境性的因素可以分为三个维度。(1)领导与下属的关系：下属对领导者的信任、信赖和尊重的程度；(2)工作结构：工作程序化、规范化的程度；(3)职权：领导者在甄选、培训、激励、处分等人事工作方面有多大的影响力和权力。

42. B （解析）本题考查领导风格。X理论代表了传统权威的管理风格，Y理论代表了启发式、人性化的管理风格。

43. B （解析）本题考查路径—目标理论。不同的领导行为适合于不同的环境因素和个人特征，如果下属的工作是结构化的，支持型的领导可以带来高的绩效和满意度，因此选项B正确。

44. C （解析）本题考查交易型和变革型领导理论。伯恩斯认为在大多数情况下，交易型领导依靠的是消极型差错管理，交易型领导是一种相对平庸的管理，而变革型领导则创造组织在革新和变化中的超额绩效，所以选项C错误。

45. D （解析）本题考查领导—成员交换理论。领导—成员交换理论认为，团体中领导者与下属在确立关系和角色的早期，就把下属分出"圈里人"和"圈外人"的类别。

46. A （解析）本题考查特质理论的缺陷。特质理论忽视了下属的需要：具有某些特质的领导可能适合管理某些下属，但不适合管理另一些下属。

47. C （解析）本题考查激励理论。奥尔德弗提出"挫折—退化"的观点，认为如果较高层次的需要不能得到满足的话，对满足低层次需要的欲望就会加强。

48. C （解析）本题考查领导者的技能。组织中任何层次的领导者都不能逃避有效人际技能的要求，这是领导行为的重要部分之一。

刷进阶 高频进阶 强化提升

49. B （解析）本题考查权变理论。费德勒认为情境性的因素可以分为三个维度：一是领导与下属的关系，主要指的是下属对领导者信任、信赖和尊重的程度；二是工作结构，主要指的是工作程序化、规范化的程度；三是职权，主要指的是领导者在甄选、培训、激励、解聘等人事工作方面有多大的影响力和权力。

50. C （解析）本题考查领导决策。选项A错误：与理性模型相对的另一端，是来自心理学的社会模型。根据弗洛伊德的理论，人类的行为主要是由无意识的需求来驱动的，人类没有办法进行有效的理性决策。选项B错误：另外，有一部分决策者认为人们有坚持错误决策的倾向，他们称为投入的增加。选项D错误：理性模型认为决策者可以知道所有备选方案。

51. A （解析）本题考查领导的能力。领导指一种影响群体、影响他人以达成组织目标的能力。

52. A （解析）本题考查魅力型领导理论。最新研究表明，当追随者显示出高水平的自我意识和自我管理时，魅力型领导者的效果将会得到进一步强化。

53. A （解析）本题考查决策风格。根据价值取向与模糊耐受性两个维度的组合，决策风格可以分为指导型、分析型、概念型、行为型。其中，指导型是指决策者具有较低的模糊耐受性水平，倾向于关注任务和技术本身。

54. B （解析）本题考查管理方格图的类型。管理方格理论中，坐标位置为(1,9)的领导风格称为"乡村俱乐部"风格，(1,1)称为"无为而治"风格，(9,1)称为"任务"领导风格,(5,5)称为"中庸式"领导风格,(9,9)既关心任务,又关心人,被认为是最理想的领导风格。

第三章　组织设计与组织文化

☑ 刷基础　　　　　　　　　　　　　　　　　　　紧扣大纲 夯实基础

55. A （解析）本题考查组织设计概述。组织结构的特征因素是进行组织结构设计、对企业的组织结构进行比较和评价的基础。

56. D （解析）本题考查组织设计的程序。设计组织结构的框架是组织设计的主体工作。

57. D （解析）本题考查组织文化的四种类型。学院型组织喜欢雇用年轻的大学毕业生。所以选项 D 表述错误。

58. D （解析）本题考查组织结构体系的主要内容。各管理层次、部门在权力和责任方面的分工和相互关系指的是组织结构体系中的职权结构。

59. B （解析）本题考查组织结构的规范性要素。规范性是指使用规则和标准处理方式以规范工作行为的程度。

60. D （解析）本题考查组织结构的特征因素。组织结构的专业化程度是指企业各职能工作分工的精细程度,具体表现为其部门(科室)和职务(岗位)数量的多少。

61. B （解析）本题考查组织设计类型的适用环境。矩阵组织形式在复杂/动态环境中较为有效。

62. C （解析）本题考查矩阵组织形式的适用范围。矩阵结构适用于因技术发展迅速和产品品种较多而具有创新性强、管理复杂的特点的企业。

63. C （解析）本题考查组织设计的步骤。联系方式的设计是保证整个组织协调一致、有效运作的关键。

64. B （解析）本题考查行政层级组织形式的适用范围。行政层级式组织形式在复杂/静态环境中最为有效。

65. B （解析）本题考查组织结构包含的三个要素。组织结构主要包含三个要素:复杂性、规范性、集权度。其中复杂性指任务分工的层次、细致程度;规范性指使用规则和标准处理方式以规范工作行为的程度;集权度指决策权的集中程度。因此选项 B 正确。

66. C （解析）本题考查组织结构。组织结构体系包括以下几种。(1)职能结构:达到企业目标所需完成的各项业务工作,及其比例和关系;(2)层次结构:又称纵向结构,各管理层次的构成;(3)部门结构:又称横向结构,各管理部门的构成;(4)职权结构:各管理层次、部门在权利和责任方面的分工和相互关系。

67. D （解析）本题考查组织结构。组织结构的本质是企业员工的分工协作关系,组织结构的内涵是企业员工在职、权、责三方面的结构体系,设计组织结构的目的是实现组织目标,组织结构是实现组织目标的一种手段,所以选项 A、B、C 正确;组织结构又可称为权责结构,选项 D 错误。

68. C （解析）本题考查组织结构。部门结构是指各管理部门的构成,又称组织的横向结构。

69. C （解析）本题考查组织文化的类型。棒球队型组织鼓励冒险和革新。

70. B （解析）本题考查组织结构的特征因素。选项 B,企业规模属于组织结构的权变因素,不是特征因素。

参考答案及解析

71. **D** (解析) 本题考查组织文化的核心和灵魂。精神层是形成物质层及制度层的思想基础，也是组织文化的核心和灵魂。

72. **D** (解析) 本题考查组织文化结构。组织文化中有没有精神层是衡量一个组织是否形成了自己的组织文化的主要标志和标准，因此选项 D 错误。

73. **B** (解析) 本题考查组织设计的概念。组织设计是对企业的组织结构及其运行方式所进行的设计。

74. **A** (解析) 本题考查传统的组织发展方法。敏感性训练是指通过无结构小组的交互作用方式来改善行为的方法，选项 A 正确。调查反馈是用一种专门的调查工具，用来评估组织成员的态度，了解员工在认识上的差异；质量圈是员工参与计划的一种形式；团际发展旨在化解和改变工作团体之间的态度、成见和观念，以改善团体间的相互关系。

☑ 刷进阶　高频进阶　强化提升

75. **D** (解析) 本题考查组织结构的主要内容。完成企业目标所需的各项业务工作，及其比例、关系指的是职能结构。

76. **D** (解析) 本题考查组织设计的类型。"可以租用，何必拥有"这是虚拟组织的实质。

77. **D** (解析) 本题考查组织结构的特征因素。组织结构的专业化程度是指组织各职能分工的精细程度，具体表现为其部门(科室)和职务(岗位)数量的多少。

78. **D** (解析) 本题考查组织文化内容中的人际导向。人际导向：组织的管理层在多大程度上考虑组织内部的决策结果对组织成员的影响。

79. **A** (解析) 本题考查敏感性训练。敏感性训练的团体注重的是相互作用的过程，而不是讨论的结果，因为训练的目的在于使团体成员通过观察和参与而有所领悟，了解自己，了解如何看待别人以及别人如何看待自己，了解人与人之间如何相互作用，并借此表达自己的思想、观念、态度。

80. **C** (解析) 本题考查组织结构设计。职权结构是各管理层次、部门在权力和责任方面的分工和相互关系。

81. **D** (解析) 本题考查组织设计的权变因素。影响组织设计的主要权变因素有组织环境、组织战略、组织技术、人员素质、组织规模、组织生命周期等。

82. **D** (解析) 本题考查组织结构设计。选项 A 是部门结构。选项 B 是层次结构。选项 C 是职权结构。

83. **D** (解析) 本题考查事业部制组织形式。事业部制组织形式的优点表现在：(1)有利于总公司的高层管理者摆脱具体管理事务，集中精力进行战略决策和长远规划；(2)增强企业的活力；(3)有利于把联合化和专业化结合起来，提高生产效率。事业部制组织形式也存在着缺点：(1)容易使各事业部只顾自身的利益，削弱整个公司的协调一致性；(2)公司和各个事业部的职能机构重复，会增加运营费用和管理成本。

84. **A** (解析) 本题考查敏感性训练的概念。敏感性训练，又称实验室训练、T 团体训练、交友团体训练等，是指通过无结构小组的交互作用方式来改善行为的方法。

85. **D** (解析) 本题考查矩阵组织形式的缺点。矩阵组织形式的缺点：(1)组织的稳定性较差；(2)双重领导的存在，容易产生责任不清、多头指挥的混乱现象；(3)机构相对臃肿，用人较多。选项 D 错误，矩阵组织有利于顺利完成规划项目，提高企业的适应性。

86. **B** (解析) 本题考查传统的组织发展方法。调查反馈是用一种专门的调查工具来评估组织成员的态度，了解员工们在认识上的差异，通常是以问卷的形式进行，可以针对个人，也可针对整个部门或组织。

87. A **(解析)** 本题考查组织文化的类型。学院型组织是为那些想全面掌握每一种新工作的人而准备的地方。这种组织喜欢雇用年轻的大学毕业生，并为他们提供大量的专门培训，然后指导他们在特定的职能领域内从事各种专业化工作。

第四章 战略性人力资源管理

☑ 刷基础

88. D **(解析)** 本题考查战略的层次。职能战略主要回答的是凭借什么来进行竞争的问题。
89. B **(解析)** 本题考查战略性人力资源管理的工具。人力资源管理计分卡是针对为实现组织战略目标所需完成的一系列人力资源管理活动链而设计的各种财务类和非财务类目标或衡量指标。
90. A **(解析)** 本题考查战略性人力资源管理的工具。战略地图是对组织战略实现过程进行分解的一种图形工具，它形象地展示了为确保公司战略得以成功实现而必须完成的各种关键活动及其相互之间的驱动关系。
91. B **(解析)** 本题考查战略性人力资源管理的概念。人力资源是一个组织的重要战略资产甚至是获取竞争优势的首要资源。
92. B **(解析)** 本题考查人力资源战略与不同组织战略的匹配。外部成长战略培训工作的重点是文化整合和价值观的统一。
93. B **(解析)** 本题考查学习型组织的概念。学习型组织是指组织通过促使所有员工持续获取和分享知识而形成的一种重视和支持终身学习的文化。
94. C **(解析)** 本题考查人力资源战略及其与战略的匹配。收缩战略：对于将员工的收入与组织的经营业绩挂钩有着非常强烈的愿望，除了在薪酬中减少固定薪酬部分所占的比重、增加浮动薪酬的比重，往往还力图实行员工股份所有权计划等，以鼓励员工与组织共担风险。
95. B **(解析)** 本题考查战略性人力资源管理的概念。人力资源管理战略与外部环境和组织战略之间的一致性，也称外部契合或垂直一致性，它强调组织的人力资源管理必须与组织战略保持完全的一致。
96. C **(解析)** 本题考查人力资源战略及其与战略的匹配。C 选项属于创新战略的内容。
97. D **(解析)** 本题考查人力资源管理与战略执行。一个组织的战略是否能够得到成功的执行，主要取决于以下因素：组织结构；工作任务设计；人员的甄选、培训与开发；报酬系统；信息的类型以及信息系统。
98. C **(解析)** 本题考查人才管理。在人才管理中，企业必须转变领导者的角色，将传统的命令型领导转变为影响型领导。
99. C **(解析)** 本题考查战略性人力资源管理的概念。现代人力资源管理已经被看成是一种"利润中心"，而不仅仅是一种"成本中心"。
100. B **(解析)** 本题考查战略规划的主要任务。在 SWOT 分析中，外部分析是指通过考察组织的运营环境，分析组织所面临的各种战略机会以及所受到的各种威胁。
101. A **(解析)** 本题考查人力资源战略及其与战略的匹配。成长战略是一种关注市场开发、产品开发、创新以及合并等内容的战略。

102. D （解析）本题考查战略性人力资源管理的过程。战略性人力资源管理过程中，确定战略所要求的各项组织成果，组织需要回答的问题是：我们怎样才能衡量驱动组织战略目标实现的各项重要元素或活动已经达到了既定要求或目标？选项 A 为界定组织的经营战略，组织需要回答的问题；选项 B 为描述组织的价值链，组织需要回答的问题；选项 C 为设计战略地图，组织需要回答的问题。

103. A （解析）本题考查战略的层次。组织战略层次主要回答到哪里去竞争的问题，即做出组织应该选择经营何种业务以及进入何种行业或领域的决策。

104. C （解析）本题考查人力资源管理与战略规划之间的联系。双向联系允许组织在整个战略规划过程中都将人力资源问题考虑在内。

105. A （解析）本题考查人力资源战略与不同竞争战略的匹配。成本领先战略实际上就是低成本战略，即在产品本身的质量大体相同的情况下，组织以低于竞争对手的价格向客户提供产品的一种竞争战略。

106. B （解析）本题考查高绩效工作系统。高绩效工作系统与更低的员工流动率和工伤事故率，更高的生产率、客户满意度，以及更好的财务绩效等是联系在一起的。

107. B （解析）本题考查战略性人力资源管理的过程。描绘组织的价值链：在这一步，组织需要回答这样一个问题："我们在为客户创造价值的时候，需要完成哪些最为关键的活动，同时需要完成哪些对关键活动提供支持的其他重要活动？"

108. B （解析）本题考查战略性人力资源管理的步骤。设计战略地图：在这一步，组织需要回答的问题是："为了实现组织的整体战略目标需要完成的各种重要活动之间存在怎样的驱动关系？驱动组织战略实现的源泉在哪里？"

109. D （解析）本题考查人力资源管理与战略规划之间的联系。一体化联系是建立在战略规划和人力资源管理之间的持续互动基础之上的，而不是有一定先后顺序的单方向推进过程。

110. D （解析）本题考查战略的三个层次及战略管理的基本模型。人力资源战略或人力资源管理战略就是职能战略的一种。

111. C （解析）本题考查组织是否愿意对人力资源进行投资的决定因素。组织是否愿意对人力资源进行投资主要取决于：管理层的价值观、对待风险的态度、员工技能的性质、人力资源服务外包的可能性。所以本题选 C。

112. D （解析）本题考查人力资源战略及其与战略的匹配。成长战略在晋升方面，强调内部晋升，从外部招募和录用低级别职位的员工，然后不断地把员工一步一步培养到中高层管理职位。

113. D （解析）本题考查人才管理。组织需要建立统一、平等且富有同情心的组织文化。

114. C （解析）本题考查高绩效工作系统。从高绩效管理系统的定义不难看出，其核心理念即组织的人力资源管理系统必须与组织的战略和目标保持一致并且确保后者的实现。

115. D （解析）本题考查战略性人力资源管理与战略管理。选项 A、B 都是战略规划阶段的活动，选项 C 属于战略执行阶段的活动，只有选项 D 是介于战略规划与战略执行中间的重要环节。

116. A （解析）本题考查战略规划过程。使命描述了一个组织存在的理由、目的和意义。选项 B，愿景是对组织未来发展方向的总体描述；选项 C，价值观则是在履行使命以及达成愿景过程中坚持的基本行为规范和道德伦理。

117. B （解析）本题考查创新战略及相应的人力资源战略。创新组织的一个重要经营目标在于充当产品市场上的领袖，并且在管理过程中常常会非常强调客户的满意度和个性化需要，而对于组织内部的职位等级结构以及相对稳定的职位评价等则不太重视。

118. D （解析）本题考查竞争战略。竞争战略又称为经营战略，它主要回答如何进行竞争的问题。即在已经选定的行业或领域竞争对手展开有效的竞争，从而确立自己在市场上的长期竞争优势。

刷进阶

119. A （解析）本题考查人力资源管理与战略规划。愿景是对组织未来发展方向的总体描述。使命描述一个组织存在的理由、目的和意义。价值观是在履行使命以及达成愿景过程中坚持的基本行为规范和道德伦理。本题中，选项A最符合题意。

120. B （解析）本题考查战略性人力资源管理的工具。数字仪表盘是能够在计算机桌面上显示的各类图表，它以桌面图形、表格以及计算机图片的形式向领导者和管理者形象地揭示了在公司战略地图上出现的各项活动目前在公司中进展到了什么阶段以及正在向哪个方向前进。

121. D （解析）本题考查人力资源管理与战略规划之间的联系。一体化联系是建立在战略规划职能和人力资源管理职能之间的持续互动基础之上的，而不是有一定先后顺序的单方向推进过程。

122. A （解析）本题考查高绩效工作系统。标杆管理是指通过分析和比较高绩效组织与本组织之间所存在的重要差异，明确高绩效组织的哪些政策和实践使它们变得更为优秀，这样就可以确定本组织可以通过在哪些方面进行改进而提升本组织的有效性。

123. B （解析）本题考查战略性人力资源管理。由于人力资本是获取竞争优势的主要资源，所以最高管理层在开发战略时必须认真考虑人的因素。

124. A （解析）本题考查稳定性战略下的人力资源需求。对于采取稳定性战略的组织重要的是确定关键员工，并制定特殊的人才保留战略以留住他们。

125. C （解析）本题考查人力资源战略及其战略的匹配。收缩战略：对于将员工的收入与组织的经营业绩挂钩有着非常强烈的愿望，除了在薪酬中减少固定薪酬部分所占的比重、增加浮动薪酬的比重，往往还力图实行员工股份所有权计划等，以鼓励员工与组织共担风险。

126. C （解析）本题考查人力资源战略及其与战略的匹配。C选项属于创新战略的内容。

第五章　人力资源规划

刷基础

127. A （解析）本题考查人力资源供求对策。当组织的人力资源需求大于供给时，可以采取的措施包括：(1)延长现有员工工作时间；(2)扩大招募范围，加大招募投入，树立良好的组织形象和品牌，增强对求职者的吸引力；(3)降低现有人员的流失率；(4)提高员工的工作效率；(5)将组织中的部分非核心业务外包。

128. D （解析）本题考查定量的人力资源需求预测方法。定量的人力资源需求预测方法主要包括比率分析法、趋势预测法以及回归分析法。

129. B 【解析】本题考查人力资源供求平衡的方法分析。企业对于内部人员过剩作出的典型反应就是裁员，这种做法消除人力资源过剩的速度很快，却会导致劳动者遭受很大的痛苦，不仅包括短期的痛苦，而且会造成长期创伤。

130. D 【解析】本题考查人力资源供求平衡的方法分析。选项 A、B 属于速度快、员工受伤害程度高的方法，选项 C 属于速度快、员工受伤害程度中等的方法。

131. A 【解析】本题考查人力资源规划的概念。狭义的人力资源规划专指组织的人员供求规划或雇用规划，即根据组织未来的人力资源需求和供给分析，找出供求之间的差距或矛盾，从而帮助组织制订在未来平衡人力资源供求关系的各种相关计划。

132. D 【解析】本题考查趋势预测法。趋势预测法是根据一个组织的雇佣水平在最近若干年的总体变化趋势，来预测组织在未来某一时期的人力资源需求数量的方法。

133. B 【解析】本题考查心理测试。自陈量表法：编制好一套人格测试问卷之后，由被测试者本人根据自己的实际情况或感受来回答问卷中的全部问题，以此来衡量一个人的人格。

134. D 【解析】本题考查人力资源需求小于供给时的组织对策。临时性解雇或永久性裁员是解决组织所面临的人力资源需求不足及其供给之间的矛盾的最简单直接同时也是见效最快的方法。

135. A 【解析】本题考查趋势预测法。趋势预测法是根据一个组织的雇佣水平在最近若干年的总体变化趋势，来预测组织在未来某一时期的人力资源需求数量的方法。

136. A 【解析】本题考查人力资源供求平衡的方法分析。选项 A 错误，离岸经营是一种特殊的外包形式。

137. D 【解析】本题考查经验判断法。经验判断法主要是凭借管理者的主观感觉和经验来进行人力资源需求预测，因此它主要适用于短期预测，以及那些规模较小或经营环境相对稳定、人员流动率不是很高的企业。

138. D 【解析】本题考查人力资源需求大于供给时的组织对策。在组织的人力资源需求大于供给时，可以采取的主要措施包括：(1)延长现有员工的工作时间；(2)考虑做好人力资源的招募工作，扩大招募范围，加大招募投入；还可以聘用已退休人员以及雇用非全日制员工；(3)采取各种措施降低现有人员的流失率；(4)提高员工的工作效率；(5)将组织中的部分非核心业务通过外包的方式处理。

139. B 【解析】本题考查人力资源需求预测的方法。运用回归分析法，建立人力资源需求数量与其影响因素之间的函数关系，然后将影响因素的未来估计值代入函数，计算出组织未来的人力资源需求量。

140. B 【解析】本题考查比率分析法。比率分析法是一种基于某种关键的经营或管理指标与组织的人力资源需求量之间的固定比率关系，来预测未来人力资源需求的方法。

141. A 【解析】本题考查人力资源供求平衡的方法分析。自然减员方法的特点是速度慢，员工受伤害的程度低。

142. C 【解析】本题考查人力资源供求平衡的方法分析。选项 A、B 属于速度快、员工受伤害程度高的方法，选项 D 属于速度慢、员工受伤害程度低的方法。

143. C 【解析】本题考查人力资源供给预测的主要方法。人员替换法主要强调了从组织内部选拔合适的候选人担任相关职位尤其是更高一级职位的做法。

144. B 【解析】本题考查人力资源需求预测的主要方法。经验判断法是一种最简单的人力资源需求预测方法。

145. C （解析）本题考查人力资源供给预测的主要方法。人员替换法主要强调了从组织内部选拔合适的候选人担任相关职位尤其是更高一级职位的做法，它有利于激励员工士气、降低招聘成本，同时还能为未来的职位填补需要提前做好候选人的准备。

146. C （解析）本题考查人力资源供求平衡的方法分析。选项A、B属于见效速度快、可撤回程度高的方法；选项D属于见效速度慢、可撤回程度低的方法。

147. A （解析）本题考查人力资源规划的概念。当人力资源供求达到平衡时组织无须采取特别的人力资源措施。选项B、C、D为人力资源需求小于供给需要做的事情。

148. D （解析）本题考查人力资源供给预测的主要方法。人员替换分析法是针对具体职位进行人力资源供给预测的方法。马尔科夫分析法是基于多种职位以及人员流动状况进行人力资源供给预测的方法。

149. D （解析）本题考查人力资源供给预测的主要方法。人力资源供给预测的主要方法有人员替换分析法、马尔科夫分析法。

150. D （解析）本题考查裁员的主要原因。企业进行裁员的主要原因：（1）许多企业都在努力降低成本，由于劳动力成本在公司的总成本中往往占了很大一部分，因此它很自然地就成为企业最先下手的地方；（2）在有些企业中，关闭过时和落后的工厂或者在原有的工厂中引进新的技术等，都会导致企业对人员需求减少；（3）许多公司由于经济方面的原因改变了经营地点，如果员工难以随之迁移，则原有的员工就会被裁减。

151. C （解析）本题考查人力资源供求平衡的方法分析。不要对那些有专利权或者需要严格的安全保障措施才能完成的工作实行离岸经营。需要被外包出去的工作应该是相对独立的，因而不需要发包公司透露任何本来需要保守的竞争秘密。

152. A （解析）本题考查人力资源规划的概念。人力资源规划就是组织根据自身战略的需要，采用科学的手段来预测组织未来可能会遇到的人力资源需求和供给状况，进而制定必要的人力资源获取、利用、保留和开发计划，满足组织对人力资源数量和质量的需求，从而不仅帮助组织实现战略目标，而且确保组织在人力资源的使用方面达到合理和高效。

153. A （解析）本题考查趋势预测法。趋势预测法实际上是一种简单的时间序列分析法。

154. B （解析）本题考查人力资源供给预测。组织必须同时考虑组织外部的人力资源供给状况和组织内部的人力资源供给状况。

155. D （解析）本题考查人力资源供求平衡的方法分析。选项D属于雇用临时员工或劳务派遣人员的优点。

刷进阶

156. C （解析）本题考查人力资源管理与战略规划。一个组织的战略规划过程通常发生在高层，一般是由一个战略规划小组决定的。

157. B （解析）本题考查人力资源战略与人力资源管理实践选择。组织需要在以下六个主要的人力资源管理职能领域作出自己的战略选择：职位分析与职位设计，招募与甄选，培训与开发，绩效管理，薪资结构、奖金与福利，劳工关系与员工关系。

158. B （解析）本题考查人才管理。形成有助于降低风险的新型人才队伍调节机制：（1）同时利用制造人才和购买人才两种策略应对人才供求两个方面的风险，并保持适当的平衡；(2)适应人才需求的不确定性，小规模、多批次地培养人才；(3)降低人才开发风险，提高人才开发的投资回报率；(4)通过平衡组织和员工之间的利益来保护组织的培训开发投资。

159. D （解析）本题考查人力资源规划的内容。组织的人力资源规划是从明确组织的战略规划开始的。

160. A （解析）本题考查人力资源规划的流程。人力资源规划的流程：人力资源需求预测—人力资源供给预测—人力资源供求平衡分析—实施人力资源供求平衡计划。

161. D （解析）本题考查比率分析法。比率分析法是一种基于某种关键的经营或管理指标与组织的人力资源需求量之间的固定比率关系，来预测未来人力资源需求的方法。

162. A （解析）本题考查人力资源供求平衡的基本对策。人力资源供求从数量角度来看，其对比结果可以分为供小于求、供大于求、供求平衡。

163. A （解析）本题考查德尔菲法的优点。德尔菲法的优点包括：(1)吸取和综合了众多专家的意见，避免了个人预测的片面性；(2)不采用集体讨论的方式，而且匿名进行，避免了从众的行为，同时也避免了专家们必须在一起开会的麻烦；(3)采取多轮预测的方法，具有较高的准确性。

164. A （解析）本题考查人力资源需求预测的内容及其影响因素。一个组织的人力资源需求会受到组织未来发展战略和竞争战略的重要影响。组织进入一个新的业务领域，或者在原业务领域中快速扩大经营规模等因素，都有可能导致组织的人力资源需求大大增加。

165. A （解析）本题考查人力资源供求平衡的方法分析。避免未来出现劳动力短缺的情况之一是加班加点，见效快，可撤回程度高。

166. B （解析）本题考查人力资源规划的概念。选项B错误，组织战略规划的制定一般先于人力资源规划。

167. C （解析）本题考查人力资源供给预测。人力资源技能库，很重要的一点是建立组织内部的员工技能数据库，这种数据库通常是组织人力资源管理信息系统的一个重要组成部分。很显然，这种技能库是用于评价现有员工供给状况的一种主要工具。

168. C （解析）本题考查人力资源需求预测的方法。回归分析法是通过确定企业的业务活动量和人员水平这两种因素之间是否相关来预测企业未来人员需求的技术。

169. B （解析）本题考查人力资源需求预测的含义。人力资源需求预测是指预测一个组织在未来一段时期内到底需要多少名员工以及需要的是哪些类型的员工。

170. C （解析）本题考查经验判断法。经验判断法的做法：让组织中的中高层管理人员凭借自己过去积累的工作经验以及个人的直觉，对组织未来所需要的人力资源的数量和结构等状况进行评估。

171. A （解析）本题考查人力资源供求平衡的基本对策。自然减员是速度慢，员工受伤害低的一种方法。

第六章　人员甄选

☑ 刷基础

172. D （解析）本题考查信度。一般情况下，信度系数不低于0.70的测试工具被视为信度较好。

173. A （解析）本题考查无领导小组讨论。开放式问题的主要目的是考察被测试者思考问题的全面性和针对性，思路是否清晰，是否有新的观点和见解等。

174. A （解析）本题考查履历分析。目前，履历分析技术的一个最新发展是目标履历分析法，与传统的履历分析试图去预测一个人的总体工作绩效不同，这种技术的目的是预测不同的人在某些与工作相关的具体行为或兴趣方面存在的差异。

175. C （解析）本题考查重测信度。在评估重测信度时，两次测试之间的时间间隔很重要。根据一般经验，两次测试的时间间隔为半个月到半年可能比较合适。

176. A （解析）本题考查复本信度。复本信度就是指对同一组被试者进行某种测试时，使用两种功能等值但是表面内容并不相同的测试形式，然后考察在这两种等值的测试中被试者取得的分数之间的相关程度。

177. B （解析）本题考查重测信度。重测信度又称再测信度，是指用同一种测试工具在不同的时间对同一群人进行多次测试所得到的结果的一致性程度。它可以用来考察一种测试工具在时间上的稳定性，具体信度系数用多次测试所得结果之间的相关系数来表示。

178. B （解析）本题考查人格测试。自陈量表法是对人格进行测量的方法之一。

179. A （解析）本题考查面试的类型。单独面试又称一对一面试，是指面试考官和被面试者两个人单独见面，面试考官进行口头引导或询问，被面试者作出回答。这是一种比较常见的面试形式。

180. D （解析）本题考查工作样本测试。社会上的一些职业资格考试基本上都属于知识测试。

181. D （解析）本题考查评价者信度。评价者信度就是指不同评价者在使用同一种测试工具时所给出的分数之间的一致性程度。

182. A （解析）本题考查人格测试。自陈量表法指的是编制好一套人格测试问卷之后，由被测试者本人根据自己的实际情况或感受来回答问卷中的全部问题，以此来衡量一个人的人格。

183. B （解析）本题考查内容效度。内容效度是指一项测试的内容与测试所要达到的目标之间的相关程度，即一项测试的内容能够代表它所要测量的主题或特质的程度。

184. D （解析）本题考查无领导小组讨论。资源争夺性问题适用于指定角色的无领导小组讨论，它是让处于同等地位的被测试者就有限的资源进行分配，从而考察被测试者分析问题的能力、逻辑思维能力、语言表达能力、辩论以及说服他人的能力、反应的灵活性等。

185. B （解析）本题考查甄选的可靠性与有效性。只有当一种甄选工具达到可靠和有效的时候，才有可能是合格的。从这方面来说，任何一种甄选方法都应当达到一定的信度和效度，其中信度是效度的必要条件(但不是充分条件)。

186. B （解析）本题考查信度的概念。信度是指一种测试手段不受随机误差干扰的程度，它反映了一个人在反复接受同一种测试或等值形式的测试时所得到的分数的一致性程度。

187. A （解析）本题考查人格测试。评价量表法首先提供一组描述人的个性或特质的词或句子，然后让其他人通过对被测试者的观察，对被测试者的人格或特质作出评价。

188. C （解析）本题考查人格测试。投射法首先向被测试者提供一些未经组织的刺激情境，然后让被测试者在不受限制的情境下自由表现出自己的反应。

189. B （解析）本题考查信度。考察内部一致性信度的方式主要有分半信度和同质性信度两种。

190. B （解析）本题考查面试的类型。结构化面试又称标准化面试，是依据预先确定的面试内容、程序、评分结构等进行的面试形式。

191. C （解析）本题考查内容效度。内容效度是指一项测试的内容与测试所要达到的目标之间的相关程度，即一项测试的内容能够代表它所要测量的主题或特质的程度。考察人际能力，测试专业技术方向，属于考查内容出现问题。

192. D （解析）本题考查甄选对组织的价值与意义。人员甄选工作对于一个组织来说是非常重要的，其主要原因包括：(1)符合企业需要的优秀员工是确保组织战略目标达成的最根本保障；(2)弥补甄选决策失误的代价可能极高；(3)甄选决策失误可能会对员工本人造成伤害。

193. B （解析）本题考查人格测试。投射法：这种方法首先向被测试者提供一些未经组织的刺激情境，然后让被测试者在不受限制的情境下自由表现出自己的反应。

194. C （解析）本题考查人格测试。"大五"，实际上是指一个人在以下五个人格特征方面的表现：外向性、和悦性、公正性、情绪性和创造性。

195. C （解析）本题考查改善面试效果的主要方法。改善面试效果的主要方法包括：采用情境化结构面试，面试前做好充分准备和系统培训面试考官。

196. C （解析）本题考查甄选的基本概念及其内涵。不同的工作对于人的智力要求不同，因此并非在所有情况下都是求职者智力水平越高越好。如果某职位并不要求任职者具备特别高的智力水平，那么智力水平过高的求职者对组织来说可能反而是不合适的。这是因为组织可能无法利用这种高水平的智力，但是必须为这种高水平的智力支付更高的薪酬。

197. A （解析）本题考查效度。选项 B，构想效度是指能够测量出理论构想的程度；选项 C，评价者信度反映的是不同评价人员评价结果的一致性，选项 D，复本信度反映的是两个测验在内容上的等值性程度。

☑ 刷进阶

198. B （解析）本题考查工作样本测试。测试所要求的行为与实际工作所要求的行为之间具有高度的一致性，它和工作绩效之间存在直接且明显的联系，所以这种测试工具的效标效度和内容效度都很高。

199. C （解析）本题考查面试。研究表明，最好的甄选方法是包括工作样本测试、高度结构化的面试以及认知能力测试在内的综合测试，这样一套测试组合的效度系数往往超过 0.60。

200. D （解析）本题考查工作样本测试。由于工作样本测试是专门针对特定职位设计的，因此它的普遍适用性很低，只能针对不同的职位来开发不同的测试。

201. D （解析）本题考查公文筐测试。公文筐测试的优点：它非常适合对管理人员进行评价，具有较高的内容效度和效标关联效度。

202. D （解析）本题考查改善面试效果的主要方法。情境化结构面试的题目可以划分为两类：一类是以过去的经验为依据，它要求被面试者回答他们在过去的工作中遇到的某种情形，以及他们当时是如何处理的；另一类则是未来导向型的，它要求被面试者回答，将来一旦遇到某种假设的情形，他们将会采取怎样的处理措施。

203. C **〔解析〕** 本题考查甄选及有效性。在甄选过程中，组织需要解决的是如何挑选出最合适的高质量求职者，然后将他们正确地配置到合适的岗位上这样一个问题。所以即便是甄选工作做好了，其他后续工作的正确配置等也是很重要的。

204. C **〔解析〕** 本题考查效标效度。效标效度也称效标关联效度，是指一种测试或甄选技术对被试者的一种或多种工作行为或工作绩效进行预测的准确程度。

205. D **〔解析〕** 本题考查人格测试。人格是个人特质与环境相互作用的产物，它具有整体性、动态性和稳定性的特征。

206. D **〔解析〕** 本题考查知识测试。知识测试通常都是以笔试的方式完成，但并非所有的笔试都属于知识测试。

第七章　绩效管理

刷基础

207. C **〔解析〕** 本题考查目标管理法。如果企业战略在一定时期内相对稳定，就可以考虑使用目标管理的方法进行绩效考核。

208. C **〔解析〕** 本题考查绩效管理。绩效管理的主要目的是建立客观、简洁的绩效优化体系，实现组织与个人绩效的紧密融合，选项 A 错误。绩效考核是绩效管理的一个环节，选项 B 错误。绩效管理是管理者与员工持续开放的沟通，不是单向沟通，选项 D 错误。

209. C **〔解析〕** 本题考查绩效面谈的技巧。积极地倾听要求主管人员使用目光的接触和恰当的表情来表示对对方的讲话内容的理解。面谈中最忌讳主管人员喋喋不休，时常打断员工的谈话。

210. C **〔解析〕** 本题考查绩效改进。标杆超越的实质是组织的变革，通过学习同行业经验，改掉制约企业发展陋习、提升企业绩效的过程，选项 A 错误。卓越绩效标准通过描述卓越企业的管理信念和行为，改进组织的整体效率和能力，选项 B 错误。六西格玛管理通过减少企业业务流程中的偏差，使组织的绩效提升到更高的水平，选项 D 错误。

211. A **〔解析〕** 本题考查绩效反馈面谈的原则与技巧。绩效反馈面谈的原则与技巧之一是关注未来而不是过去，所以选 A。

212. B **〔解析〕** 本题考查绩效管理工具。目标管理是一种沟通的程序或过程，它强调企业上下一起协商，将企业目标分解成个人目标，并将这些目标作为公司经营、评估、奖励的标准。所以本题选 B。

213. D **〔解析〕** 本题考查有效绩效管理的特征。有效的绩效管理应当具备以下五个特征：敏感性、可靠性、准确性、可接受性、实用性。

214. B **〔解析〕** 本题考查绩效管理与绩效考核的关系。绩效考核是绩效管理的一个环节，所以选项 B 错误。

215. C **〔解析〕** 本题考查取得不同竞争优势战略下的绩效管理策略。采用差异化战略的企业在绩效考核中应选择以行为为导向的评价方法。

216. C **〔解析〕** 本题考查晕轮效应的概念。晕轮效应指对一个人进行评价时，往往会因为对他的某一特质强烈而清晰的感知，而掩盖了该人其他方面的品质。

217. A 【解析】本题考查知识型团队的绩效考核。效益型指标可以直接用来判断知识型团队的工作产出成果，即团队的产出满足客户需求的程度。

218. C 【解析】本题考查图尺度评价法的定义。图尺度评价法列举一些特征要素，并分别为每一个特征要素列举绩效的取值范围。

219. A 【解析】本题考查绩效评价中易出现的问题。盲点效应指主管难于发现员工身上存在的与主管自身相似的缺点和不足。

220. B 【解析】本题考查平衡计分卡法。平衡计分卡法从四个角度即财务、客户、内部流程和学习发展来评价绩效，它能更加全面地反映组织的绩效。

221. D 【解析】本题考查行为观察量表法的定义。行为观察量表列举出评估指标(通常是期望员工工作中出现的比较好的行为)，然后要求评估人在观察的基础上将员工的工作行为同评价标准进行对照，看该行为出现的频率或完成的程度如何的评估方法。

222. D 【解析】本题考查绩效计划。选项D说法错误，绩效计划的制订需要组织中不同人群的参与，人力资源部门对绩效管理的监督与协调负主要责任。

223. C 【解析】本题考查六西格玛管理。六西格玛管理通过使用一系列的统计工具来分析企业业务流程。

224. B 【解析】本题考查绩效监控的概念。绩效监控指的是在绩效考核期间内管理者为了掌握下属的工作绩效情况而进行的一系列活动。绩效监控通过管理者和员工持续的沟通，观测、预防或解决绩效周期内可能存在的问题，更好地完成绩效计划。

225. D 【解析】本题考查绩效改进的概念。绩效改进是指通过找出组织或员工工作绩效中的差距，制订并实施有针对性的改进计划来提高员工绩效水平的过程。

226. C 【解析】本题考查适用于不同竞争态势战略的绩效管理。在绩效考核方法的选择上，跟随者可以考虑选择标杆超越法，通过树立标杆组织来确定绩效指标和衡量标准，在考核主体的选择上也要尽量多元化。

227. A 【解析】本题考查绩效辅导。选项A，绩效辅导是为了提高员工绩效水平和自我效能感而进行的一系列活动。

228. C 【解析】本题考查强制分布法的作用。当一个企业实行末位淘汰机制时，强制分布法能很快鉴别出哪些员工应当被淘汰，这从一个侧面也会对员工起到鞭策和激励作用。

229. C 【解析】本题考查刻板印象。刻板印象指个人对他人的看法，往往受到他人所属群体的影响。

230. A 【解析】本题考查跨部门的团队绩效考核。选项B，跨部门团队的绩效考核要以人为单位开展；选项C，跨部门团队的绩效考核中，各部门要建立相同的考核标准；选项D，矩阵形式的组织结构适宜采用跨部门团队的绩效考核。

231. C 【解析】本题考查差异化战略。差异化战略的核心是独特的产品和服务，而不是标准化。

232. B 【解析】本题考查平衡计分卡法的设计流程。企业战略和竞争目标是设计平衡计分卡法指标体系的基本出发点，管理者在进行设计前，必须首先敲定企业的战略目标。

233. B 【解析】本题考查差异化战略企业绩效考核的方法。采用差异化战略在绩效考核中应选择以行为为导向的评价方法，因为创新的成果通常是难以用量化的指标去衡量的。

234. D （解析）本题考查探索者战略的绩效管理。探索型组织总是不断地开发新产品、挖掘新市场，寻找更广阔的市场机会。在绩效考核中，管理者应当选择以结果为导向的评价方法，强化员工新产品、新市场的开发成功率。

235. D （解析）本题考查晕轮效应。晕轮效应会因对被评价者的某一特质的强烈的清晰的感知，而掩盖了该人其他方面的品质。在这种效应下，主管通常会给自己信任和宠爱的部下较高的分数，对不喜欢的员工给较低的评价，这会导致评价结果的失真。

236. B （解析）本题考查绩效计划。绩效计划的制定原则包括价值驱动原则、战略相关性原则、系统化原则、职位特色原则、突出重点原则、可测量性原则和全员参与原则。个性化原则不属于绩效计划的制定原则，与全员参与原则相矛盾。

237. D （解析）本题考查配对比较法的定义。配对比较法是根据某项评价标准将每位员工逐一与其他员工比较，选出每次比较的优胜者，最后根据每位员工获胜的次数进行绩效排序。

238. C （解析）本题考查绩效反馈面谈的操作流程。一个完整的绩效反馈面谈主要包括三个阶段：面谈准备阶段、面谈实施阶段、面谈评价阶段。

239. D （解析）本题考查探索者战略的定义。探索型组织总是不断地开发新产品、发掘新市场，寻找更广阔的市场机会。

240. D （解析）本题考查绩效考核结果的应用。对于贡献型的员工，组织要给予必要的奖励。选项A，对于安分型的员工，组织要对其进行必要的培训以提升其工作技能；选项B，对于冲锋型的员工，主管人员应当对其进行绩效辅导；选项C，对于堕落型的员工，组织要对其进行适当的惩罚、敦促其改进绩效。

241. C （解析）本题考查行为锚定法的定义。行为锚定法将每项工作的特定行为用一张等级表进行反映，该等级表将每项工作划分为各种行为级别，评价时评估者只需将员工的行为对号入座即可。

242. C （解析）本题考查绩效评价常见误区及应对方法。晕轮效应指对一个人进行评价时，往往会因为对他的某一特质强烈而清晰的感知，而掩盖了该人其他方面的品质；盲点效应指主管难以发现员工身上存在的与主管自身相似的缺点和不足；首因效应是指人们在相互交往的过程中，往往根据最初的印象去判断一个人。

243. C （解析）本题考查绩效考核结果的应用。在绩效考核中，对于冲锋型的员工，主管人员应当对其进行绩效辅导。

244. A （解析）本题考查绩效管理工具。选项B错误，关键绩效指标法和平衡计分卡法是基于企业战略的系统考核方法，比较适用于企业战略进行重大调整的时期。选项C错误，选择标杆应该遵循以下两个标准：一是标杆企业要有卓越的业绩；二是标杆企业被瞄准的领域与本企业有相似的特点。选项D错误，关键绩效指标有四种类型：数量类、质量类、成本类、时限类。

刷进阶

245. C （解析）本题考查绩效评价常见误区及应对方法。选项A错误：趋中倾向指有些主管由于不愿意得罪人或所辖范围过大，很难全面了解所有员工工作表现时，将员工的考核分数集中在某一固定范围的变动中，使评价的结果没有好坏的差异。选项B错误：晕轮效应指对一个人进行评价时，往往会因为对他的某一特质强烈而清晰的感知，而掩盖了该人其他方面的品质。选项 D 错误：盲点效应指主管难以发现员工身上存在的与主管自身相似的缺点和不足。

246. D **【解析】**本题考查探索者战略。在绩效考核中，管理者应当选择以结果为导向的评价方法，强化员工新产品、新市场的开发成功率。防御者战略在绩效考核方法的选择上，组织可选择系统化的评价方法，多角度选择考核指标。跟随者战略在绩效考核方法的选择上，跟随者可以考虑选择标杆超越法，通过树立标杆组织来确定绩效指标和衡量标准；在考核主体的选择上也要尽量多元化。

247. D **【解析】**本题考查绩效面谈的技巧。（1）时间场所的选择：主管人员在确定面谈时间时，要尽量避开上下班、开会等让人分心的时段。在选择面谈的地点时，也要选择安静、轻松的会客厅。最好为员工营造一种轻松、平等的氛围，便于沟通的顺利进行；（2）认真倾听：积极地倾听要求主管人员使用目光的接触和恰当的表情来表示对对方的讲话内容的理解。面谈中最忌讳主管人员喋喋不休，时常打断员工的谈话；（3）鼓励员工多说话：面谈是一种双向的沟通，管理者在这个过程中应该让下属充分表达自己的观点，不要打压和压制。主管人员也可以多提一些开放性的问题，引发员工的思考以便获得更多的信息；（4）以积极的方式结束对话：如果面谈实现了既定的目标，主管人员要尽量采用积极的令人振奋的方式结束面谈，要在结束面谈时给予员工必要的鼓励而非打击，因为绩效管理更关注的是未来的绩效而不是现在的。

248. D **【解析】**本题考查绩效管理的作用。选项 D 属于绩效管理在人力资源管理中的作用。

249. D **【解析】**本题考查成本领先战略的绩效管理方法。实行成本领先战略的企业，在绩效考核中为了加强员工对成本的重视程度，组织应当尽量选择以结果为导向、实施成本较低的评价方法，比如目标管理法，鼓励员工通过各种方法达到组织期望的成果。

250. D **【解析】**本题考查不良事故评估法的定义。不良事故评估法是通过预先设计不良事故的清单对员工的绩效进行考核。

251. A **【解析】**本题考查目标管理法。绩效目标的确定是实行目标管理法的第一步，它实际上是管理者与员工分解上一级指标、共同确定本层级绩效目标的过程。

252. D **【解析】**本题考查绩效反馈面谈准备阶段的工作。选项 D 属于面谈实施阶段的工作。

第八章　薪酬管理

刷基础

253. B **【解析】**本题考查股票期权的激励对象。激励对象包括上市公司的董事、高级管理人员、核心技术人员或者核心业务人员，以及公司认为应当激励的对公司经营业绩和未来发展有直接影响的其他员工，但不应当包括独立董事和监事。

254. D **【解析】**本题考查股票期权的等待期。股票期权的等待期，即股票期权授予日与获授股票期权首次可以行权日之间间隔不得少于 1 年。

255. D **【解析】**本题考查销售人员薪酬。对于一些技术含量较高，市场较为狭窄，销售周期较长的产品来说，其销售人员的素质及其稳定性要求都很高，因此采取"高基本薪酬+低佣金或奖金"的薪酬制度比较合适。

256. A **【解析】**本题考查员工持股计划的持股规模。单个员工所获股份权益对应的股票总数累积不得超过公司股本总额的 1%。

257. C （解析）本题考查限制性股票的禁售期。《境内上市公司办法》规定，在股权激励计划有效期内，每期授予的限制性股票，其禁售期不得低于 2 年。

258. D （解析）本题考查股票增值权。股票增值权适用于现金流量比较充裕且股价比较稳定的上市公司及境外上市公司。

259. C （解析）本题考查员工持股计划的持股期限。上市公司应当在员工持股计划届满前 6 个月公告到期计划持有的股票数量。

260. C （解析）本题考查薪酬体系设计的步骤。薪酬调查主要是为了解决薪酬的外部竞争性问题。

261. C （解析）本题考查薪酬体系设计的步骤。职位评价主要是为了解决薪酬的内部公平性问题，因此选 C。

262. B （解析）本题考查职位评价方法。排序法是职位评价中使用较早的一种较为简单、最易于理解的评价方法，选项 A 错误。要素计点法的设计与实施都比较复杂，对管理水平要求较高，选项 C 错误。因素比较法不易理解，员工对其准确性和公平性容易产生质疑，选项 D 错误。

263. C （解析）本题考查股票期权的执行方式。股票期权的执行方式包括现金行权、无现金行权和无现金行权并出售。

264. D （解析）本题考查股票期权的有效期。股票期权的有效期，即从股票期权授予之日起至所有股票期权行权或注销完毕之日止，从授权日计算不得超过 10 年，在股票期权有效期内，上市公司应当规定激励对象分期行权。

265. D （解析）本题考查员工持股计划的股份设置。一般来说，参与员工持股计划的员工能够购买企业股票的数量由他的工资在员工全体薪金总额的比例确定。

266. C （解析）本题考查销售人员的薪酬。企业在进行销售人员薪酬制度的选择时，一般取决于企业自身所处的行业及产品特点，如保险行业、饮食行业等对销售人员薪酬设计大多是"高佣金加低基本薪酬"的薪酬制度，所以选项 C 正确。

267. A （解析）本题考查战略性薪酬管理。采取成本领先战略的企业往往追求的是效率最大化、成本最小化。在薪酬水平方面比竞争对手的薪酬相对较低，在薪酬结构方面奖金部分所占的比例相对较大。

268. C （解析）本题考查股票期权的行权价格。股票期权行权价格的确定分为三种，即实值法、平值法和虚值法。在我国，《上市公司股权激励管理办法(试行)》采用了平值法。

269. B （解析）本题考查企业人工成本。人工成本结构指标是指人工成本各组成部分占人工成本总额的比例，反映了企业人工成本的构成情况与合理性。

270. B （解析）本题考查销售人员薪酬。基本薪酬加佣金制：销售人员的薪酬由每月的基本薪酬和按销售业绩提取的佣金组成。

271. B （解析）本题考查职位评价方法。排序法也称简单排序法、序列法或部门重要次序法，是职位评价中使用较早的一种较为简单、最易于理解的评价方法。

272. B （解析）本题考查无现金行权。无现金行权是指个人不需要以现金或支票支付行权费用，证券商以出售部分股票获得的收益来支付行权费用，并将余下股票存入经理人个人账户。

273. C （解析）本题考查股票增值权。股票增值权实质上是一种虚拟的股票期权，是公司给予计划参与人一种权利，不实际买卖股票，仅通过模拟股票市场价格变化的方式，在规定时段内，获得由公司支付的行权价格与行权日市场价格之间的差额。

274. B **(解析)** 本题考查薪酬体系设计的步骤。工作分析是确定薪酬体系的基础。
275. D **(解析)** 本题考查战略性薪酬管理。对于追求成长战略的企业来说，其薪酬管理的指导思想是企业与员工共担风险，共享收益。
276. D **(解析)** 本题考查职位评价方法。要素计点法对管理水平要求较高，主要适用于大规模企业中的管理类职位。
277. D **(解析)** 本题考查员工持股计划。每期员工持股计划的持股期限不得低于12个月，选项A错误；以非公开发行方式实施的员工持股计划的持股期限不得低于36个月，选项B错误；上市公司全部有效的员工持股计划持有的股票总数累积不得超过公司股本总额的10%，选项C错误。
278. C **(解析)** 本题考查年薪制。年薪制模型中的长期奖励，通常以股票期权的形式支付，其收入状况与企业的经济效益和市场环境相关。
279. C **(解析)** 本题考查薪酬管理概述。在薪酬水平来说，稳定战略一般采取市场跟随或略高于市场水平的薪酬，但长期内不会有太大的增长。
280. B **(解析)** 本题考查职位评价。职位评价主要是为了解决薪酬的内部公平性问题。职位评价的作用：一是确定企业内部各职位的相对价值，得出职位等级序列；二是为薪酬调查建立一套统一的职位评估标准，为确保薪酬的公平性奠定基础。

刷进阶 高频进阶 强化提升

281. B **(解析)** 本题考查职位评价方法。分类法也称为分级法或等级描述法，这种方法需要预先制定一套供参考的等级标准（即所谓的标尺），再将各待定级别的职位与之对照（即所谓的套级），从而确定该职位的相应级别。
282. B **(解析)** 本题考查员工持股计划的基本原则。员工持股计划的基本原则包括依法合规原则、风险自担原则和自愿参与原则。
283. D **(解析)** 本题考查员工持股计划。选项A错误，单个员工所获股份权益对应的股票总数累计不得超过公司股本总额的1%。选项B错误，上市公司应当在员工持股计划届满前6个月公告到期计划持有的股票数量。选项C错误，上市公司全部有效的员工持股计划所持有的股票总数累积不得超过公司股本总额的10%。
284. C **(解析)** 本题考查股票期权。选项A错误：激励对象不能同时参加两个或两个以上上市公司的股权激励计划。选项B和D错误：激励对象包括上市公司的董事、高级管理人员、核心技术（业务）人员（不能超过总员工的10%），以及公司认为应当激励的其他员工，但不应当包括独立董事和监事。
285. B **(解析)** 本题考查职位评价方法。选项A错误，分类法属于定性方法。选项C错误，要素计点法属于定量方法。选项D分类法属于职位尺度比较法。
286. D **(解析)** 本题考查适用于不同竞争战略下的薪酬管理。选项A错误：成本领先战略，在薪酬水平方面，这类组织会密切关注竞争对手的薪酬状况，以确保本组织的薪酬水平既不低于竞争对手，最好也不要高于竞争对手。选项B错误：创新战略，其基本薪酬以劳动力市场的通行水平为准且略高于市场水平。选项C错误：采取客户中心战略的企业强调的是客户满意度，因此相对应的薪酬体系往往会根据员工向客户所提供服务的数量和质量来支付薪酬，或者根据客户对员工或员工群体所提供服务的评价来支付奖金。

287. A （解析）本题考查适用于不同竞争战略下的薪酬管理。成本领先战略在薪酬水平方面比竞争对手的薪酬相对较低，在薪酬结构方面奖金部分所占的比例相对较大。创新战略的薪酬体系非常注重对产品创新、技术创新和新的生产方法给予足够的报酬或奖励，其基本薪酬以劳动力市场的通行水平为准且略高于市场水平。

288. A （解析）薪酬体系设计的第一步是明确企业基本现状及战略目标。

289. D （解析）本题考查职位评价的原则。职位评价的原则包括系统性原则、战略性原则、标准化原则、员工参与原则、结果公开原则和实用性原则。

290. D （解析）本题考查股票期权的激励范围和对象。对于持股5%以上的股东及其关联人能否成为股票期权的激励对象需要股东大会做出决议。

第九章 培训与开发

刷基础

291. C （解析）本题考查培训与开发的决策分析。从投资的成本—收益角度分析，只有在 $B-S>C$ 情况下，培训与开发才会提高组织的收益。

292. B （解析）本题考查组织内的职业生涯通道。纵向通道是员工在不同管理层级、技术等级、技能等级上下之间的变动路径。因此选B。

293. B （解析）本题考查培训与开发的决策分析。培训与开发不是一种开支或一项员工福利，而是一种人力资源投资。

294. B （解析）本题考查职业兴趣类型的特点。根据霍兰德职业兴趣理论的分析，常规型的人的个性特征是偏好对文字和数据等资料进行明确、有序的整理，喜欢使用文字和数据处理设备等协助组织实现目标或获取经济收益。

295. D （解析）本题考查培训与开发效果评估的内容。在实际工作中，组织很少进行投资收益评估，因为对其进行评估是一个困难且昂贵的过程。

296. A （解析）本题考查职业兴趣类型。现实型：偏爱与具体的物体（如工具、机械、电子设备等），喜欢有规则的具体劳动以及需要基本操作技能的工作，不喜欢跟人打交道，不适应社会性质的职业，厌恶从事教育、服务和说服性的工作。

297. C （解析）本题考查职业生涯发展阶段及主要任务。处于职业发展维持阶段的个体，在组织中的主要身份是导师。

298. A （解析）本题考查培训与开发效果的评估内容。反应评估易于进行，是最基本、最常用的评估方式。

299. A （解析）本题考查培训与开发效果的评估内容。行为评价量表是行为评估中最常用的方法，选项B错误；工作行为评估的重点是评价培训与开发是否带来了受训人员行为上的改变，选项C错误；结果如何是组织进行培训与开发效果评估的最重要内容，是最具说服力的评价指标，也是组织高管层最关心的评估内容，选项D错误。

300. A （解析）本题考查培训与开发效果的评估方法。问卷调查法是常用的培训与开发效果的评估方法。

301. D （解析）本题考查职业生涯管理的相关内容。选项D，职业生涯管理是指组织和员工个人共同对员工职业生涯进行设计、规划、执行、评估和反馈的一个综合性过程。

参考答案及解析

302. D （解析）本题考查培训与开发效果的评估内容。结果如何是组织进行培训与开发效果评估的最重要内容，是最具说服力的评价指标，也是组织高管层最关心的评估内容。

303. B （解析）本题考查职业生涯锚类型中的管理能力型。管理能力型的特点之一是具有分析能力、人际沟通能力和情绪控制能力的强强组合，但对组织有很大的依赖性。

304. C （解析）本题考查培训与开发效果的评估。由于培训与开发效果的滞后性，以及员工个体的差异性，要客观、科学地评估培训与开发的效果相当困难，因此，效果评估是培训与开发体系中最难实现的一个环节。选项C说法错误。

305. D （解析）本题考查培训与开发的效果评估。控制实验法不适用于那些难以找到量化绩效指标的培训与开发项目或活动，如管理技能培训与开发等。

306. B （解析）本题考查职业生涯发展阶段。职业生涯建立期阶段的身份是"同事"。

307. B （解析）本题考查潜能评价中心。潜能评价中心主要用于专业人员、管理人员、技术人员提升的可能性评价。

308. D （解析）本题考查职业生涯锚。职业生涯锚的五种基本类型中，创造型职业锚的人具有独特的特征：有强烈的创造需求和欲望，发明创造是他们工作的强大驱动力；冒险精神是创造型职业锚具有的另一个非常明显的特征。

309. C （解析）本题考查职业生涯锚。管理能力型的特点是追求一般性管理工作，且责任越大越好；具有强烈的升迁动机，以提升等级和收入作为衡量成功的标准；具有分析能力、人际沟通能力和情绪控制能力的强强组合特点，但对组织有很强的依赖性。

310. D （解析）本题考查管理层的培训与开发责任。对员工进行培训与开发的责任最终落实到直线经理身上。

311. D （解析）本题考查培训与开发的决策分析。影响培训与开发利润的因素包括：受训员工可能的服务年数、受训员工技能可能提高的程度、受训员工的努力程度和对组织的忠诚度等。

312. A （解析）本题考查组织内的职业生涯通道的定义。横向通道即员工在同一个管理层级或同一个技术、技能等级上不同岗位或不同工种之间的变动路径。

刷进阶 高频进阶 强化提升

313. D （解析）本题考查培训与开发的组织体系。在大型组织中，培训与开发机构可以隶属于人力资源部，也可以与人力资源部并列。

314. A （解析）本题考查培训与开发的组织体系。培训与开发机构隶属于人力资源部，是其中的一个部门，把培训与开发看作整个人力资源管理系统的一部分，便于形成一个协调、统一的培训与开发计划，缺点是无法体现培训与开发在组织中的战略位置，而且会受到其他工作的影响，难以保证培训与开发的力度和连续性。培训与开发机构与人力资源部并列时，需要在两个部门之上设置一个领导充当组织和协调的角色。

315. D （解析）本题考查工作行为评估。行为评价量表是工作行为评估中最常用的方法。

316. D （解析）本题考查培训与开发效果的评估方法。控制实验法是一种最规范的评估方法。

317. C （解析）本题考查工作行为评估的重点。A选项是学习评估的主要内容。B选项是反应评估的重点。D选项是结果评估的目标。

318. D （解析）本题考查培训与开发评估的时机。选项D属于培训与开发后的回任工作评估的内容。

319. D （解析）本题考查培训与开发效果的评估内容。结果如何是组织进行培训与开发效果评估的最重要内容，是最具说服力的评价指标，也是组织高管层最关心的评估内容。

320. B （解析）本题考查学习评估。学习评估是评估受训人员"学到了什么"，受训人在参加培训与开发结束后，在知识、技能或态度方面是否有了提高或改变，这是学习评估的主要内容。

321. C （解析）本题考查培训与开发效果的评估。软指标包括工作习惯、工作满意度、主动性、顾客服务等方面，难以被衡量和量化，也难以被转化为货币价值，而且评价具有主观性。

322. D （解析）本题考查控制实验法。控制实验法可以确定员工绩效的提高是否确实是由培训与开发所引发的，而不是由企业的其他方面变化引起的。

323. A （解析）本题考查职业生涯的目的。选项 A 属于组织实施职业生涯管理对个人发展的意义。

324. B （解析）本题考查潜能评价中心。潜能评价中心主要用于专业人员、管理人员、技术人员提升的可能性评价。

325. A （解析）本题考查组织层次的职业生涯管理方法。培训与发展项目具体包括：(1)工作轮换；(2)利用公司内、外人力资源发展项目对员工进行培训；(3)参加组织内部或外部的专题研讨会；(4)专门对管理者进行培训或实行双通道职业生涯设计。

326. D （解析）本题考查职业生涯管理的方法。双通道，即员工同时承担管理工作和技术工作，俗称"双肩挑"。

327. B （解析）本题考查职业生涯管理的注意事项。技术/职能能力型，其特点是强调实际技术/职能等业务工作。

328. A （解析）本题考查职业生涯的发展阶段。职业生涯发展阶段探索期的发展任务是确定兴趣和能力，让自我与工作匹配。

329. C （解析）本题考查职业生涯发展阶段及主要任务。处于职业发展维持阶段的个体，在组织中的主要身份是导师。

330. C （解析）本题考查职业生涯锚。自主独立型职业生涯锚的人总是希望随心所欲地安排自己的工作方式和生活方式，追求能够施展个人能力的工作环境，最大限度地摆脱组织的束缚。

331. B （解析）本题考查职业生涯管理的注意事项。为了使职业生涯管理活动取得成功，要得到组织高层的支持。

332. D （解析）本题考查职业生涯锚。所谓职业生涯锚，是指个人不得不做出选择的时候，无论如何都不会放弃的职业生涯中的那种至关重要的东西或价值观。

第十章 劳动关系

刷基础

333. B （解析）本题考查劳动关系概述。在劳动关系中，雇主追求利润最大化，劳动者追求工资福利最大化，选项 A 错误；政府协调劳动关系的作用必不可少，是劳动关系的主体，选项 C 错误；劳动关系是劳资双方相互合作的前提，通过劳资合作来实现劳资两利应是劳资双方共同追求的目标，选项 D 错误。

334. B （解析）本题考查劳动关系的概念。劳动关系是指劳动者与劳动力使用者以及相关组织为实现劳动过程所构成的社会关系。

335. A （解析）本题考查劳动关系的概念。在劳动关系中，雇主追求利润最大化，劳动者追求工资福利最大化，导致劳动关系矛盾的产生。

336. C （解析）本题考查劳动关系的主体。工会是指在市场经济条件下，为维护和改善劳动者的劳动条件和生活条件而设立的组织。设立工会的主要目标是为工会成员争取利益和价值。

337. D （解析）本题考查劳动关系的主体。个体经济组织，是指雇工 7 人以下（包括 7 人）的个体工商户。

338. C （解析）本题考查我国调整劳动关系的制度和机制。劳动规章制度是用人单位依法制定并在本单位实施的组织劳动过程和进行劳动管理的规则和制度的总和。

339. A （解析）本题考查劳动关系的主体。雇主组织的作用包括：参与集体谈判；参与劳动立法和政策制定；在劳动争议处理过程中向其成员提供法律服务；通过雇主组织的培训机构为会员企业提供培训服务。

340. B （解析）本题考查劳动关系的主体。政府是劳动争议的重要调解仲裁者，即政府在处理劳动争议时，居中调解和发挥主导作用。

刷进阶

341. B （解析）本题考查劳动关系概述。劳动者利益的代表是工会；社会生产过程的组织协调者是政府；雇主利益的代表是雇主组织。

342. A （解析）本题考查劳动关系系统的运行。劳动关系运行的规则网络是由法律、权力、传统和道德四个方面所构成的。其中法律是最为基本和一般的规范手段，权力是政治领域的规范手段，传统是社会领域的规范手段，道德是一种价值理念的规范手段。

343. D （解析）本题考查劳动关系调整的原则。用人单位在享有使用劳动力权利时，对劳动者承担保障劳动力再生产和提供必要的劳动条件的义务。

344. B （解析）本题考查发展和谐劳动关系。劳动关系是最基本和最重要的社会关系。

345. D （解析）本题考查发展和谐劳动关系。发展和谐劳动关系的主要任务有：(1)进一步完善劳动合同制度；(2)积极推进集体合同制度实施；(3)健全国家劳动标准体系；(4)完善协调劳动关系三方机制；(5)加强企业工资收入分配制度改革；(6)完善劳动争议处理体制；(7)加大劳动保障执法监察力度。

346. C （解析）本题考查员工申诉管理。明晰原则：要明确界定员工的申诉范围，避免员工将本可以通过正常管理渠道解决的问题也通过申诉方式提出。

347. C （解析）本题考查我国调整劳动关系的制度和机制。职工代表大会制度是公有制企业实行职工民主管理的一种法定必要形式。

348. B （解析）本题考查员工申诉管理。保密原则：事项进行严格保密，减少申诉者的疑惑，尤其不能泄露申诉内容和申诉人的个人隐私，避免出现打击报复等恶性事件。

349. B （解析）本题考查员工申诉管理。员工正式申诉处理程序包括：向申诉受理人提交员工申诉表、申诉受理、查明事实、解决问题。

350. D （解析）本题考查劳动争议调解管理。选项 D 不属于准备工作，且说法错误。

第十一章 劳动力市场

刷基础

351. C （解析）本题考查效率工资的概念。效率工资是指企业提供的一种高于市场均衡水平的工资。

352. A （解析）本题考查的是市场劳动力供给曲线。在劳动者可以自由流动的情况下，劳动者很容易根据市场工资率来调整自己的劳动力供给，有可能出现从其他劳动力市场吸引更多的人加入工资率变高的劳动力市场上来的情况。

353. D （解析）本题考查劳动力市场政策。所谓人力政策，就是政府通过对劳动力进行重新训练与教育，把非熟练的劳动力训练成技术熟练程度达到一定水平的劳动者，以缓和因劳动力市场所需要的技能与劳动者实际供给的技能不匹配而造成的失业问题。

354. C （解析）本题考查劳动力需求及其影响因素。间接需求有时也被称为派生需求，这种需求是由于对某种能够给人带来满足的最终产品存在需求，进而延伸出来的对生产这种产品的生产要素的需求。

355. D （解析）本题考查收入效应与替代效应。工资率上涨的收入效应导致个人劳动力供给时间减少。工资率上涨的替代效应导致个人劳动力供给时间增加。

356. B （解析）本题考查劳动力需求及其影响因素。在其他条件不变的情况下，无论哪个方向的工资率变动所产生的规模效应和替代效应的作用方向都是相同的，即在其他条件不变的情况下，工资率上升的规模效应和替代效应都导致劳动力需求量下降，而工资率下降的规模效应和替代效应都导致劳动力需求量的上升。

357. B （解析）本题考查工资率和资本价格对劳动力需求的影响。工资率上涨的规模效应和替代效应都使劳动力需求下降。资本价格下降的规模效应导致劳动力需求上升，资本价格下降的替代效应导致劳动力需求下降。所以 B 正确。

358. C （解析）本题考查灰心丧气的劳动者效应。在经济衰退时期，一些本来可以寻找工作的劳动者由于对在某一可行的工资率水平下找到工作变得非常悲观，因而停止寻找工作，临时成为非劳动力参与者，这便是灰心丧气的劳动者效应。

359. C （解析）本题考查女性劳动力参与率的变化。题干表述的是家庭生产活动的生产率提高促使女性劳动力参与率上升。

360. A （解析）本题考查劳动力需求及其影响因素。直接需求是指人们对那些能够直接满足自己的某种需要的商品所产生的需求，如对食品和服饰的需求，人们通过对这些商品的消费能够产生直接的效用即满足。

361. C （解析）本题考查劳动力需求及其影响因素。在其他有可能会对劳动力需求产生影响的因素尤其是资本价格和劳动力价格没有发生变化的情况下，产品需求变化只会对劳动力需求数量产生规模效应（或产出效应），而不会产生替代效应。所以选项 C 说法错误。

362. B （解析）本题考查工资率和资本价格对劳动力需求的影响。工资率上涨的规模效应和替代效应都使劳动力需求下降。资本价格下降的规模效应导致劳动力需求上升，资本价格下降的替代效应导致劳动力需求下降。所以 B 正确。

363. A （解析）本题考查劳动力需求弹性。如果劳动力需求曲线是缺乏弹性的，那么当工资率上升时，工资总量上升。

364. B **(解析)** 本题考查劳动力需求弹性。如果两种劳动力的交叉工资弹性为正值，则意味着一种劳动力的工资率提高会促使另一种劳动力的就业量增加，这说明两者之间是一种总替代关系。

365. D **(解析)** 本题考查劳动力市场均衡及其变动。劳动力供给曲线不变时，劳动力需求曲线向左移动，均衡工资率和就业量均下降。

366. A **(解析)** 本题考查劳动力市场均衡。由题干可知，该地区劳动力供给减少，劳动力需求不变，当劳动力需求曲线不变而劳动力供给曲线左移时，会导致均衡工资率上升，均衡就业量下降。

367. B **(解析)** 本题考查劳动力市场的特征。劳动力市场具有的特征包括：(1)劳动力市场的特殊性；(2)劳动力市场的多样性；(3)劳动力市场的不确定性；(4)劳动力市场交易对象的难以衡量性；(5)劳动力市场交易的延续性；(6)劳动力市场交易条件的复杂性；(7)劳动力出售者地位的不利性。

368. A **(解析)** 本题考查家庭生产理论。家庭生产理论把家庭的可支配时间划分为市场工作时间和家庭生产时间两大类。

369. D **(解析)** 本题考查个人劳动力供给曲线。个人劳动力供给曲线呈现出一条"向后弯曲的"劳动力供给曲线。

370. D **(解析)** 本题考查劳动力需求的交叉工资弹性。如果两种劳动力交叉工资弹性是负值，则意味着一种劳动力的工资率提高促进了另一种劳动力的就业量减少，说明两者是总互补关系。

371. B **(解析)** 本题考查劳动力市场的特征。劳动力供求双方之间的接触是非常分散的，因而很难看到像一般商品市场那样可以清晰地辨认出来的劳动力市场。这反映了劳动力市场的不确定性特点。

372. B **(解析)** 本题考查个人劳动力供给曲线。替代效应：工资率的提高意味着劳动者享受闲暇的机会成本上升，从而促使劳动者增加劳动力供给时间。

373. A **(解析)** 本题考查家庭生产理论。一般情况下，家庭内部分工决策适用于比较优势原理。即每个家庭成员都应当去从事生产率相对效率最高或最擅长的那种时间利用方式。

374. D **(解析)** 本题考查家庭生产理论。家庭生产理论中，一个家庭会把它生产出来的家庭物品看成效用的直接来源，即一个家庭必须用购买来的商品或服务，再加上一些家庭时间，才能生产出可供家庭消费并产生效用的家庭物品。

375. C **(解析)** 本题考查劳动力市场的特征。劳动力市场与其他市场相比较而言较为突出的一个特征是，劳动力的出售者在劳动力市场上往往是处于不利的地位。工资收入是大多数劳动者的唯一生活来源，因此，劳动者承受失业从而在失去生活来源的情况下保持原有生活水平的能力一般都比较差。

376. B **(解析)** 本题考查劳动力参与率。劳动力参与率是实际劳动力人口与潜在劳动力人口之比。

377. D **(解析)** 本题考查附加的劳动者效应。附加的劳动者效应是指当家庭中的主要收入获取者失去工作或工资被削减以后，其他家庭成员有可能会临时性地进入劳动力队伍，通过找到工作来增加家庭收入，保持家庭原先的效用水平不变。

378. D （解析）本题考查劳动力供给弹性。劳动力供给弹性=劳动工时变动/工资率变动×100%，假设工资变动为 X，则 $0.5=0.15/(X/25)×100\%$，计算可得 $X=7.5$（元），所以现在的工资水平是 $25+7.5=32.5$（元）。

379. C （解析）本题考查效率工资。企业之所以愿意支付高工资，而不仅仅是市场通行工资率，一个基本假设就是高工资往往能够带来高生产率。

380. D （解析）本题考查劳动力供给。劳动力供给数量方面的因素主要取决于人口总量、劳动力参与率及劳动者的平均周工作时间三个因素。

381. A （解析）本题考查劳动力供给的经济周期。附加的劳动者效应体现了劳动力供给的经济周期特点。

382. D （解析）本题考查灰心丧气的劳动者效应。在经济衰退时期，灰心丧气的劳动者效应比较强，并且占据着主导地位。

383. B （解析）本题考查劳动力供给弹性。劳动力供给弹性=（工时增加或减少绝对数量/初始工时）/（工资率上升或下降绝对数量/初始工资率）=（1.2/4）/（10/40）=0.3/0.25=1.2。当工时变动的百分比超过工资率变动的百分比时，劳动力供给弹性的绝对值大于1，这种情况被称为劳动力供给曲线富有弹性。

384. A （解析）本题考查工资率变化产生的收入效应。工资率提高对劳动力供给产生的收入效应导致劳动力供给时间减少。

385. A （解析）本题考查劳动力供给弹性的相关内容。该国工资率变动百分比=（15-10）/10=50%，则供给弹性=40%/50%=0.8，劳动力供给弹性小于1，所以该国劳动力供给曲线缺乏弹性。

386. A （解析）本题考查总互补关系的概念。如果两种劳动力的交叉工资弹性为负值，则意味着一种劳动力的工资率提高会促使另一种劳动力的就业量减少，这说明两者之间是一种总互补关系。

387. D （解析）本题考查劳动力参与率的计算。劳动力参与率主要是指在16岁以上人口中，就业人口与失业人口之和所占的百分比。所以该县2019年的劳动力参与率=[（20+4）/（40-10）]×100%=80%。

388. A （解析）本题考查劳动力供给数量。一个国家或地区劳动力供给数量的最重要基础是人口总量。

389. B （解析）本题考查劳动力需求弹性。题目已知劳动力需求是单位弹性的，即为1，劳动力需求弹性=劳动力需求量变动/工资率变动×100%=（ΔL/25 000）/[（30-25）/25]×100%=1，ΔL=5 000（人），则总人数变为25 000-5 000=20 000（人）。

390. C （解析）本题考查劳动力需求的交叉工资弹性。如果两种劳动力交叉工资弹性是正值，则意味着一种劳动力的工资率提高促进了另一种劳动力的就业量增加，说明两者是总替代关系。

391. A （解析）本题考查潜在的劳动力人口。潜在的劳动力人口指的是16岁以上的总人口。

392. D （解析）本题考查收入效应。由于工资率上升而带来的个人劳动力供给时间减少，这种情况被称为工资率上升的收入效应。

刷进阶

393. D （解析）本题考查灰心丧气的劳动者效应的含义。灰心丧气的劳动者效应是指一些本来可以寻找工作的劳动者由于对在某一可行的工资率水平下找到工作变得非常悲观而停止寻找工作,临时成为非劳动力参与者的情况。

394. A （解析）本题考查劳动力需求弹性。当劳动力需求曲线是富有弹性时,工资率与该类劳动力的工资总量成负相关关系。

395. B （解析）本题考查劳动力需求方遇到的摩擦力。一些企业为了激励员工的工作积极性,会有意提供高于(而不是等于)市场通行工资水平的工资率——效率工资,但是这种做法并未降低企业在产品市场上的竞争力,起到了强化企业竞争力的作用。

396. C （解析）本题考查劳动力市场的概念。在市场经济条件下,劳动力市场是对劳动力这种生产性资源进行有效配置的根本手段。

397. D （解析）本题考查劳动力需求弹性。劳动力成本在总成本中占的比重越大,劳动力需求的自身工资弹性越大。

398. A （解析）本题考查劳动力供给曲线的移动对均衡位置的影响。由于会有大批大学毕业生进入该地区劳动力市场,这将导致供给曲线右移,这样工资率会有所下降,而就业量有所上升。

399. C （解析）本题考查劳动力供给弹性。劳动力供给弹性=劳动工时变动百分比/工资率变动百分比,当劳动工时变动百分比大于工资率变动百分比时,劳动力供给弹性大于1。

400. B （解析）本题考查经济周期中的劳动力供给。如果灰心丧气的劳动者失业后退出了劳动力市场,则失业人数会减少,从而导致失业率下降。

401. B （解析）本题考查工资水平。同工同酬原则:对于完成同等价值工作的劳动者应支付同等水平的工资。

402. D （解析）本题考查劳动力供给弹性。劳动力供给弹性=(工时增加或减少绝对数量÷初始工时)÷(工资率上升或下降绝对数量/初始工资率)=0.8,当工时变动百分比小于工资率变动百分比时,劳动力供给弹性小于1,这种情形被称为劳动力供给曲线缺乏弹性。

403. C （解析）本题考查产品需求与资本价格对劳动力需求量的影响。在产品需求、生产技术以及劳动力价格即工资率不变的情况下,资本价格的变化也同样会对劳动力需求产生规模效应和替代效应。

404. B （解析）本题考查劳动力市场的摩擦力。劳动力市场上的摩擦力包括劳动力需求方遇到的摩擦力和劳动力供给方遇到的摩擦力。选项A、C属于劳动力需求方遇到的摩擦力,选项D属于劳动力供给方遇到的摩擦力。

405. D （解析）本题考查劳动力市场的特征。劳动力市场交易对象的难以衡量性,决定了人力资源部门除了利用劳动者的受教育程度、工作经历以及在职训练等客观指标来作为筛选员工的依据之外,往往还不得不利用面试、笔试、心理测验等多种甄选手段来对求职者进行筛选。

406. D （解析）本题考查劳动力参与率的计算。劳动力参与率=(就业人口+失业人口)/16岁以上总人口×100%=(1 000+200)/1 500×100%=80%。

407. B （解析）本题考查替代效应。在其他条件不变而工资率上升时,除了收入效应之外,同时还会发生另外一种效应,这就是工资率的上升同时使人们享受闲暇时间的成本更高了,因为如果劳动者此时去工作而不是享受闲暇,他们在每个小时能够挣到的钱比过去更多了。这种情况会促使劳动者在工资率上升时减少对闲暇的消费,将更多的时间用到工作上。这就是工资率上升对劳动力供给产生的替代效应。

408. C （解析）本题考查生命周期中的劳动力供给。出生率的下降使得女性劳动力参与率上升,出生率的上升使得女性劳动力参与率下降。

409. A （解析）本题考查长期劳动力需求。工资率变动在长期中能够比短期中对企业的劳动力需求产生更大的影响,主要是因为工资率变动的替代效应和规模效应能够得到充分的实现。

第十二章　工资与就业

刷基础　　　　　　　　　　　　　　　　　　　　　　　　　　紧扣大纲 夯实基础

410. B （解析）本题考查不同职业之间工资差别形成的原因。在外部环境条件和机会一致的条件下,劳动者之间的竞争性工资差别显然只能归结于不同劳动者的劳动力在质上的差异。

411. C （解析）本题考查工资性报酬差别与劳动力市场歧视。劳动力市场歧视可分为工资歧视和职业歧视。

412. A （解析）本题考查劳动力市场歧视。统计性歧视与雇主的招募和甄选过程有关。企业经常会利用一些历史经验来帮助自己做出判断,雇主曾经雇用过的各种不同类型的劳动者的总体绩效表现等很可能会成为这种历史经验,企业经常会用这些信息来帮助自己预测属于这些群体的求职者的未来生产率状况。

413. B （解析）本题考查不同职业之间工资差别形成的原因。补偿性工资差别揭示了由于工作条件和社会环境原因而导致的收入差异。

414. C （解析）本题考查我国失业率的统计问题。中国从 1994 年开始用"失业人员"的概念替代"待业人员"的概念,同时开始用"城镇登记失业率"的概念取代"城镇登记待业率"。

415. A （解析）本题考查失业的类型。季节性失业是指由于季节变化而导致的定期性的劳动者就业岗位的丧失。选项 A 描述错误。

416. D （解析）本题考查工资差别。各产业部门所处的地理区域是形成产业工资差别的第五个因素。制造业的工资水平一般较高,而制造业通常也是比较集中的位于工资水平高的地区,其中的一个主要原因就是在高工资水平地区便于找到技术较高的熟练工人。

417. B （解析）本题考查工资差别。竞争性工资差别是指在劳动力和生产资料可以充分流动的竞争条件下,劳动者之间所存在的工资差别。高质量的劳动力通常有高的劳动效率,从而工资也较高;质量较低的劳动力因效率低而通常也只有较低的工资。基于这种原因,竞争性工资差别也叫技能性工资差别。

418. C （解析）本题考查工资性报酬差别与劳动力市场歧视。从理论上来说,如果雇主存在歧视行为,则说明雇主追求的是效用的最大化,即满足他们带有偏见的个人偏好,而不是利润最大化。

419. A （解析）本题考查就业与就业统计。根据国际劳工组织的定义,因为疾病、工伤、休假、旷工或天气恶劣等原因暂时脱离工作的劳动者属于就业人口。

420. C **(解析)** 本题考查失业的类型及其成因与对策。周期性失业是指由于经济周期或经济波动引起劳动力市场供求失衡所造成的失业。

421. A **(解析)** 本题考查确定工资水平的实际因素。在现实生活中，影响工资水平确定的因素可归纳为：劳动者个人及其家庭所需的生活费用；同工同酬原则；部门或企业的工资支付能力。

422. D **(解析)** 本题考查劳动力市场歧视。统计性歧视与雇主的招募和甄选过程有关。

423. C **(解析)** 本题考查不同职业之间工资差别形成的原因。由于政府实施城乡分离的就业政策而导致的工资差别是非自然性垄断所造成的收入差别。

424. D **(解析)** 本题考查工资差别。自然性垄断所造成的工资差别即垄断性工资收入也可以叫作租金性工资收入。在现代社会生活中，租金性工资收入的例子很多，最典型的是文体影视"明星"们的收入。

425. D **(解析)** 本题考查就业与失业。在实际操作中，判断不充分就业人员的标准有三条：(1)调查周内工作时间不到标准时间的一半，即不到 20 小时；(2)工作时间短是非个人原因；(3)愿意从事更多的工作。这三条必须同时具备才能统计为不充分就业人员。

426. A **(解析)** 本题考查失业的类型。摩擦性失业是竞争性劳动力市场的一个自然特征。选项 A 错误。

427. A **(解析)** 本题考查实际工资。实际工资是指货币工资所能购买到的商品和服务量，可用来说明货币工资的购买能力。

428. B **(解析)** 本题考查工资水平。在任何讨价还价的场合下，雇主所能支付的最高工资水平可以被估算出来，它取决于企业的经济实力、竞争能力和由于劳动力费用增长而使企业进行贸易活动所要承担的风险。

429. A **(解析)** 本题考查工资水平。通常情况下，在那些规模较大的企业中工作的员工，其工资随着经验的增加而增长的速度也要快得多。但并不是大企业一定会支付较高水平的工资。

430. D **(解析)** 本题考查工资差别概念的界定。工资差别不可能消除，所以选项 D 错误。

431. A **(解析)** 本题考查失业的类型。摩擦性失业、结构性失业以及季节性失业均属于竞争性劳动力市场上的一种不可避免的较低水平的失业，即正常性的失业。这也就是美国经济学家弗里德曼所说的"自然失业率"，即劳动力市场处于均衡状态时的失业率。

432. B **(解析)** 本题考查工资差别。工资差别的存在同市场经济中价格差别的存在一样，具有在整个社会范围内不断重新配置资源的功能，它会激励劳动者从低生产率的工作岗位、企业、职业、行业或产业部门甚至国家向高生产率的地方转移，从而优化劳动力资源配置效率，这对于社会经济的发展具有积极的作用。

433. C **(解析)** 本题考查不同职业之间工资差别形成的原因。竞争性工资差别又称技能性差别。因为在外部环境条件和机会一致的条件下，劳动者之间的这种工资差别显然只能归结于不同劳动者的劳动力在质上的差异。高质量的劳动力通常有高的劳动效率，从而工资也较高；质量较低的劳动力因效率低而通常也只有较低的工资。

434. A **(解析)** 本题考查劳动力市场歧视。两种性别的劳动力在各种职业中分布是完全相同的，则差异指数为零。

435. B **(解析)** 本题考查中国的失业率统计问题。我国在统计失业率时，所应用的指标是城镇登记失业率。

436. B （解析）本题考查失业与失业统计的内容。我国计划经济时期的待业的概念只适用于城镇人口。

437. B （解析）本题考查工资水平。企业在制定自己的工资政策、确定企业工资水平时，必须要对实际工资有正确的了解。

438. C （解析）本题考查失业的类型。自然失业率在4%~6%，它的存在并不影响充分就业的实现。

439. D （解析）本题考查失业率统计。就业者由于退休等原因而决定退出劳动力市场，则他们就从就业者变成非劳动力。

440. C （解析）本题考查劳动力市场歧视。非竞争歧视是指劳动力市场处于非竞争状态下产生的歧视。在我国很多企业、事业单位中依然存在基于身份的用工制度，正式员工和合同员工(或外聘员工或派遣员工)即使从事同样的工作，所得的工资福利水平以及其他方面的待遇也存在很大的差距，这些都属于歧视。

441. A （解析）本题考查失业的类型及其成因与对策。摩擦性失业是由两个原因产生的：劳动力市场的动态属性、信息的不完善性。

442. B （解析）本题考查不同职业之间工资差别形成的原因。补偿性工资差别是指在知识技能上无质的差别的劳动者，因从事职业的工作条件和社会环境的不同而产生的工资差别。

443. D （解析）本题考查工资性报酬差别与劳动力市场歧视。如果所有的职业都是完全隔离的，则这一指数的值等于100。

444. C （解析）本题考查失业与失业统计。16周岁以上各类学校毕业或肄业的学生中，初次寻找工作但未找到的，属于失业人员。

445. A （解析）本题考查结构性失业。在专业结构或产品结构调整过程中，因衰落部门的失业者与扩展部门的工作要求不相符合，或现有的职位空缺同失业者在地理位置上失调而造成的失业被称为结构性失业。

446. C （解析）本题考查就业与就业统计。在实际操作中，判断不充分就业人员的标准有三条：(1)调查周内工作时间不到标准时间的一半，即不到20小时；(2)工作时间短是非个人问题；(3)愿意从事更多的工作。

447. A （解析）本题考查失业率的统计。失业率=失业人数/(失业人数+就业人数)，"因退休而退出劳动力市场的人数增加"将使就业人数减少，所以会使失业率上升，所以本题选A。

448. C （解析）本题考查不同产业部门间工资差别形成的原因。随着知识经济和信息时代的来临，新兴的高工资行业(如计算机、通信等行业)本身的工会化程度却很低，这也导致工会化程度与工资水平之间的关系越来越松散。

449. B （解析）本题考查企业的工资支付能力。在竞争性经济中，如果产品需要是稳定的，那么决定一个部门或企业的工资支付能力的主要因素是该部门或企业的生产率。

450. A （解析）本题考查失业的类型。摩擦性失业、结构性失业以及季节性失业均属于竞争性劳动力市场上的一种不可避免的较低水平的失业，即是正常性的失业。

刷进阶　　　　　　　　　　　　　　　　　　　　　高频进阶 强化提升

451. B （解析）本题考查不同职业之间工资差别形成的原因。竞争性工资差别是指在劳动力和生产资料可以充分流动的竞争条件下，劳动者之间所存在的工资差别。

452. **B** (解析) 本题考查货币工资与实际工资。货币工资又称名义工资。实际工资是经过某种价格调整之后的货币工资。物价水平变化越大，货币工资和实际工资之间的差别越大。正因为如此，所以有可能会出现货币工资水平上升而实际工资水平反而下降的情况。

453. **A** (解析) 本题考查补偿性工资差别。补偿性工资差别是指在知识技能上无质的差别的劳动者，因从事职业的工作条件和社会环境的不同而产生的工资差别。

454. **A** (解析) 本题考查工资性报酬差别与劳动力市场歧视。工资歧视是指雇主针对既定的生产率特征支付的价格因劳动者所属的人口群体不同而呈现系统性的差别。

455. **B** (解析) 本题考查失业的类型。结构性失业是指空缺职位所需要的技能与失业工人所具有的技能不相符，或空缺职位不在失业工人所居住的地区所造成的失业。

456. **D** (解析) 本题考查职业歧视。职业歧视是指对具有相同的受教育水平和其他生产率特征的不同类型的劳动者加以区别对待，将其中某一类或某些类别的劳动者有意安排到那些低工资的职业当中，或者是有意让这些类别的劳动者去承担工作责任要求较低的工作岗位，而把那些高工资岗位留给某些特定类型的劳动者。在现实中，女性和男性的职业分布存在很多差别，但是在这种差别中，到底有多少是因为劳动者在进入劳动力市场之前所做的职业准备、接受的正规学校教育、职业培训等原因导致的，有多少是由于职业歧视的原因导致的，则很难衡量。所以，经济学家转而考察职业隔离的情况。

第十三章 人力资本投资理论

刷基础

457. **C** (解析) 本题考查高等教育的信号模型理论。根据高等教育的信号模型理论，企业利用大学毕业文凭作为筛选工具可能确实是一种既简单明确而且预测准确率也比较高的方法。

458. **C** (解析) 本题考查人力资本投资的相关内容。增进健康、加强学龄前儿童营养属于人力资本投资活动。

459. **A** (解析) 本题考查一般培训和特殊培训的成本分摊。通常情况下，一般培训的成本要由员工来承担，特殊培训的成本要由企业来承担。

460. **B** (解析) 本题考查高等教育产生的总收益。冯杰上大学获得的收益为大学毕业后从事工作的终身工资性报酬 300 万减去高中毕业后从事工作的终身工资性报酬 100 万，等于 200 万。

461. **D** (解析) 本题考查高等教育投资决策的基本模型。接受高等教育的机会成本包括：(1)在大学中因无法工作而损失了四年的工资性报酬；(2)大学生由于刚开始工作时继续接受培训等原因而导致工资性报酬在最初一年或几年中低于已经有几年工作经验的高中毕业生。

462. **A** (解析) 本题考查高等教育投资决策。在上大学的成本等其他条件一定的情况下，一个人上大学越早，在其今后的一生中能够获得这种人力资本投资收益的时间就会越长，从而使上大学所得到的净现值更高。

463. B （解析）本题考查在职培训的相关内容。大学毕业生实际上通过其过去的高等教育经历证明自己具有接受训练的能力，而对于同样内容的培训，接受能力强的人可以在较短的时间掌握培训的内容，达到培训的要求，从而减少了成本支出。

464. B （解析）本题考查在职培训投资的成本及收益安排。在特殊培训的情况下，企业向员工支付一种位于市场工资率和低生产率工资率之间的工资率。这意味着企业和员工共同分摊了特殊培训的成本。所以他们必然要分享特殊培训的收益。

465. D （解析）本题考查在职培训。对于工人的技能学习来说，在职培训是最普遍、最主要的方式。

466. D （解析）本题考查劳动力的流动。一个有经验的员工离职，企业不得不用一个缺乏经验的员工填补空缺时，企业要承受两项损失，其中就包括要在一定时期内承担因新工人生产效率低而带来的损失。

467. A （解析）本题考查影响劳动力流动的企业因素。从工资水平来看，大企业通常会支付相对较高水平的工资，高工资往往与低流动率联系在一起。而且大公司工作岗位类型多样化，从而为员工不断晋级提供了较大的空间。

468. B （解析）本题考查影响劳动力流动的市场周期因素。在离职率和失业率之间存在着一种负相关关系。即在失业率高时离职率低，而在失业率低时离职率会比较高。

469. D （解析）本题考查竞业限制。选项 A 错误，竞业限制的人员限于用人单位的高级管理人员、高级技术人员和其他负有保密义务的人员。选项 B 错误，在解除或者终止劳动合同后，竞业限制期限不得超过 2 年。选项 C 错误，竞业限制的范围、地域、期限由用人单位与劳动者约定，竞业限制的约定不得违反法律法规的规定。

470. C （解析）本题考查人力资本投资。在人力资本投资模型中，r 表示利息率，只要 r 为正值，未来收入将会被进行累进贴现，r 越大，则未来收入的现值就越低。相反，现值一定，r 越大，未来收益越多。

471. A （解析）本题考查高等教育投资决策。经济衰退期，高中毕业生不仅找到工作的可能性更小，而且即使找到工作之后所能够赚得的收入更低，这样就会使上学的机会成本下降，从而有更大比例的高中毕业生愿意上大学。

472. A （解析）本题考查一般培训的成本与收益分摊方式。一般培训的成本要由员工来承担，而企业负担特殊培训的成本，因此选项 A 错误。

473. C （解析）本题考查在职培训。在职培训包括一般培训和特殊培训。一般培训使劳动者对于所有企业的劳动生产率都有所提高，而特殊培训只使劳动者对提供培训的企业的劳动生产率有所提高。在实际中，很难将两种训练内容严格区分开来，选项 D 错误。在职员工参加培训，有的需要全脱产，有的需要半脱产，还有一些培训是业余时间进行的，选项 A 和 B 错误。

474. B （解析）本题考查人力资本投资理论的发展及其意义。人力资本投资的重点在于它的未来导向性。通常情况下，这些投资所产生的利益会在相当一段时期内持续不断的出现，而其成本则发生在目前。

475. C （解析）本题考查人力资本投资理论的发展及其意义。人力资本投资的重点在于它的未来导向性。

476. C （解析）本题考查人力资本投资模型的假定。人力资本投资模型假定，人们在进行教育和培训选择时都是以终身收入为依据来对近期的投资成本和未来的收益现值之间进行的比较。

477. B **【解析】** 本题考查在职培训的相关内容。就市场而言，接受正规学校教育年数越多的人，接受在职培训的可能性就会越多。

478. C **【解析】** 本题考查在职培训对企业及员工行为的影响。特殊培训是指培训所产生的技能只对提供培训的企业有用，而对其他企业则没有用处的情况。大多数接受过特殊培训的员工可能愿意在本企业中工作较长的时间，这样，他们的流动倾向就会受到削弱。

479. A **【解析】** 本题考查教育投资的社会收益。教育投资不仅能够产生较高的私人收益率，还能带来较高的社会收益或外部收益。因此选项 A 正确。

480. B **【解析】** 本题考查教育投资的收益估计。教育不仅能够产生较高的私人收益率，还能带来较高的社会收益或外部收益，这种收益也许是被投资者本人没有直接获益但是整个社会却能够获得的利益。所以选项 B 错误。

481. B **【解析】** 本题考查劳动力流动的主要影响因素。企业所处的地理位置实际上决定了企业员工到其他组织寻找工作的便利性及其成本高低。

482. C **【解析】** 本题考查人力资本投资的一般原理。亚当·斯密提出，一个国家的资本在一定程度上包括社会全体成员的能力。

483. A **【解析】** 本题考查内部收益率法。内部收益率法实际上要回答一个问题，即"如果要想使投资有利可图，那么可以承受的最高贴现率是多少"。

484. B **【解析】** 本题考查教育投资私人收益的低估偏差。由于在很多组织中，福利已经占到员工总薪酬的很大一部分，而且接受高等教育者一旦进入组织中的中高层管理岗位，实际上还享受很多职务福利和特权，这些福利在许多研究中都没有体现，所以对高等教育所产生的私人收益进行的估计存在低估的趋势。

485. B **【解析】** 本题考查劳动力的跨产业流动及产业内流动。选项 A，劳动者因工厂倒闭而回乡务农的情况属于劳动力跨产业流动；选项 C，工资水平与劳动力流出呈相反方向变化，与劳动力流入呈相同方向变化；选项 D，高失业率的部门劳动力流动率也比较高。

刷进阶

486. D **【解析】** 本题考查人力资本投资。在人力资本投资模型中，r 表示利息率，只要 r 为正值，未来收入将会被进行累进贴现，r 越大，则未来收入的现值就越低。相反，现值一定，r 越大，未来收益越多。

487. D **【解析】** 本题考查高等教育投资的成本收益分析框架。接受高等教育会产生的成本包括直接成本、机会成本和心理成本。

488. C **【解析】** 本题考查在职培训。特殊培训是使企业将劳动力从可变投入要素变成半固定生产要素的重要原因之一。

489. A **【解析】** 本题考查劳动力跨职业流动。自愿性职业流动基本是属于向上流动，而非自愿性流动，也会追求向上的目标或要求水平流动。

490. A **【解析】** 本题考查影响劳动力流动的社会因素。不同国家的社会制度也会使劳动者的直接流动成本不同，这反映的是社会因素对劳动力流动的影响。

491. B **【解析】** 本题考查劳动力流动对企业和员工的影响。劳动力过度流动同劳动力流不足一样，都会产生不好的效果。这是因为流动是有代价的，在追求利益的过程中同时也要付出成本，这一点正如其他类人力资本投资一样。自愿离职的员工不仅要放弃已积累的资历、工作等级的提升机会，而且还要放弃已经培养起来的较为亲密的同事关系等。

492. B （解析）本题考查劳动力流动的主要影响因素。衡量劳动力市场松紧程度的一个重要指标就是失业率，在离职率和失业率之间确实存在着一种负相关关系。

493. A （解析）本题考查在职培训投资的成本及收益安排。通常情况下，一般培训的成本要由员工来承担，而企业负担特殊培训的成本。

494. D （解析）本题考查人力资本投资理论发展的意义。选项 D 错误，人力资本投资理论否定了所有劳动者都是同质的这一假设。

495. D （解析）本题考查人力资本投资的模型。将未来的货币折算为现在的价值是一个贴现的过程。

496. C （解析）本题考查高等教育投资决策的基本模型。能力强者不仅有可能用更少的时间完成高等教育，而且有可能在上大学期间从事一些勤工俭学活动，从而降低上大学的机会成本。

497. C （解析）本题考查高等教育投资决策的基本推论。上大学的总收益是指一个人在接受大学教育之后的终身职业生涯中获得的超过高中毕业生的工资性报酬。

第十四章　劳动合同管理与特殊用工

刷基础

498. A （解析）本题考查劳动合同履行与变更。变更劳动合同未采用书面形式，但已经实际履行了口头变更的劳动合同超过一个月，且变更后的劳动合同内容不违反法律、行政法规、国家政策以及公序良俗，当事人以未采用书面形式为由主张劳动合同变更无效的，人民法院不予支持。

499. D （解析）本题考查劳动合同解除与终止。用人单位裁减人员后，在 6 个月内重新招用人员的，应当通知被裁减的人员，并在同等条件下优先招用被裁减的人员。

500. A （解析）本题考查劳务派遣单位的设立。用人单位与其他单位合伙设立的劳务派遣单位，属于《劳动合同法》规定的不得设立的劳务派遣单位的范围。劳务派遣单位应当依照公司法有关规定设立，注册资本不得少于 200 万元。劳务派遣单位不可以向被派遣劳动者收取管理费用。

501. C （解析）本题考查劳务派遣的相关内容。被派遣劳动者在无工作期间，劳务派遣单位应当按照所在地人民政府规定的最低工资标准，向其按月支付报酬。

502. B （解析）本题考查非日制用工。从事非全日制用工的劳动者，在同一用人单位每周工作时间累计不得超过 24 小时。

503. D （解析）本题考查非全日制用工。非全日制用工劳动报酬结算支付周期最长不得超过 15 日。

504. A （解析）本题考查用人单位解除、终止劳动合同的附随义务。用人单位对已经解除或者终止的劳动合同的文本，至少保存 2 年备查。

505. D （解析）本题考查劳动合同解除与终止。因用人单位合并、分立等原因导致劳动者工作调动，属于"劳动者非因本人原因从原用人单位被安排到新用人单位工作"。

506. B **(解析)** 本题考查非全日制用工。非全日制用工双方当事人不得约定试用期。

507. D **(解析)** 本题考查劳动合同履行的原则。劳动合同双方当事人在任何时候都应履行劳动合同约定的全部义务，体现了全面履行原则。

508. A **(解析)** 本题考查劳动合同的解除。用人单位单方解除劳动合同，应当事先将理由通知工会。

509. A **(解析)** 本题考查劳务派遣单位的法定义务。在跨地区派遣劳动者时，劳务派遣单位应当保证被派遣劳动者享有的劳动报酬和劳动条件，符合用工单位所在地规定的标准。因此选项A正确。

510. A **(解析)** 本题考查劳务派遣单位与用工单位解除劳动合同的权利。劳务派遣单位违法解除或者终止被派遣劳动者的劳动合同的，应当依照《劳动合同法》规定的经济补偿标准的2倍向劳动者支付赔偿金。

511. C **(解析)** 本题考查劳动合同履行地原则。劳动合同履行地与用人单位注册地不一致的，有关劳动者的最低工资标准、劳动保护、劳动条件、职业危害防护和本地区上年度职工月平均工资标准等事项，执行劳动合同履行地的有关规定。

512. D **(解析)** 本题考查用人单位解除劳动合同。用人单位裁减人员时，应当优先留用下列人员：(1)与本单位订立较长期限的固定期限劳动合同的；(2)与本单位订立无固定期限劳动合同的；(3)家庭无其他就业人员，有需要扶养的老人或者未成年人的。

513. B **(解析)** 本题考查劳务派遣的相关规定。修改《劳动合同法》决定施行前经营劳务派遣业务的单位，应当在本决定施行之日起一年内依法取得行政许可并办理公司变更登记，方可经营新的劳务派遣业务。

514. D **(解析)** 本题考查经营劳务派遣业务的条件。劳务派遣单位应当依照《公司法》的有关规定设立，注册资本不得少于200万元。

515. C **(解析)** 本题考查非全日制用工。选项A，非全日制用工双方当事人可以订立口头协议；选项B、D，非全日制用工双方当事人任何一方都可以随时通知对方终止用工。

516. C **(解析)** 本题考查劳动合同履行。用人单位的义务：向劳动者及时足额支付劳动报酬；不得强迫或者变相强迫劳动者加班；应当保护劳动者的生命安全和身体健康。

517. D **(解析)** 本题考查劳动合同的终止。用人单位对已经解除或者终止的劳动合同的文本，至少保存2年备查。

518. B **(解析)** 本题考查劳务派遣的相关内容。被派遣劳动者在无工作期间，劳务派遣单位应当按照不低于所在地人民政府规定的最低工资标准，向其按月支付报酬。

519. A **(解析)** 本题考查劳动合同解除。《劳动合同法》规定："用人单位有下列情形之一的，劳动者可以解除劳动合同：(1)未按照劳动合同约定提供劳动保护或者劳动条件的；(2)未及时足额支付劳动报酬的；(3)未依法为劳动者缴纳社会保险费的；(4)用人单位的规章制度违反法律法规的规定，损害劳动者权益的；(5)因用人单位以欺诈、胁迫的手段或者乘人之危，使劳动者在违背真实意思的情况下订立或者变更劳动合同致使劳动合同无效的；(6)法律、行政法规规定劳动者可以解除劳动合同的其他情形。"

520. C **(解析)** 本题考查培训服务期。用人单位为劳动者提供专项培训费用，对其进行专业技术培训的，可以与该劳动者订立协议，约定服务期。

521. A （解析）本题考查劳务派遣单位的法定义务。劳务派遣单位不得以非全日制用工形式招用被派遣劳动者。所以 A 的说法有误，符合题意。

522. A （解析）本题考查劳动合同履行的原则。用人单位注册地的有关标准高于劳动合同履行地的有关标准，且用人单位与劳动者约定按照用人单位注册地的有关规定执行的，从其约定。

523. C （解析）本题考查劳动合同的解除。用人单位因劳动者过失可以随时解除劳动合同，劳动者有下列情形之一的，用人单位可以解除劳动合同：(1)在试用期间被证明不符合录用条件的；(2)严重违反用人单位的规章制度的；(3)严重失职、营私舞弊，对用人单位造成重大损害的；(4)劳动者同时与其他用人单位建立劳动关系，对完成本单位的工作任务造成严重影响，或者经用人单位提出，拒不改正的；(5)因劳动者以欺诈、胁迫的手段或者乘人之危，使用人单位在违背真实意思的情况下订立或者变更劳动合同致使劳动合同无效的；(6)被依法追究刑事责任的。

524. A （解析）本题考查劳动规章制度的相关内容。《全民所有制工业企业法》《全民所有制企业职工代表大会条例》等均规定，国有企业制定劳动规章应当经职代会讨论通过。而非国有企业制定劳动规章制度，法律没有强制必须经职代会讨论通过。

刷进阶 — 高频进阶 强化提升

525. B （解析）本题考查劳动规章制度的效力。劳动规章制度要具有法律效力，应满足三个条件：一是内容合法，不违背有关法律法规及政策；二是经过民主程序制定；三是要向劳动者公示。

526. A （解析）本题考查劳动合同解除。用人单位应当在解除或者终止劳动合同时出具解除或者终止劳动合同的证明，并在 15 日内为劳动者办理档案和社会保险关系转移手续。

527. D （解析）本题考查被派遣劳动者的权利。被派遣劳动者有权在劳务派遣单位或者用工单位依法参加或者组织工会，维护自身的合法权益。

528. B （解析）本题考查非全日制用工。选项 A 错误，非全日制用工双方当事人可以订立口头协议。选项 C 错误，非全日制用工双方当事人任何一方都可以随时通知对方终止用工；终止用工，用人单位不向劳动者支付经济补偿。选项 D 错误，周工作时间累计不能超过 24 小时。

529. B （解析）本题考查劳动合同履行的原则。劳动合同履行的原则是：全面履行原则和合法原则。

530. D （解析）本题考查劳动合同的解除。用人单位提前 30 日以书面形式通知劳动者或者额外支付劳动者一个月工资后，可以解除劳动合同。

531. C （解析）本题考查劳动合同法律制度的相关内容。竞业限制的人员限于用人单位的高级管理人员、高级技术人员和其他负有保密义务的人员。

第十五章　社会保险法律

刷基础 — 紧扣大纲 夯实基础

532. B （解析）本题考查社会保险法律关系。保险人是指依法收取社会保险费，并按照规定支付保险待遇的主体。

533. A （解析）本题考查社会保险法律适用的基本规则。同位法中特别规定与一般规定不一致时，应该适用特别规定。

534. D （解析）本题考查社会保险法的基本内容。无雇工的个体工商户、未在用人单位参加社会保险的非全日制从业人员以及其他灵活就业人员可以参加职工基本养老保险和职工基本医疗保险。

535. B （解析）本题考查《中华人民共和国社会保险法》的基本内容。在中国境内就业的外国人，应当参照《中华人民共和国社会保险法》规定参加我国的社会保险。

刷进阶 　　　　　　　　　　　　　　　　　　　　　　　高频进阶 强化提升

536. A （解析）本题考查基本养老保险体系。根据《社会保险法》的规定，基本养老保险包括：职工基本养老保险、新型农村社会养老保险和城镇居民社会养老保险。

537. D （解析）本题考查社会保险法律关系。社会保险法律关系变更是指主体间已建立的社会保险法律关系，依照法律的规定变更其内容，从而引起权利义务内容和范围的变动。

538. C （解析）本题考查管理人的主要职责。选项C属于监督人的职责。

539. D （解析）本题考查社会保险法律适用的基本要求。社会保险法律适用的基本要求为合法、准确、及时。

540. A （解析）本题考查社会保险法律关系的主体。从保险业务划分，社会保险法律关系的主体包括：保险人、投保人、被保险人、受益人、管理人、监督人。

541. B （解析）本题考查《中华人民共和国社会保险法》规定的各项社会保险制度的覆盖范围。基本养老保险制度和基本医疗保险制度覆盖了我国城乡全体居民。

第十六章　社会保险体系

刷基础 　　　　　　　　　　　　　　　　　　　　　　　紧扣大纲 夯实基础

542. D （解析）本题考查工伤保险。国家根据不同行业的工伤风险程度确定行业的差别费率，并根据工伤保险费使用、工伤发生率等情况在每个行业内确定若干费率档次，而不是统一费率。

543. B （解析）本题考查基本医疗保险。《社会保险法》规定，医疗费用不纳入基本医疗保险基金支付范围的有：(1)应当从工伤保险基金中支付的；(2)应当由第三人负担的；(3)应当由公共卫生负担的；(4)在境外就医的。选项B应纳入基本医疗保险基金支付范围。

544. A （解析）本题考查工伤认定。在工作期间和工作岗位，突发疾病死亡或在48小时之内经抢救无效死亡的，视同工伤。

545. C （解析）本题考查社会保险。《社会保险法》规定，职工应当参加工伤保险，费用由用人单位按照国家规定缴纳，职工不缴纳工伤保险。

546. A （解析）本题考查企业补充医疗保险。企业补充医疗保险是企业在参加基本医疗保险的基础上，国家给予政策鼓励，由企业自主举办或参加的一种补充性医疗保险形式。

547. C （解析）本题考查工伤保险的原则。在工伤保险的原则中，无过失责任原则指劳动者在各种伤害事故中只要不是受害者本人故意行为所致，就应该按照规定标准对其进行伤害赔偿。题干所述为无过失责任原则。

548. A （解析）本题考查企业年金的缴费。《企业年金试行办法》规定：企业缴费每年不超过本企业上年度职工工资总额的1/12、企业和职工个人缴费合计一般不超过本企业上年度职工工资总额的1/6。

549. B （解析）本题考查退休年龄的相关规定。因病或非因工致残，由医院证明并经劳动鉴定委员会确认完全丧失劳动能力的，退休年龄为男年满50周岁，女年满45周岁。

550. C （解析）本题考查工伤待遇。生活不能自理的工伤职工在停工留薪期内需要护理的，由所在单位负责。

551. B （解析）本题考查失业保险的待遇。失业前用人单位和本人累计缴费满1年不足5年的，领取失业保险金的期限最长为12个月。

552. C （解析）本题考查工伤保险。《工伤保险条例》规定，职工符合认定工伤或视同工伤的条件，但是有下列情形之一的，不得认定为工伤或者视同工伤：(1)故意犯罪的；(2)醉酒或者吸毒的；(3)自残或者自杀的。

553. A （解析）本题考查工伤待遇。职工因工作遭受事故伤害或者患职业病需要暂停工作接受工伤医疗的，在停工留薪期内，原工资福利待遇不变，由所在单位按月支付。

554. B （解析）本题考查工伤认定申请。职工受到事故伤害后，用人单位不认为是工伤，而职工或者其直系亲属认为是工伤的，由用人单位承担举证责任。

555. D （解析）本题考查工伤认定的申请。社会保险行政部门受理工伤认定申请的期限为60日，因此选项D正确。

556. B （解析）本题考查基本医疗保险基金的支付。统筹基金支付起付标准，大致在当地职工年平均工资的10%左右，如患者住院，个人首先要用个人账户或自付费用。

557. C （解析）本题考查工伤保险的原则。工伤保险的原则包括无过失责任原则、损害补偿原则和预防、补偿和康复相结合的原则。

558. B （解析）本题考查不认定工伤的范围。不得认定为工伤或者视同工伤：故意犯罪的、醉酒或者吸毒的、自残或者自杀的。

刷进阶   高频进阶 强化提升

559. B （解析）本题考查养老保险。选项A错误，个人死亡的，个人账户余额可以继承。选项C错误，享受养老保险待遇的前提是达到法定退休年龄、累计缴纳养老保险费满15年。选项D错误，基本养老保险基金由用人单位和个人缴费以及政府补贴等组成。

560. D （解析）本题考查社会保险。选项A错误，在中国境内就业的外国人，也应当参照本法规定参加我国的社会保险。职工(包括非全日制从业人员)在两个或者两个以上用人单位同时就业的，各用人单位应当分别为职工缴纳工伤保险费。选项C错误，无雇工的个体工商户、未在用人单位参加社会保险的非全日制从业人员以及其他灵活就业人员可以参加职工基本养老保险和职工基本医疗保险。

参考答案及解析

第十七章 劳动争议调解仲裁

刷基础 紧扣大纲 夯实基础

561. D （解析）本题考查劳动争议。根据《劳动法》《劳动争议调解仲裁法》《劳动合同法》等法律调整范围的规定，我国境内的企业、个体经济组织、民办非企业单位等组织及国家机关、事业组织、社会团体和与之建立劳动关系的劳动者，事业单位与本单位实行聘用制的工作人员，因劳动权利义务产生分歧而引起的争议，属于劳动争议。

562. C （解析）本题考查仲裁时效中断的情形。选项 A 支付令需要向法院申请，而不是仲裁委员会。选项 B、D 属于仲裁时效中止的情形。

563. D （解析）本题考查劳动能力鉴定。自劳动能力鉴定结论做出之日起 1 年后，工伤职工或者其近亲属、所在单位或者经办机构认为伤残情况发生变化的，可以申请劳动能力复查鉴定。

564. C （解析）本题考查劳动争议。《劳动合同法》等法律调整范围的规定，我国境内的企业、个体经济组织、民办非企业单位等组织及国家机关、事业组织、社会团体和与之建立劳动关系的劳动者，事业单位与本单位实行聘用制的工作人员，因劳动权利义务产生分歧而引起的争议，属于劳动争议。

565. B （解析）本题考查劳动争议诉讼。人民法院作出的财产保全裁定中，应当告知当事人在劳动仲裁机构的裁决书或者在人民法院的裁判文书生效后三个月内申请强制执行。

566. C （解析）本题考查劳动争议仲裁。仲裁员应当公道正派并符合下列条件之一：(1)曾任审判员的；(2)从事法律研究、教学工作并具有中级以上职称的；(3)具有法律知识、从事人力资源管理或者工会等专业工作满 5 年的；(4)律师执业满 3 年的。

567. D （解析）本题考查劳动争议诉讼当事人的确定。当事人双方不服劳动争议仲裁委员会做出的同一仲裁裁决，均向同一人民法院起诉的，先起诉的一方当事人为原告，但对双方的诉讼请求，人民法院应当一并做出裁决。选项 A 错误。用人单位招用尚未解除劳动合同的劳动者，原用人单位与劳动者发生的劳动争议，可以列新的用人单位为第三人。选项 B 错误。劳动者与起有字号的个体工商户产生的劳动争议诉讼，人民法院应当以营业执照上登记的字号为当事人，但应同时注明该字号业主的自然情况。选项 C 错误。

568. A （解析）本题考查仲裁案卷。仲裁调解和其他方式结案的案卷，保存期不少于 5 年；仲裁裁决结案的案卷，保存期不少于 10 年。

569. B （解析）本题考查劳动人事争议仲裁委员会。劳动人事争议仲裁委员会由劳动行政部门代表、工会代表和企业方面代表组成。

570. B （解析）本题考查劳动争议仲裁费。《劳动争议调解仲裁法》规定："劳动争议仲裁不收费。劳动争议仲裁委员会的经费由财政予以保障。"

571. A （解析）本题考查劳动争议当事人的举证责任规定。因用人单位做出的开除、除名、辞退、解除劳动合同、减少劳动报酬、计算劳动者工作年限等决定而发生的劳动争议，用人单位负举证责任。

572. B （解析）本题考查劳动争议仲裁的受理。劳动人事争议仲裁委员会受理案件后，发现不应当受理的，应当撤销案件，并自决定撤销案件后 5 日内，书面通知当事人。

✓ 刷进阶

573. B 【解析】本题考查劳动争议处理的基本原则。题干反映的是公正原则。

574. B 【解析】本题考查劳动争议诉讼的程序。人民法院审理劳动争议案件，实行两审终局制。

575. D 【解析】本题考查劳动争议仲裁程序。劳动关系存续期间因拖欠劳动报酬发生争议的，劳动者申请仲裁不受1年仲裁时效期间的限制，劳动关系终止的，应当自劳动关系终止之日起1年内提出。

576. C 【解析】本题考查劳动争议仲裁程序。在劳动争议仲裁过程中，因不可抗力或者有其他正当理由，当事人不能在法定1年的仲裁时效期间申请仲裁的，仲裁时效中止。

第十八章　法律责任与行政执法

✓ 刷基础

577. C 【解析】本题考查劳动监察。劳动监察的专门性：劳动监察是由法定的专门机关对劳动和社会保险法律法规的实施情况进行的监督检查。

578. B 【解析】本题考查劳动法律责任的特点。劳动法律责任的特点：(1)以违法行为存在为前提；(2)以法律制裁为必然后果；(3)由国家强制力保证实施；(4)由国家特别授权的机关来执行。

579. C 【解析】本题考查社会保险法律责任。以欺诈、伪造证明材料或者其他手段骗取社会保险基金支出或者骗取社会保险待遇的，应当退回骗取的金额，并处骗取金额2倍以上5倍以下的罚款。

580. B 【解析】本题考查决定撤销具体行政行为。对存在以下问题的具体行政行为，根据实际情况，决定撤销具体行政行为或撤销部分具体行政行为：(1)主要事实不清，证据不足；(2)适用依据错误或不当；(3)违反法定程序；(4)超越或滥用职权；(5)具体行政行为明显不当，显失公平。

581. B 【解析】本题考查劳动法律责任。用人单位违反本法规定解除或者终止劳动合同的，应当依照《劳动合同法》规定的经济补偿标准的2倍向劳动者支付赔偿金。

582. B 【解析】本题考查劳动监察。劳动行政部门对违反劳动和社会保险法律、法规或规章的行为的调查，应当自立案之日起60个工作日内完成。

583. D 【解析】本题考查用人单位违反劳动法律的责任。用人单位违反劳动保障法律、法规或规章，由劳动行政部门给予警告，责令限期改正，并可以按照受害的劳动者每人100元以上500元以下的标准计算，处以罚款。

✓ 刷进阶

584. D 【解析】本题考查劳动监察的形式和处罚方式。劳动监察处罚的方式主要有五种：责令用人单位改正、警告、罚款、没收违法所得、吊销许可证。

585. D 【解析】本题考查社会保险行政复议范围。申请工伤认定的用人单位不服社会保险行政部门作出的工伤认定结论，可以依法申请行政复议，也可以依法向人民法院提起行政诉讼。

第十九章 人力资源开发政策

刷基础

586. C **解析** 本题考查职业分类。准入类资格是指所涉职业必须关系公共利益或涉及国家安全、公共安全、人身健康、生命财产安全，且必须有法律法规或国务院决定作为依据。

587. D **解析** 本题考查职业分类。当前国家职业资格目录共计140项职业资格。

588. B **解析** 本题考查人才评价机制改革。人才评价是人力资源开发管理和使用的前提。

589. B **解析** 本题考查职业分类。职业分类是人力资源开发科学化、规范化的重要基础。

590. D **解析** 本题考查职业分类。《职业分类大典》的职业分类结构为8个大类、75个中类、434个小类、1 481个职业。

591. C **解析** 本题考查职业技能等级制度。三级/高级工，指能够熟练运用基本技能和专门技能完成本职业较为复杂的工作，包括完成部分非常规性的工作；能够独立处理工作中出现的问题；能够指导和培训初、中级工。

592. C **解析** 本题考查收入分配制度。在事业单位岗位绩效工资中，绩效工资主要体现工作人员的实绩和贡献。

刷进阶

593. B **解析** 本题考查突出业绩奖励。国家技术发明奖是指授予运用科学技术知识创造出产品、工艺、材料及其系统等重大技术发明的公民的奖项。

594. A **解析** 本题考查收入分配制度。岗位工资主要体现工作人员所聘岗位的职责和要求。

595. B **解析** 本题考查职称制度。职称评审委员会经过评议，采取少数服从多数的原则，通过无记名投票表决，同意票数达到出席评审会议的评审专家总数2/3以上的即为评审通过。

596. A **解析** 本题考查收入分配制度。企业按照工资与效益联动机制确定工资总额，原则上增人不增工资总额、减人不减工资总额，但发生兼并重组、新设企业或机构等情况的，可以合理增加或者减少工资总额。所以选项A错误。

597. D **解析** 本题考查公务员管理。定期考核的结果应当以书面形式通知公务员本人。

598. D **解析** 本题考查激励保障。激励保障是人才创新创业的根本动力，充分的激励保障，能够激发人才创新创业的积极性。

599. B **解析** 本题考查事业单位聘用管理。事业单位招聘人员应当面向社会公开发布招聘信息，内容应包括公开招聘范围、条件、程序和时间安排、招聘办法、报名方法等内容。发布时间不少于7个工作日。

600. D **解析** 本题考查干部管理。特殊情况在提任前未达到培训要求的，应当在提任后1年内完成培训。

601. B **解析** 本题考查职业技能培训。深入实施农民工职业技能提升计划——"春潮行动"，将农村转移就业人员和新生代农民工培养成为高素质技能劳动者。

602. D **解析** 本题考查人力资源市场建设。人力资源服务机构应当建立服务台账，如实记录服务对象、服务过程、服务结果等信息，服务台账应当保存2年以上。

刷 多项选择题

第一章 组织激励

刷基础

603. **BD** 〔解析〕本题考查双因素理论中的保健因素。激励因素是指成就感、别人的认可、工作本身、责任和晋升等因素。保健因素是指组织政策、监督方式、人际关系、工作环境和工资等因素。选项A、C、E属于激励因素。

604. **ABDE** 〔解析〕本题考查公平理论。亚当斯的公平理论指出，人们不仅关心自己的绝对报酬，而且关心自己和他人工作报酬上的相对关系，选项A正确。员工倾向于将自己的产出投入比与他人的产出投入比相比较，来进行公平判断，选项B正确。员工进行公平比较时可能是纵向的也可能是横向的，选项C错误。感到不公平的员工可以采用辞职的方式来恢复平衡，选项D正确。在管理的应用上，对于有不公平感的员工应予以及时引导或调整报酬，选项E正确。

605. **ABDE** 〔解析〕本题考查目标管理的相关内容。实施目标管理时可以自上而下来设定目标，同时也包括自下而上的过程。所以选项C错误。

606. **BC** 〔解析〕本题考查马斯洛的需要层次理论。已获得基本满足的需要不再具有激励作用，所以选项B错误；基本需要主要靠外部条件满足，高级需要主要靠内在因素满足，所以选项C错误。

607. **ABE** 〔解析〕本题考查马斯洛需要层次理论在管理上的应用。需要层次理论表明组织用于满足低层次需要的投入效益是递减的。选项C、D错误。

608. **AE** 〔解析〕本题考查公平理论。公平理论中，员工比较的是其对投入、产出的自我知觉，而非投入、产出的客观测量结果，所以选项B错误；选项C属于横向比较，选项D属于纵向比较，所以选项C和D错误。

609. **ACDE** 〔解析〕本题考查目标管理的要素。目标管理有四个要素：目标具体化、参与决策、限期完成、绩效反馈。

刷进阶

610. **ABCD** 〔解析〕本题考查公平理论。公平理论认为，员工会将自己的产出与投入比与别人的产出与投入比进行比较。这里的"投入"包括员工所受的教育、资历、工作经验、忠诚和承诺、时间和努力、创造力以及工作绩效，选项E属于产出。

611. **ABCD** 〔解析〕本题考查绩效薪金制。绩效薪金制的主要优点是可以减少管理者的工作量。

612. **ABCD** 〔解析〕本题考查三重需要理论的内容。权力需要高的人喜欢支配、影响别人，喜欢对人发号施令，重视争取地位和影响力。选项 E 属于成就需要高的人的特点，所以不选。

613. BD （解析）本题考查公平理论的主要内容。纵向比较包括组织内自我比较和组织外自我比较。组织外自我比较是员工将自己在不同组织中的工作和待遇进行比较。小张把自己的报酬在 A 公司和 B 公司之间进行比较，这属于组织外自我比较。

第二章　领导行为

刷基础

614. CE （解析）本题考查有限理性模型的内容。选项 C 和 E 属于有限理性模型的内容，选项 A、B、D 属于经济理性模型中决策者具备的特征。

615. ABDE （解析）本题考查领导者的技能。选项 C 说法错误，领导者的技术技能涉及的主要是事，人际技能关心的是人，概念技能处理的是观点和思想。

616. ABCD （解析）本题考查决策风格。根据价值取向与模糊耐受性两个维度的组合，决策风格可以分为指导型、分析型、概念型、行为型。

617. CDE （解析）本题考查西蒙的决策阶段。西蒙认为决策阶段可以分为智力活动、设计活动、选择活动。

618. ABD （解析）本题考查明茨伯格的决策过程。明茨伯格认为决策过程有三个阶段，依次是确认阶段、发展阶段、选择阶段。

619. ABC （解析）本题考查权变理论。费德勒认为，情境因素分为三个维度：(1)领导与下属的关系；(2)工作结构；(3)职权。

620. BE （解析）本题考查决策风格。选项 B，分析型决策者具有较高的模糊耐受性以及很强的任务和技术取向；选项 E，指导型决策者具有较低的模糊耐受性水平，倾向于关注任务和技术本身。

621. CDE （解析）本题考查路径—目标理论。采用指导式领导方式，让员工明确别人对他的期望、成功绩效的标准和工作程序；采用参与式领导方式，主动征求并采纳下属的意见。所以选项 A、B 错误。

622. ABCE （解析）本题考查领导—成员交换理论。选项 D，领导很少对"圈里人"采用正式领导权威。

刷进阶

623. AC （解析）本题考查理性决策模型。选项 B、D 和 E 属于有限理性模型的观点。

624. ABCD （解析）本题考查路径—目标理论。路径—目标理论确定了四种领导行为：指导式领导、支持型领导、参与式领导和成就取向式领导。

625. BCDE （解析）本题考查领导者的技能。领导技能的发展主要途径有：(1)基于领导能力的培养，通过学习和已经获得的知识为基础的方法来得到提高；(2)辅导，讲师和领导者建立互相信任和尊重的关系，讲师可以帮助领导者明确事业范围和期望。除此之外，培训、工作设计、行为管理等其他组织行为技能也可以用来发展领导技能。

626. DE （解析）本题考查密歇根模式。在密歇根模式中，通过测验、非结构化访谈等方法，得到描述领导行为的两个维度是员工取向和生产取向。

第三章 组织设计与组织文化

刷基础

627. ABE （解析）本题考查组织文化的相关内容。组织文化结构包含制度层，而不是管理层。外部环境也是影响企业文化的一个重要因素。所以选项 C 和 D 错误。

628. ABCD （解析）本题考查职能制组织形式的缺点。职能制组织形式管理权力高度集中，便于高层领导对整个企业实施严格的控制。所以选项 E 不选。

629. ABCE （解析）本题考查事业部制组织形式。事业部制组织形式适合于产品种类多且产品之间工艺差别大，或市场分布范围广且市场情况变化快、要求适应性强的大型联合企业或公司，所以选项 D 错误。

630. ACE （解析）本题考查组织设计和组织文化。选项 B，如果企业要鼓励创新、开放的组织文化，就需要降低组织的制度化程度；选项 D，强调合作的文化与强调严格的等级差异的绩效评估体系是无法很好地共同合作的。

631. ABDE （解析）本题考查组织设计概述。组织设计在形式上分为静态设计和动态设计，只对组织结构进行的设计称为静态组织设计，同时对组织结构和运行制度进行的设计称为动态组织设计，选项 C 错误。

632. DE （解析）本题考查现代组织发展方法。典型的现代组织发展方法有全面质量管理和团队建设。

633. ABCE （解析）本题考查行政层级式组织形式。行政层级式组织形式的决定因素包括权力等级、分工、规章、程序规范、非个人因素、技术能力。

刷进阶

634. ACDE （解析）本题考查矩阵组织形式。矩阵组织形式的优点：(1)有利于加强各职能部门之间的协作配合；(2)有利于顺利完成规划项目，提高企业的适应性；(3)有利于减轻高层管理人员的负担；(4)有利于职能部门与产品部门相互制约，保证企业整体目标的实现。矩阵制组织的稳定性较差。

635. ADE （解析）本题考查对不同组织文化类型的理解。堡垒型组织包括大型零售店、林业产品公司、天然气探测公司等。

636. ABDE （解析）本题考查组织结构。组织结构又可称为权责结构，通常以组织图或组织树的形式出现。所以选项 C 错误。

第四章 战略性人力资源管理

刷基础

637. BCDE （解析）本题考查高绩效工作系统。美国早期的高绩效工作系统研究主要集中在制造业领域，后来，高绩效管理系统的研究也扩展到服务业等其他领域。

638. ACE （解析）本题考查战略性人力资源管理的概念。一个组织的战略通常包括三个层次，即组织战略、竞争战略以及职能战略。

639. ABC （解析）本题考查战略性人力资源管理的工具。在人力资源管理计分卡的设计过程中，通常需要对以下三个因素及其相互之间关系进行量化处理：(1)各种人力资源管理活动(甄选测试以及培训的数量等)；(2)人力资源管理活动所产生的员工行为(如客户服务表现等)；(3)员工的行为所产生的公司战略后果及绩效(如客户满意度和利润率等)。

640. BCD 【解析】本题考查人力资源管理与战略执行。人力资源管理对工作任务设计、人员的甄选、报酬系统三个基本变量负有主要责任。

641. ABDE 【解析】本题考查人力资源战略与人力资源管理实践选择。人力资源管理实践中，劳资关系与员工关系的备选内容包括：集体谈判/个人谈判；自上而下的决策/员工参与决策；正规的既定程序/无正规的既定程序；将员工看成是费用支付项目/将员工看成是财富。选项 C 属于绩效管理的备选内容。

642. ABCD 【解析】本题考查人力资源管理与战略执行。从人力资源管理的角度来说，一旦组织的高层管理者作出了某种战略选择，那么人力资源管理的角色就转变为这样三个方面：(1)确定组织到底需要什么样的人力资源，其中包括数量、质量、结构等；(2)通过各种人力资源管理实践的开发和协调，确保组织获得适当数量的员工，确保这些员工具备战略所需要的不同层次和不同类型的技能，同时确保他们的技能和职位以及所需完成工作任务之间的匹配；(3)通过科学设计人力资源管理体系及其所包含的人力资源政策、制度、程序和实践，建立一个适当的控制系统，从而确保这些员工采取行为的方式有利于推动战略目标实现。

643. ABCD 【解析】本题考查战略性人力资源管理。战略性人力资源管理将组织的注意力集中于改变结构和文化、提升组织效率和业绩、开发特殊能力以及管理变革。

644. ABDE 【解析】本题考查创新战略组织的人力资源管理。选项 C 说法错误，员工的基本薪酬往往不是取决于内容非常清晰的职位范围和职责，而是更多地取决于员工的创新能力和技术水平。

刷进阶

645. BCDE 【解析】本题考查 SWOT 分析。战略威胁包括：潜在的人员短缺；新的竞争对手进入市场；即将出台的可能会对组织产生影响的法律；竞争对手的技术创新等。

646. CDE 【解析】本题考查收缩战略。收缩战略往往与裁员、剥离以及清算等联系在一起。选项 A、B 是外部成长战略的方式。

647. ADE 【解析】本题考查战略性人力资源管理的三大工具。组织的领导者和管理者通常运用一些工具来帮助他们将组织的整体战略目标一步一步分解为具体的人力资源管理政策和实践，然后通过直观的方式了解和判断组织的人力资源管理政策和实践在围绕组织战略目标的实现而工作的过程中所取得的进展，组织通常需要用到的三种重要工具分别是战略地图、人力资源管理计分卡以及数字仪表盘。

第五章 人力资源规划

刷基础

648. BCDE 【解析】本题考查人力资源需求预测的影响因素。在进行一个组织的人力资源需求预测时，主要应当考虑组织的战略定位和战略调整、组织所提供的产品和服务的变化情况、组织内部各职位上员工的工作、组织的技术变革、组织结构调整以及流程再造等若干方面的因素。

649. ABE　**解析**　本题考查人力资源需求预测的主要方法。选项 C 错误，趋势预测法的实用性比较强；同时由于比较粗糙，预测的准确度会打一定的折扣。选项 D 错误，根据回归方程所涉及的自变量数量，可以将回归分析法划分为一元回归分析法和多元回归分析法。

650. ABDE　**解析**　本题考查人力资源需求小于供给时的组织对策。当一个组织面临人力资源需求小于人力资源供给的情形时，主要可以采取以下几种措施：(1)冻结雇用；(2)鼓励员工提前退休；(3)缩短每位现有员工的工作时间，采用工作分享的方式同时降低工资；(4)临时性解雇或永久性裁员；(5)对富余人员进行培训，为未来的发展做好人力资源储备，或者利用现有的人力资源开展新的项目或新的经营活动。

651. CDE　**解析**　本题考查人力资源需求预测与供给预测。选项 A 错误，马尔科夫分析法属于人力资源供给预测方法。选项 B 错误，经验判断法是最简单的人力资源需求预测方法。

652. BCDE　**解析**　本题考查人力资源需求预测。德尔菲法的优点：(1)吸取和综合了众多专家的意见，避免了个人预测的片面性；(2)不采用集体讨论的方式，而且匿名进行，可以使专家独立地做出判断，避免了从众的行为，同时也避免了专家们必须在一起开会的麻烦；(3)采取多轮预测的方法，具有较高的准确性。

653. ABCD　**解析**　本题考查人力资源需求小于供给时的组织对策。组织如果一贯采取临时性解雇或永久性裁员的方法，会影响组织在劳动力市场上的形象，不利于组织未来人力资源招聘工作的开展。

654. ABE　**解析**　本题考查趋势预测法。趋势预测法比较粗糙，预测的准确度会打一定的折扣，选项 C、D 错误。

655. ABCD　**解析**　本题考查人力资源需求与供给结构不匹配时的组织对策。在这种供求结构不对等的情况下，组织需要采取的措施可能包括：(1)加强对现有人员的培训开发，以使他们能够胜任当前尤其是未来的工作需要；(2)在现有人员胜任未来的工作有困难的情况下，组织可能需要通过到期终止劳动合同、自然退休等方式，逐渐让现有的一些员工离开组织，同时从组织外部招聘高素质的新员工，从而为未来新的工作需要储备足够的人才；(3)如果组织仍然处于扩张期，人力资源需求在不断增长，则可以在可能的情况下将原来的一些技能不足的老员工逐渐替换到一些辅助性的工作岗位上，把一些重要的生产、管理类岗位留给那些后来招聘的有能力的候选人。

刷进阶　高频进阶　强化提升

656. ABD　**解析**　本题考查人力资源需求预测方法。选项 C 错误：德尔菲法的做法是，邀请某一领域中大约 30 名专家或富有经验的管理人员组成一个研究小组，但是这个研究小组中的人彼此之间并不见面，也不进行沟通。选项 E 错误：说法过于绝对。

657. ACDE　**解析**　本题考查人力资源供求平衡的方法分析。确保离岸经营战略取得成功的步骤：(1)在选择外包服务供应商时，通常是该机构的规模越大、历史越长越好；(2)不要对那些有专利权或者需要严格的安全保障措施才能完成的工作实行离岸经营。需要被外包出去的工作最好是"模块化的"；(3)外包最好先从小的工作开始入手，同时还要密切监督这些工作的完成情况，尤其是在刚刚开始的时候。

658. ABCE （解析）本题考查人力资源规划的流程。从狭义人力资源规划的角度来说，人力资源规划的流程包括 A、B、C、E 选项的内容，选项 D 是广义的人力资源规划的内容。

第六章　人员甄选

刷基础　　紧扣大纲 夯实基础

659. ABC （解析）本题考查面试的类型。根据面试的标准化程度，面试可以分为非结构化面试、结构化面试以及半结构化面试三种类型。

660. ABE （解析）本题考查心理测试。心理运动能力测试通常用于那些体力要求比较高的职位，如手表装配工，同时也包括收音机装配工、电视组装工。

661. ABDE （解析）本题考查职业兴趣类型。社会型的人适合从事社会、教育、咨询等方面的工作，所以选项 C 错误。

662. ABE （解析）本题考查面试。选项 C，面试本身并不是没有成本，例如面试考官的机会成本；选项 D，面试结果是面试考官主观判断得出的，而人的主观判断会受到多方面因素的影响，所以判断出现偏差的可能性很大，通过面试所做出的甄选决策很可能是不正确的。

663. AB （解析）本题考查职业兴趣类型。现实型的人适合从事技能性和技术性的职业；选项 C，研究型的人适合从事科学研究类工作以及工程设计类工作；选项 D，企业型的人适合担任企业领导或政府官员；选项 E，常规性的人适合从事办公室事务性工作、图书管理、会计、统计类工作。

664. AC （解析）本题考查人才管理。人才不是抽象的，更不是绝对的，所以选项 A 错误；人才管理的两个关键成功要素是人才招募和人才保留，所以选项 C 错误。

665. ACD （解析）本题考查职业兴趣测试，约翰·霍兰德在一系列关于人格与职业关系的假设基础之上，提出的六种基本职业兴趣类型为现实型、研究型、艺术型、社会型、企业型和常规型。

刷进阶　　高频进阶 强化提升

666. ABE （解析）本题考查履历分析。履历分析技术对作为分析对象的履历有三个要求：履历信息必须真实、履历信息必须全面、履行信息必须相关。

667. ACDE （解析）本题考查无领导小组讨论。无领导小组讨论常见的问题形式：开放式问题、两难性问题、多项选择问题、操作性问题、资源争夺性问题。

668. BDE （解析）本题考查心理测试。从测试内容来看，心理测试可以划分为能力测试、人格测试和职业兴趣测试三大类。

669. ABDE （解析）本题考查公文筐测试。公文筐测试的缺点：它的编制成本较高，而且评分比较困难，不同的评价者由于自身的背景、工作经验、管理理念等不同，对不同的公文处理方式的看法也会有所不同。此外，由于这种测试是由被测试者单独完成的，因而，无法通过这种测试观察被测试者的人际交往能力和团队工作能力。

670. AB （解析）本题考查人格测试。从实践中看，外向性和宜人性似乎与销售或管理职位上的绩效有关。

671. ABD （解析）本题考查评价中心技术。选项 C 错误：无领导小组是指在讨论的过程中，组织者不会为该小组指定一名领导人，而是让大家自由发言。选项 E 错误：在无领导小组讨论中使用的试题可以大致分为五种形式，并不是只有两难性的问题。

第七章　绩效管理

> 刷基础　　　　　　　　　　　　　　　　　　　紧扣大纲 夯实基础

672. ABDE （解析）本题考查绩效计划的制定步骤。在准备阶段需要搜索的信息不包括选项 C。

673. ABCD （解析）本题考查绩效计划的概念。绩效计划不但包括组织对员工工作成果的期望，还包括组织希望员工表现的行为和使用的技能。所以选项 E 不选。

674. ABCE （解析）本题考查目标管理法的不足。目标管理法存在以下不足：（1）目标管理法倾向于聚焦短期目标，即该考核周期结束时需要实现的目标；（2）目标管理法的假设之一是认为员工是乐于工作的，这种过分乐观的假设高估了企业内部自觉、自治氛围形成的可能性；（3）目标管理法可能增加企业的管理成本；（4）目标有时可能难以制定。

675. BCDE （解析）本题考查绩效管理有效实施的影响因素。绩效管理有效实施的影响因素有：观念、高层领导支持、人力资源管理部门的尽职程度、各层员工对绩效管理的态度、绩效管理与组织战略的相关性、绩效目标的设定、绩效指标的设置、绩效系统的时效性。

676. BD （解析）本题考查绩效管理在组织管理中的作用。良好的绩效管理在组织管理中的作用主要表现在：有助于组织内部的沟通、有助于管理者节约成本、有助于促进员工的自我发展、有助于建立和谐的组织文化、是实现组织战略的重要手段。因此选择选项 B 和 D。

677. BCDE （解析）本题考查绩效评价技术。行为观察量表要求考评者根据详尽的行为清单对员工进行观察，很难包含所有的行为指标的代表性样本；行为观察量表的效度有待提高；主管人员单独考核工作量太大，不具有可操作性。

678. ABCD （解析）本题考查有效的绩效管理的特征。绩效管理体系的建立和维护成本要小于绩效管理体系带来的收益，选项 E 说法错误。

679. ABDE （解析）本题考查目标管理法的优势。作为被广泛应用的绩效考核方法，目标管理法存在很多优势：（1）有效性；（2）目标管理法启发了员工的自觉性，调动了员工的积极性；（3）目标管理法的实施过程比关键指标法和平衡计分卡法更易操作；（4）目标管理法较为公平。目标管理法的劣势之一是倾向于聚焦短期目标，故选项 C 错误。

680. ABD （解析）本题考查运用关键绩效指标法时管理者应注意的问题。运用关键绩效指标法时管理者应注意的问题包括：（1）关键绩效指标的数量不宜过多；（2）同类型职位的关键绩效指标必须保持一致；（3）关键绩效指标要彻底贯彻企业战略重点。

681. ACD （解析）本题考查绩效评价中容易出现的问题及应对方法。选项 A，晕轮效应指对一个人进行评价时，往往会因为对他的某一特质强烈而清晰地感知，而掩盖了该人其他方面的品质。选项 C，刻板效应是指个人对他人的看法，往往受到他人所属群体的影响。选项 D，近因效应是指最近或最终的印象往往是最强烈的，可以冲淡之前产生的各种因素。

682. ABD （解析）本题考查绩效管理工具。绩效管理工具作为管理实践与管理理论之间的桥梁与纽带，直接来源并应用于管理实践，先后提出了目标管理法、标杆超越法、关键绩效指标法和平衡计分卡法。

683. ACE （解析）本题考查绩效考核和绩效管理的关系。绩效考核是绩效管理的一个环节，选项 B 错误。绩效考核侧重于绩效的识别、判断和评估，选项 D 错误。

684. ABCE （解析）本题考查绩效管理工具。平衡计分卡从四个角度关注组织的绩效，分别是：客户角度、内部流程角度、学习与发展角度、财务角度。

685. ABDE （解析）本题考查绩效改进效果评价。通常可以从以下四个维度来评价绩效改进：(1)反应，即员工、客户、供应商对改进结果的反应；(2)学习或能力，即绩效改进实施后，员工能力素质的提升程度；(3)转变，即改进活动对工作方式的影响；(4)结果，即绩效改进所达成的结果与预期的对比。

刷进阶 高频进阶 强化提升

686. ABCD （解析）本题考查绩效考核结果的应用。针对不同类型的员工，组织应当有的放矢地采取人力资源政策：对于贡献型的员工，组织要给予必要的奖励；对于安分型的员工，组织要对其进行必要的培训以提升其工作技能；对于堕落型的员工，组织要对其进行适当的惩罚、敦促其改进绩效；对于冲锋型的员工，主管人员应当对其进行绩效辅导。

687. BCDE （解析）本题考查知识型团队的绩效考核方法。知识型团队的绩效考核需要综合以下四个角度的指标进行：效益型指标(可以直接用来判断知识型团队的工作产出成果，即团队的产出满足客户需求的程度)、效率型指标(知识型团队为获得效益指标所付出的成本和投入产出的比例)、递延型指标(团队的工作过程和工作结果对客户、投资者、团队成员的长远影响)、风险型指标(判断不确定性奉献的数量和对团队及其成员的危害程度的指标)。

688. ABDE （解析）本题考查绩效考核结果的应用。根据绩效考核结果划分四种员工类型包括安分型、贡献型、堕落型、冲锋型。

689. ABE （解析）本题考查面谈中评价者的误区。选项 C 和 D 属于绩效评价中容易出现的问题。

第八章 薪酬管理

刷基础 紧扣大纲 夯实基础

690. ABDE （解析）本题考查员工持股计划的激励对象。根据我国有关政策规定，允许参与员工持股计划的人员通常包括四类人员：在企业工作满一定时间的正式员工；公司的董事、监事、经理；企业派往投资企业、代表处工作，劳动人事关系仍在本企业的外派人员；企业在册管理的离退休人员。

691. ABCE （解析）本题考查职位评价方法。因素比较法的优点是较为完善，可靠性高，同时也使不同的职位之间更具可比性，且可由职位内容直接求得具体薪酬金额。其缺点是评价体系设计复杂，难度较大，成本较高。同时，由于这种方法不易理解，因此员工对其准确性和公平性容易产生质疑。

692. ACD 【解析】本题考查适用于不同竞争战略下的薪酬管理。成本领先战略即成本最低战略，在产品本身的质量大体相同的情况下，以低于竞争对手的价格向客户提供产品。采取这一战略的企业往往追求的是效率最大化、成本最小化。在薪酬水平方面比竞争对手的薪酬相对较低，在薪酬结构方面奖金部分所占的比例相对较大。

693. ABDE 【解析】本题考查股票期权的激励范围和对象。下列人员不得成为激励对象：(1)最近3年内被证券交易所公开谴责或宣布为不适当人选的；(2)最近3年内因重大违法违规行为被中国证监会予以行政处罚的；(3)具有我国《公司法》规定的不得担任公司董事、监事、高级管理人员情形的。

694. ABD 【解析】本题考查股票增值权作为股权激励模式的优点。选项C是股票期权的优点。选项E是限制性股票的优点。

695. AE 【解析】本题考查股票期权。《上市公司股权激励管理办法（试行）》规定，授权日不得是下列期间：(1)定期报告公布前30日；(2)重大交易或重大事项决定过程中至该事项公告后2个交易日，其他可能影响股价的重大事件发生之日起至公告后2个交易日；选项B错误。在我国，《管理办法》采用了平值法，规定以股权激励计划草案摘要公布前1日的公司标的股票收盘价与公布前30个交易日的公司标的股票平均收盘价"孰高原则"确定行权价格；选项C错误。股票期权的等待期，即股票期权授予日与获授股票期权首次可以行权日之间间隔不得少于1年；选项D错误。

696. ACD 【解析】本题考查股票期权的股票来源。股票期权行权所需股票来源：(1)公司发行新股票；(2)通过留存股票账户回购股票；(3)从二级市场购买股票。发行市场是一级市场，是新股发行的市场，只能在二级市场购买股票。

697. ABE 【解析】本题考查对薪酬管理的理解。选项C，全面薪酬管理以客户满意度为中心；选项D，薪酬调查是构建薪酬体系的第三步。

698. ADE 【解析】本题考查股票期权的缺点。选项B和C是限制性股票的缺点。

刷进阶

699. BC 【解析】本题考查员工持股计划的主要内容。应强调员工持股的广泛参与性，原则上要求企业正式聘用的员工都参与员工持股计划，明确规定参与员工持股计划的员工不得低于员工总数的90%。员工持股比例的含义：(1)要明确界定员工持股占企业总股本的比例，一般不宜超过20%；(2)要明确界定企业内部员工持股额度的分配比例，一般企业高管人员与一般职工的认购比例不宜拉得太大，原则上控制在4∶1的范围之内。

700. BDE 【解析】本题考查销售人员薪酬。选项A错误：销售人员的薪酬方案是多种多样的，主要以行为为导向的说法是错误的。选项C错误：对于一些技术含量较高，市场较为狭窄，销售周期较长的产品来说，其销售人员的素质及稳定性要求都很高，因此采取"高基本薪酬加低佣金或奖金"的薪酬制度比较适合。

701. AB 【解析】本题考查职位评价方法。分类法的优点是简单、容易解释。同时，因为等级定义都是以选定的要素为依据的，并且等级的数目及其相互关系是在各职位划等级之前就确定了，所以等级结构能真实地反映有关企业的结构。其缺点在于等级定义比较困难，存在较大的主观因素。

702. BCDE （解析）本题考查薪酬体系设计的基本步骤。在确定薪酬水平时，企业可以选择领先策略、跟随策略或滞后策略，同时也可以根据职位特点的不同在企业内部实行混合策略。

第九章　培训与开发

刷基础

703. ABCD （解析）本题考查培训与开发效果的评估。结果评估包括硬指标和软指标，其中硬指标易于衡量和量化，所以选项 E 的说法有误。

704. ABC （解析）本题考查培训与开发效果中的结果评估。结果评估指标包括硬指标和软指标，硬指标包括产出、质量、成本、时间等四大类；软指标包括工作习惯、工作满意度、主动性、顾客服务等；选项 D 和 E 属于软指标。

705. ACD （解析）本题考查组织层次的职业生涯管理方法。潜能评价中心常用的方法包括评价中心、心理测验、替换或继任规划。

706. BCDE （解析）本题考查职业生涯锚的类型。选项 A，技术/职能能力型特点是强调实际技术/职能等业务工作；拒绝一般性管理工作，但愿意在其技术/职能领域管理他人，追求在技术/职能区的成长和技能不断提高。

707. ABDE （解析）本题考查霍兰德的职业兴趣类型理论。现实型与常规型和研究型的相邻，与社会型的对立。所以选项 C 错误。

708. BD （解析）本题考查职业生涯的目的。组织实施职业生涯管理对组织的重要性包括：(1)使员工与组织共同发展，以适应组织发展与变革；(2)为组织培养后备人才，特别是高级管理人才和高级技术人才；(3)从组织内部培养的员工在组织适应性方面比从外面招聘的强；(4)满足员工的发展需要，增强员工对组织的承诺，留住员工，特别是优秀员工。选项 A、C、E 属于对个人重要性的表现。

709. ACD （解析）本题考查组织层次的职业生涯管理方法。选项 B 和 E 属于个人层次的职业生涯管理方法。

710. BCDE （解析）本题考查职业生涯锚。职业生涯锚不可能根据各种测试提前进行预测。职业生涯锚是指个人不得不做出选择的时候，无论如何都不会放弃的职业生涯中的那种至关重要的东西或价值观。职业生涯锚具有以下四个特点：(1)产生于早期职业生涯阶段，以个体习得的工作经验为基础；(2)强调个人能力、动机和价值观三方面的相互作用与整合；(3)不可能根据各种测试提前进行预测；(4)并不是完全固定不变的。

711. AE （解析）本题考查培训与开发的组织体系设立时要考虑的因素。组织在设立培训与开发机构时，需要考虑两方面的因素：组织规模、人力资源管理在组织中的地位和作用。

712. BCDE （解析）本题考查培训与开发部门的职能。培训与开发部门的职能之一是制定企业年度的培训与开发计划，而不是"审批"。

713. CDE （解析）本题考查职业生涯管理效果的评估。一般认为，可以用下面的四个方面的标准来衡量职业生涯管理的有效性：是否达到个人或组织目标及其程度、具体活动的完成情况、绩效指数变化、态度或知觉到的心理的变化。

刷进阶

714. ACDE （解析）本题考查影响培训与开发利润的因素。影响培训与开发利润的因素主要包括：受训员工可能的服务年数、受训员工技能可能提高的程度、受训员工的努力程度和对组织的忠诚度。

715. AE （解析）本题考查培训与开发的组织体系。组织在设立培训与开发机构时，需要考虑两方面的因素：组织规模、人力资源管理在组织中的地位和作用。

716. AB （解析）本题考查反应评估。反应评估通常采用访谈、问卷调查等方法，其中问卷调查法的应用最为普遍。

717. BCDE （解析）本题考查衡量职业生涯管理的有效性的标准。选项A属于组织层次的职业生涯管理方法。

718. ABCE （解析）本题考查职业生涯锚。在个人的职业生涯发展中或在组织的职业生涯管理中，职业生涯锚都能发挥重要的作用：(1)有助于识别个人的职业生涯目标和职业生涯成功的标准；(2)能够促进员工预期心理契约的发展，有利于个人与组织稳固地相互接纳；(3)有助于增强个人职业技能和工作经验，并提高个人和组织的绩效；(4)为个人中后期职业生涯发展奠定基础。

第十章 劳动关系

刷基础

719. ABCD （解析）本题考查劳动者概述。劳动者的概念包括四层含义：(1)劳动者是被用人单位依法雇用(录用)的人员，不包括自雇用者；(2)劳动者是在用人单位管理下从事劳动的人员；(3)劳动者是以工资收入为主要生活来源的人员；(4)劳动者仅限定在国家劳动法律所规定的范围之内。

720. CDE （解析）本题考查劳动关系的主体。按工会的层级划分为企业工会、区域性(或地方性)工会、全国性工会。

721. ADE （解析）本题考查劳动关系系统的运行。劳动关系运行的过程主要包含三个阶段：第一阶段，劳动关系的构成；第二阶段，劳动标准的确定和实施；第三阶段，劳动争议的处理和解决。

722. BCD （解析）本题考查劳动关系运行的实体规则。劳动者个人的权利，主要包括劳动就业权、工资报酬权、休息休假权、社会保障权、职业安全卫生权、职业培训权、劳动争议提请处理权等。

刷进阶

723. ABC （解析）本题考查劳动关系运行的实体规则。劳动基本权的内容通常是指"劳动三权"，即团结权、集体谈判权和集体行动权。

724. ABCE （解析）本题考查劳动关系调整的原则。在劳动关系调整中，实施劳动关系主体权益保护原则的具体要求包括：全面保护、平等保护、优先保护和特殊保护。

725. BCD （解析）本题考查我国调整劳动关系的制度和机制。我国实行的是"一调、一裁、两审"的争议处理体制。

726. ABCD （解析）本题考查员工申诉管理。一般而言，解决员工申诉的方法包括：(1)调查矛盾发生有关的原因；(2)迅速了解事实真相，做出解释；(3)尊重申诉人，对其困境和苦恼表示理解和同情；(4)对员工进行与申诉相关的辅导，让员工了解申诉制度建立的目的和意义；(5)帮助员工消除顾虑，解决问题。

第十一章 劳动力市场

刷基础

727. ABCE 【解析】本题考查效率工资。选项D说法错误，正确的说法是很难通过基于产出的工资制度来激励员工的企业。

728. ABD 【解析】本题考查人口总量。一个国家或地区劳动力供给数量的最重要基础是人口总量，它主要取决于人口出生率、死亡率以及净流入率三个因素。

729. ABC 【解析】本题考查市场劳动力供给曲线的形状。市场或企业所面临的劳动力供给曲线有三种情况：向右上倾斜的劳动力供给曲线；垂直形状的劳动力供给曲线；水平形状的劳动力供给曲线。

730. ABCE 【解析】本题考查女性劳动力参与率的变化。出生率的降低才是导致已婚女性劳动力参与率提升的原因。

731. ABD 【解析】本题考查劳动力需求弹性。劳动力需求自身工资弹性主要有三种情况：富有弹性、缺乏弹性、单位弹性。

732. ABC 【解析】本题考查晋升竞赛的设计。高级职位上的人继续获得晋升(如从副总裁晋升到总裁)的难度增大，晋升风险很高，所以相关联的工资差距往往会很大。选项D说法错误。设计晋升竞赛时，要在参与晋升竞赛者当前的职位和拟晋升职位之间创造出一种合理的工资差距，工资差距太小会削弱竞赛参与者的努力动机。选项E说法有误。

733. ABC 【解析】本题考查家庭劳动力供给与周期性劳动力供给。已婚妇女的劳动参与率呈稳定上升的总趋势，选项D错误。在刚成年阶段，人们会把大部分时间用于接受正规教育，用于工作的时间较少，选项E错误。

734. CDE 【解析】本题考查劳动力市场政策。以各产业所使用的投入组合的特点为标志来划分的，产业部门可以分为劳动密集型产业、资本密集型产业、技术密集型产业以及知识密集型产业。

735. CDE 【解析】本题考查长期劳动力需求。在长期内，工资率上升的替代效应和规模效应都使劳动力需求减少，因此选项C、D和E正确。

736. ACDE 【解析】本题考查个人及市场劳动力供给。工资率上涨的收入效应大于替代效应时，劳动力供给时间减少；反之，劳动力供给时间增加。所以选项B错误。

737. ABCD 【解析】本题考查家庭生产理论的相关知识。选项E，家庭生产理论是一种劳动力供给理论。

738. BD 【解析】本题考查劳动力市场政策。扩张性的财政政策是指通过降低税率、增加转移支付、扩大政府支出的方法刺激总需求的增加，进而降低失业率的政策。选项A和E是紧缩性的财政政策，选项C是扩张性的货币政策。

739. BCDE 【解析】本题考查劳动力市场的特征。劳动力市场具有的特征：(1)劳动力市场的特殊性；(2)劳动力市场的多样性；(3)劳动力市场的不确定性；(4)劳动力市场交易对象的难以衡量性；(5)劳动力市场交易的延续性；(6)劳动力市场交易条件的复杂性；(7)劳动力出售者地位的不利性。

刷进阶

740. ABC （解析）本题考查劳动力需求及其影响因素。除了对劳动力的需求之外，对资本或机器设备等生产资料的需求也是一种派生需求，并且劳动力在生产过程中通常需要与资本共同作用才能创造出产品。

741. ABD （解析）本题考查家庭劳动力供给与周期性劳动力供给。选项A正确：家庭物品的生产方式可以划分为两类，即时间密集型的和商品密集型的。选项B正确：家庭生产理论把家庭的可支配时间划分为两大类：一类是市场工作时间，另外一类是家庭生产时间，即在家里做家务或在放松的时间。选项C错误：在家庭生产理论中，一个家庭会把它生产出来的家庭物品看成是效用的直接来源。选项D正确：家庭需要消费什么样的家庭物品。例如，要不要一家人在一起吃顿晚饭？夫妻要不要生一个或几个孩子等？对需要何种家庭物品的回答主要取决于消费什么样的家庭物品给这个家庭带来的效用是最大的。选项E错误：家庭内部分工决策采用比较优势的原理。

742. BCDE （解析）本题考查派生需求定理。劳动力交叉弹性不是属于"派生需求定理"中的内容。

743. AC （解析）本题考查个人劳动力供给曲线。个人劳动力供给曲线描述单个劳动者愿意提供的劳动力时间供给小时数量与市场工资率之间的关系。

第十二章　工资与就业

刷基础

744. AB （解析）本题考查工资差别。补偿性工资差别揭示了由于工作条件和社会环境原因而导致的收入差异。

745. ABCE （解析）本题考查季节性失业。选项D是技术性失业带来的影响。

746. ABCE （解析）本题考查工资差别。不同产业部门之间工资差别形成的原因：熟练劳动力所占比重、技术经济特点、发展阶段、工会化程度、地理位置。

747. ABC （解析）本题考查不同群体间的工资性报酬差别与歧视。通常情况下，不同性别、种族等的劳动者群体之间会存在工资性报酬的差别。在这些工资性报酬差别中，有些是属于可以从经济学上得到解释的差别，比如年龄和受教育程度、职业、工时和工作经验。

748. BCE （解析）本题考查确定工资水平的实际因素。在现实生活中，影响工资水平确定的因素可归纳为：劳动者个人及其家庭所需的生活费用；同工同酬原则；企业的工资支付能力。

749. ABCE （解析）本题考查工资水平。正是由于有着较大的规模，企业才发现要对自己的员工进行监督是十分困难的，因而必须转而依靠其他方法来激励员工达到较高的努力水平。所以D选项描述错误。

750. BCDE （解析）本题考查工资水平。在最初阶段，提高工资可能会有助于生产率的提高从而增加企业的利润，但是在过某个点以后，继续提高工资给企业所带来的成本就会超过它所带来的收益；所以选项A错误。

751. AB （解析）本题考查技术性失业的形成原因。技术性失业的形成原因：先进的科学技术（包括先进的机器设备、生产方法）以及经营管理方式等通过提高劳动生产率取代了一部分劳动力，从而造成了技术性失业。选项 C 为季节性失业，选项 D 为摩擦性失业，选项 E 为周期性失业。

752. ABCE （解析）本题考查不同职业之间工资差别形成的原因。在亚当·斯密所提及的引起职业间工资差别的五个原因中，有四种都是属于因工作条件和社会环境不同引起的，即因劳动强度和劳动条件、从业时的不愉快程度、职业稳定与保障程度、责任大小程度而引起的工资差别，均属于补偿性工资差别。

753. ABCE （解析）本题考查劳动力市场歧视。如果所有的职业都是完全隔离的，则差异指数的值为 100，选项 D 错误。

754. BCDE （解析）本题考查结构性失业的解决措施。经济学家主张采取缓和结构性失业的措施：加强劳动力市场的情报工作，使求职人员及时了解劳动力市场的供求情况；由政府提供资金，向愿意从劳动力过剩地区迁到劳动力短缺地区的失业工人提供安置费；制定各种培训计划，使工人的知识更新与技术发展同步进行，以适应新职业的需要；提供更好的职业指导和职业供求预测。

刷进阶   高频进阶 强化提升

755. BCE （解析）本题考查工资性报酬差别与劳动力市场歧视。从歧视根源的角度来看，经济学家提出了三种可能的劳动力市场歧视来源：个人歧视、统计性歧视、非竞争性歧视。

756. ABCD （解析）本题考查中国对失业的界定。在我国关于失业人员的统计中，失业人员是指在法定劳动年龄内，有工作能力，无业且要求就业而未能就业的人员。另外一个很重要的规定则是，虽然从事一定社会劳动，但劳动报酬低于当地城市居民最低生活保障标准的情况视同失业。

757. BCDE （解析）本题考查就业与就业统计。就业实际上有三层基本含义：（1）劳动者必须既要有劳动能力，还要有劳动意愿；（2）劳动者所参加的劳动必须是某种形式的社会劳动，而不能是家庭劳动；（3）劳动必须能够获得报酬或收入，而不能是公益性或义务性的劳动。

758. ACDE （解析）本题考查工资性报酬差别与劳动力市场歧视。男性与女性之间工资性报酬差距的形成通常可从年龄和受教育程度、职业、工时和工作经验等方面来解释。

759. ABDE （解析）本题考查摩擦性失业。选项 C 错误，摩擦性失业是竞争性劳动力市场的一个自然特征，它不是由于工作岗位缺乏而造成的，而是由于寻找工作、达成就业协议的时滞所引起的。

760. BCD （解析）本题考查工资差别。随着社会的发展，人们总是力求缩小社会成员之间的收入差距，但这种差距的存在必然是长期的。一方面，工资差别从本质上讲是同劳动相联系的，只要劳动者的素质和技能不能完全相同（或如经济学上常说的劳动力不同质现象的存在），劳动条件的差别无法消除，工资差别就不可能消除；另一方面，工资差别的存在同市场经济中价格差别的存在一样，具有在整个社会范围内不断重新配置资源的功能，它会激励劳动者从低生产率的工作岗位、企业、职业、行业或产业部门甚至国家向高生产率的地方转移，从而优化劳动力资源配置效率，这对于社会经济的发展具有积极的作用。

761. **CDE** (解析) 本题考查工资水平。选项 A 错误：实际工资则是指货币工资所能购买到的商品和服务量。它可用来说明货币工资的购买能力。选项 B 错误：货币工资又称名义工资，是指雇主以货币形式支付给员工的劳动报酬。

762. **ABCD** (解析) 本题考查中国的失业率统计问题。在我国的城镇登记失业率统计中，城镇单位从业人员不包括使用的农村劳动力、聘用的离退休人员、港澳台地区人员、外方人员。

763. **ABCE** (解析) 本题考查就业与就业统计。实现充分就业与经济增长、物价稳定和国家贸易收支平衡并列为一国政府追求的四大宏观经济目标之一。

第十三章 人力资本投资理论

刷基础

764. **BC** (解析) 本题考查高等教育投资决策的基本模型。在其他条件相同的情况下，上大学的成本越低，则愿意上大学的人相对就会越多。在其他条件相同的情况下，大学毕业生与高中毕业生之间的工资性报酬差距越大，则愿意投资于大学教育的人相对来说就会越多。

765. **ABD** (解析) 本题考查劳动力流动。影响劳动力流动的劳动者因素包括劳动者的年龄、劳动者的任职年限、劳动者的性别。

766. **AB** (解析) 本题考查教育投资的私人收益估计偏差。传统的高等教育收益率研究实际上一方面高估了那些实际没有上大学的人因为没上大学而放弃的收益，同时又低估了大学毕业生们从上大学中实际获得的收益，这种误差就被称为选择性误差，所以选项 A 和 B 正确。

767. **ABCD** (解析) 本题考查人力资本投资的一般原理。人力资本投资可以被定义为任何就其本身来说是用来提高人的生产能力从而提高人在劳动力市场上的收益能力的初始性投资。这样，不仅各级正规教育和在职培训活动所花费的支出属于人力资本投资，而且增进健康、加强学龄前儿童营养、寻找工作、工作流动等活动也同样属于人力资本投资活动。

768. **ABC** (解析) 本题考查特殊培训对于员工行为的影响。大多数接受过特殊培训的员工通常流动的倾向会比较弱，失业的可能性也比较小。

769. **ABCE** (解析) 本题考查人力资本投资支出的具体形式。人力资本投资的形式有各级正规教育和在职培训所花费的支出、增进健康、加强学龄前儿童营养、寻找工作、工作流动等活动支出。

770. **CD** (解析) 本题考查在职培训的机会成本。选项 A、B 和 E 属于直接成本。

771. **AE** (解析) 本题考查高等教育投资决策的基本模型。接受高等教育会产生直接成本、机会成本以及心理成本，同时也会带来经济收益和心理收益。

772. **BCD** (解析) 本题考查人力资本投资与高等教育。在很多时候，企业常常根据他们认为与生产率之间存在某种联系的，同时又是可以被观察到的标志或特征来进行人员的筛选。这些标志或特征包括年龄、经验、受教育程度等。

刷进阶

773. BCDE （解析）本题考查劳动力流动的影响因素。选项 A，一般情况下，企业规模越大，员工的流动率越低。

774. ABC （解析）本题考查关于人力资本投资及高等教育的几个重要结论。选项 D，获得收益的风险越高，人们更不愿意进行人力资本投资。选项 E，机会成本越高，意味着成本越大，人们也不愿意进行人力资本投资。

775. BCDE （解析）本题考查人力资本投资与高等教育。对于任何人来说，能够达到效用最大化的高等教育投资数量都是在边际收益等于边际成本的那个点上取得的，所以选项 A 错误。

776. ABDE （解析）本题考查高等教育投资决策的模型。上大学的成本越低，上大学的人相对就会越多，选项 A 和 D 正确。大学毕业生与高中毕业生之间的工资性报酬差距越大，上大学的人越多，选项 B 正确。投资后的收入增量流越长，从而上大学的可能性更大，选项 E 正确。

777. ADE （解析）本题考查教育投资的社会收益。教育投资有助于降低失业率，从而减少失业福利支出。父母的受教育水平在很大程度上会影响下一代的健康以及受教育状况。

778. ACE （解析）本题考查劳动力流动。当劳动力市场处于宽松状态时，即市场上存在明显的供大于求的现象时，已经就业的劳动者的流动动机显然会受到削弱。选项 B 错误。不同国家的社会制度也会使劳动者的直接流动成本不同，选项 D 错误。

779. BCE （解析）本题考查教育投资的私人收益估计偏差。选项 A、D 这两种说法与收益估计无关，属于迷惑性选项。

780. ABCE （解析）在其他条件相同的情况下，在折算上大学的未来收益时使用的贴现率越高，则上大学的可能性就越小。

第十四章 劳动合同管理与特殊用工

刷基础

781. BDE （解析）本题考查劳务派遣用工单位应承担的法定义务。劳务派遣用工单位不得向被派遣劳动者收取费用。选项 A 错误。劳务派遣单位不能以非全日制用工形式招用被派遣劳动者。选项 C 错误。

782. CE （解析）本题考查劳动合同履行的原则。劳动合同履行的原则是全面履行原则和合法原则。

783. ABCD （解析）本题考查劳动合同解除与终止。在解除竞业限制协议时，劳动者请求用人单位额外支付劳动者 3 个月的竞业限制经济补偿的，人民法院应予以支持。

784. ABC （解析）本题考查劳动者的义务。劳动者的义务：(1)遵守国家法律法规，遵守用人单位的规章制度；(2)完成劳动合同约定的工作内容，如果从事兼职，不能影响本单位的工作任务；(3)遵守劳动合同中约定的特定事项的义务，主要包括约定服务期和约定保守用人单位的商业秘密和与知识产权相关的保密事项。

785. ABCD （解析）本题考查劳动合同的履行。用人单位变更名称、法定代表人、主要负责人或者投资人等事项，不影响劳动合同的履行。用人单位发生合并或者分立等情况，原劳动合同继续有效，劳动合同由承继其权利义务的用人单位继续履行。选项 E 属于劳动合同变更的情况。

786. BCD （解析）本题考查用人单位的义务。用人单位的义务：（1）用人单位应当按照劳动合同约定和国家规定，向劳动者及时足额支付劳动报酬；（2）用人单位应当严格执行劳动定额标准，不得强迫或者变相强迫劳动者加班；用人单位安排加班的，应当按照国家有关规定向劳动者支付加班费；（3）用人单位应当保护劳动者的生命安全和身体健康。

刷进阶 高频进阶 强化提升

787. AD （解析）本题考查劳务派遣。选项 B 错误，劳务派遣单位与同一被派遣劳动者只能约定一次试用期。选项 C 错误，用人单位不得设立劳务派遣单位向本单位或者所属单位派遣劳动者。选项 E 错误，劳动合同用工是我国企业的基本用工形式，劳务派遣用工是补充形式。

788. BCE （解析）本题考查竞业限制。竞业限制的人员限于用人单位的高级管理人员、高级技术人员和其他负有保密义务的人员。

789. ABE （解析）本题考查劳务派遣协议。选项 C 和 D 属于用工单位的法定义务。

790. ABCE （解析）本题考查解除与终止劳动合同的经济补偿。个人领取一次性补偿收入时按照国家和地方政府规定的比例实际缴纳的住房公积金、医疗保险费、基本养老保险费、失业保险费，可以在计征其一次性补偿收入的个人所得税时予以扣除。

第十五章 社会保险法律

刷基础 紧扣大纲 夯实基础

791. ACDE （解析）本题考查社会保险法律关系的主体。从社会保险责任分，社会保险法律关系的主体有国家、社会保险的管理和经办机构、用人单位、劳动者及其家庭。选项 B 是从保险业务角度划分的社会保险法律关系的主体之一。

792. BCDE （解析）本题考查社会保险法律适用的基本规则。社会保险法律适用的基本规则：（1）上位法的效力高于下位法；（2）同位法中特别规定与一般规定不一致时，适用特别规定；（3）同位法中新的规定与旧的规定不一致，适用新的规定；（4）原则上不溯及既往。

793. ABCE （解析）本题考查社会保险法律责任。选项 D，用人单位未按时足额缴纳社会保险费的，由社会保险费征收机构责令其限期缴纳或者补足，并自欠缴之日起，按日加收万分之五的滞纳金；逾期仍不缴纳的，由有关行政部门处欠缴数额 1 倍以上 3 倍以下的罚款。

794. ABDE （解析）本题考查社会保险法律适用的特征。社会保险法律适用根据主体的不同，可分为司法适用、行政适用、仲裁和调解。

795. BCDE （解析）本题考查社会保险法律关系客体。社会保险法律关系客体是社会保险关系主体的权利与义务所指的对象，可以是资金、物，也可以是服务行为。

刷进阶

796. ABCE 【解析】本题考查社会保险的覆盖范围。公务员和参照公务员法管理的工作人员养老保险的办法由国务院规定。

797. ACDE 【解析】本题考查社会保险法律适用基本原则。社会保险法律适用的基本原则不包括强制性的原则。

798. ACD 【解析】本题考查社会保险法律关系的概念。企业年金不是社会保险，所以选项 B 错误；选项 E 错在"商业保险"。

第十六章 社会保险体系

刷基础

799. ACE 【解析】本题考查企业补充保险。符合下列条件的企业可以建立企业年金：(1)依法参加基本养老保险并履行缴费义务；(2)具有相应的经济负担能力；(3)已建立集体协商机制。

800. CD 【解析】本题考查工伤认定范围。在上下班途中，受到非本人主要责任的交通事故或者城市轨道交通、客运轮渡、火车事故伤害的，认定为工伤，选项 C 不应当认定为工伤；职工在工作时间内因公外出发生交通事故受到伤害的，认定为工伤，选项 D 不应当认定为工伤。

801. AE 【解析】本题考查失业保险金。失业保险金的标准由省、自治区、直辖市人民政府确定，不得低于城市居民最低生活保障标准。

刷进阶

802. ABD 【解析】本题考查不得认定为工伤或者视同工伤的情形。有下列情形之一的，不得认定为工伤或者视同工伤：故意犯罪的；醉酒或者吸毒的；自残或者自杀的。

803. ACDE 【解析】本题考查基本医疗保险基金的支付。下列医疗费用不纳入基本医疗保险基金支付范围：(1)应当从工伤保险基金中支付的；(2)应当有第三人负担的；(3)应当有公共卫生负担的；(4)在境外就医的。

第十七章 劳动争议调解仲裁

刷基础

804. BCDE 【解析】本题考查劳动争议处理的一般程序。劳动争议处理的一般程序包括协商、调解、仲裁和诉讼。

805. AB 【解析】本题考查劳动争议当事人的举证责任。在法律没有具体规定举证责任承担时，仲裁庭可以根据公平原则和诚实信用原则，综合当事人举证能力等因素确定举证责任的承担。

806. BCD 【解析】本题考查劳动争议仲裁程序。仲裁时效中断：(1)一方当事人通过协商、申请调解等方式向对方当事人主张权利的；(2)一方当事人通过向有关部门投诉，向仲裁委员会申请仲裁，向人民法院起诉或者申请支付令等方式请求权利救济的；(3)对方当事人同意履行义务的。

807. **ABD** 〔解析〕本题考查劳动争议调解协议的法律效力。因支付拖欠劳动报酬、工伤医疗费、经济补偿或者赔偿金事项达成调解协议，用人单位在协议约定期限内不履行的，劳动者可以持调解协议书依法向人民法院申请支付令。

808. **ABD** 〔解析〕本题考查劳动争议仲裁。仲裁员有下列情形之一，应当回避：是本案当事人或者当事人、代理人的近亲属的；与本案有利害关系的；与本案当事人、代理人有其他关系，可能影响公正裁决的；私自会见当事人、代理人，或者接受当事人、代理人的请客送礼的。

第十八章 法律责任与行政执法

809. **ABCD** 〔解析〕本题考查劳动监察的属性。劳动监察的属性包括法定性、行政性、专门性和强制性。

810. **ABCD** 〔解析〕本题考查劳动法律责任。选项 E，试用期的约定是因用人单位不同而定，可以不约定试用期，但是必须在法律范围内实施。

811. **ABCE** 〔解析〕本题考查劳动监察。根据《劳动保障监察条例》的规定，劳动保障监察机构查处用人单位或者劳动者违法行为的程序为立案、调查、处理、告知。

812. **ABCD** 〔解析〕本题考查行政复议。行政复议申请书包括的内容有申请人的情况、被申请人的情况、具体行政复议请求、事实和理由、申请人签名和申请日期。

813. **ABCE** 〔解析〕本题考查劳动法律责任的特点。劳动法律责任的特点：(1)以违法行为存在为前提；(2)以法律制裁为必然后果；(3)由国家强制力保证实施；(4)由国家特别授权的机关来执行。

第十九章 人力资源开发政策

814. **ABDE** 〔解析〕本题考查职业技能等级制度。2018年3月7日，人力资源社会保障部对《国家职业技能标准编制技术规程》(2012年版)进行了全面修订，主要修改内容为：强调工匠精神和敬业精神；落实"考培分离""鉴培分离"；支持技能人才成长；突出安全生产。

815. **BC** 〔解析〕本题考查创新创业激励。中央财政科技计划(专项、基金等)中实行公开竞争方式的研发类项目，均要设立间接费用，核定比例可以提高到不超过直接费用扣除设备购置费的一定比例：500万元以下的部分为20%，500万元至1 000万元的部分为15%，1 000万元以上的部分为13%。

816. **ABD** 〔解析〕本题考查职称制度。职称评审标准分为国家标准、地区标准和单位标准。

刷进阶

817. BDE （解析）本题考查公务员管理。行政机关公务员受处分的期间为：(1)警告，6个月；(2)记过，12个月；(3)记大过，18个月；(4)降级、撤职，24个月。
818. BE （解析）本题考查收入分配制度。公务员基本工资包括职务工资和级别工资两项。
819. ACD （解析）本题考查公务员管理。公务员的考核分为平时考核、专项考核和定期考核等方式。

刷 案例分析题

第一章 组织激励

刷通关

（一）

820. A 【解析】本题考查马斯洛需要层次理论。案例中，张明采取高额奖金的激励方法，没有考虑到销售部门等员工的工作性质，没有考虑每个员工的特殊需要。

821. CD 【解析】本题考查双因素理论。必须重视员工的成就感、认同感、责任感及个人的成长，才能激励员工。

822. ABC 【解析】本题考查双因素理论。从案例分析可知，选项A、B和C是引起员工不满的原因。

823. ABD 【解析】本题考查双因素理论。从案例可知，张明的管理问题主要是没有考虑员工的特殊需要造成的，不是领导权威的问题，选项C不合题意。

（二）

824. B 【解析】本题考查参与管理。从题干中"鼓励员工积极表达自己的想法，并采纳了员工很多好的想法"可以看出借鉴的是参与管理的领导风格。

825. AD 【解析】本题考查参与管理。参与管理有许多种形式，如共同设定目标，集体解决问题，直接参与工作决策，参与咨询委员会，参与政策制定小组，参与新员工甄选等。质量监督小组是一种常见的参与管理的模式。所以本题选择选项A和D。

826. BC 【解析】本题考查参与管理有效实施的条件。推行参与管理要有成效必须符合的条件有：在行动前，要有充裕的时间来进行参与；员工参与的问题必须与其自身利益相关；员工必须具有参与的能力，如智力、知识技术沟通技巧等；参与不应使员工和管理者的地位和权力受到威胁；组织文化必须支持员工参与。

827. AB 【解析】本题考查参与管理。参与管理同许多激励理论有密切关系，比如它符合双因素理论的主张，即提高工作本身的激励作用，给予员工成长、承担责任和参与决策的机会；同样从ERG理论来看，参与管理也有助于满足员工对责任、成就感、认同感、成长以及自尊的需要。所以本题选择选项A和B。

（三）

828. CD 【解析】本题考查需要层次理论。尊重的需要包括内在的尊重，如自尊心、自主权、成就感等需要；以及外在的尊重，如地位、认同、受重视等需要。自我实现的需要包括个人成长、发挥个人潜能、实现个人理想的需要。

829. A 【解析】本题考查双因素理论的内容。双因素理论分为激励因素和保健因素。激励因素是指成就感、别人的认可、工作本身、责任和晋升等因素；保健因素是指组织政策、监督方式、人际关系、工作环境和工资等因素。导致小李不满的因素是保健因素中的组织政策。

830. A 〔解析〕本题考查恢复公平的方法。感到不公平的员工可以采用以下方式来恢复公平感：改变自己的投入或产出，改变对照者的投入或产出，改变对投入或产出的知觉，改变参照对象及辞职。小李的行为属于改变自己的投入或产出，即感到报酬不足降低自己工作努力程度或要求加薪。

831. B 〔解析〕本题考查目标管理的要素。参与决策指在制定工作目标时，要求涉及目标的所有群体共同制定目标，并共同规定如何衡量目标的实现程度，而不是由上级单方面地制定下级的工作目标。

(四)

832. A 〔解析〕本题考查绩效薪金制的主要优点。绩效薪金制的主要优点在于可以减少管理者的工作量，因为员工为了获得更高的薪金会自发地努力工作，而不需要管理者的监督。

833. BCD 〔解析〕本题考查绩效薪金制的相关内容。绩效薪金制指将绩效与报酬相结合的激励措施，选项 A 错误。

834. ABD 〔解析〕本题考查绩效薪金制的相关内容。绩效可以是个人绩效、部门绩效和组织绩效。

835. ACD 〔解析〕本题考查绩效薪金制采用的方式。绩效薪金制采用的方式有计件工资、工作奖金、利润分成、按利分红等。

(五)

836. B 〔解析〕本题考查双因素利率。在双因素理论中，激励因素是指成就感、别人的认可、工作本身、责任和晋升等因素。从题干中"缺乏成就感"可知本题选 B。

837. B 〔解析〕本题考查 ERG 理论。"员工的这些情况反映出在高层次需要没有得到满足时，对低层次的需要就会显得更加渴望"这句话符合 ERG 理论的"挫折——退化"观点。

838. B 〔解析〕本题考查需求层次理论。案例中强调"比较突出的是基层员工缺少社会保险"，说明员工的基本福利保障需求未得到满足，导致员工缺乏安全感，工作效率下降，因此选 B。

839. ACD 〔解析〕本题考查三重需要理论。亲和需求高的人在组织中往往充当被管理者的角色，所以选项 B 错误。

(六)

840. C 〔解析〕本题考查三重需要理论。亲和需要强的人往往重视被别人接受和喜欢，他们追求友谊和合作。

841. A 〔解析〕本题考查三重需要理论。成就需要高的人的特点是有较强的责任感，希望能够得到及时的反馈，选择适度风险。

842. B 〔解析〕本题考查三重需要理论。权力需要高的人喜欢支配、影响别人，喜欢"发号施令"，十分重视争取地位和影响力。

843. C 〔解析〕本题考查三重需要理论。杰出的经理都有较高的权力欲望、较低的亲和需要，成就需要高的人可以是好职员，却不一定是好经理，所以本案例中小马较为合适被选为经理。

第二章 领导行为

刷通关

（七）

844. BC （解析）本题考查领导者的技能。领导者的三种主要技能是技术技能、人际技能、概念技能。技术技能是一个人对于某种类型的程序或技术所掌握的知识和能力，人际技能是有效地与他人共事和建立团队合作的能力，概念技能是按照模型、框架和广泛联系进行思考的能力。从案例来看，小张不善于与员工沟通，并且对于管理流程不知道变通，所以小张缺乏的是人际技能和概念技能。

845. D （解析）本题考查领导者的技能。选项D说法错误，正确的说法是：管理层级越高，工作中技术技能所占的比例越小，而概念技能所占的比例越大。

846. BCD （解析）本题考查领导者的技能。领导技能的发展主要有两种途径：(1)基于领导能力的培养，通过学习和已经获得的知识为基础的方法来得到提高；(2)辅导，讲师和领导者建立互相信任和尊重的关系，讲师可以帮助领导者明确事业范围和期望。除此之外，培训、工作设计、行为管理等其他组织行为技能也可以用来发展领导技能。

847. ABC （解析）本题考查领导者的技能。成功的领导依赖于合适的行为、技能和行动，所以本题选A、B、C。

（八）

848. A （解析）本题考查路径—目标理论。路径—目标理论中的指导式领导表现为让员工明确别人对他的期望、成功绩效的标准和工作程序。本案例中，老赵的领导行为与指导式领导相符合，因此选项A正确。

849. D （解析）本题考查领导风格的类型。按照领导风格理论并结合案例易知，老赵属于"任务指导型"领导风格（强调任务的结果），因此选项D正确。

850. ABC （解析）本题考查领导者的技能。从领导技能的角度看，成功的领导需要具备三种技能：技术技能、人际技能和概念技能，因此选项A、B和C正确。

851. BC （解析）本题考查领导者生命周期理论。领导生命周期理论认为，成熟度是指个体对自己的行为负责任的能力与意愿，因此选项B和C正确。

（九）

852. B （解析）本题考查交易型和变革型领导理论。交易型领导关注任务的完成以及员工的顺从，更多依靠组织的奖励和惩罚来影响员工的绩效。

853. D （解析）本题考查路径—目标理论。支持型领导努力建立舒适的工作环境，亲切友善，关心下属的要求。

854. C （解析）本题考查管理方格图。根据管理方格理论，"任务"领导风格对任务极端关注，而忽视对人的关注。

855. AB （解析）本题考查领导者的生命周期理论。成熟度是指个体对自己的行为负责任的能力与意愿，包括工作成熟度和心理成熟度。

（十）

856. A （解析）本题考查路径—目标理论。路径—目标理论由罗伯特·豪斯提出。

857. AC （解析）本题考查路径—目标理论。路径—目标理论给出了两个权变因素作为领导的领导行为与结果之间的中间变量：(1)下属控制范围之外的环境因素，如工作结构、正式的权力系统、工作团队等；(2)下属的个人特征，如能力、经验、内—外控等。

858. B （解析）本题考查领导—成员交换理论。领导—成员交换理论认为，这种交换过程是一个互惠的过程。从社会认知的角度来说，领导者们为了达成绩效目标和更持久的变化，应该着手改变下属的自我概念。同时作为互惠的另一部分，下属通过他们的反应也在改变领导者的自我图式。领导者和下属两者都作为个体，通过团体进行反馈。领导—成员交换理论认为，团体中领导者与下属在确立关系和角色的早期，就把下属分出"圈里人"和"圈外人"的类别。

859. A （解析）本题考查魅力型领导者的道德特征。选项B、C、D属于魅力型领导者的非道德特征。

(十一)

860. B （解析）本题考查魅力型领导理论。魅力型领导者是指具有自信并且信任下属，对下属有高度的期望，有理想化的愿景，以及使用个性化风格的领导者。魅力型领导者的追随者认同他们的领导者及其任务，表现出对领导者的高度忠诚和信心，效法其价值观和行为，并且从自身与领导者的关系中获得自尊。

861. B （解析）本题考查交易型和变革型领导理论。交易型领导强调的是个人在组织中的与位置相关的权威和合法性，交易型领导强调任务的明晰度、工作的标准和产出，他们很关注任务的完成以及员工的顺从，这些领导更多依靠组织的奖励和惩罚来影响员工的绩效。

862. BC （解析）本题考查领导者的技能。组织中任何层次的领导者都不能逃避有效人际技能的要求，这是领导行为的重要部分之一。管理层级越高，工作中技术技能所占的比例越小，而概念技能所占的比例越大。

863. B （解析）本题考查决策风格。分析型：决策者具有较高的模糊耐受性以及很强的任务和技术取向。喜欢对情境进行分析，倾向于过度分析事物。他们比指导型决策者评估更多的信息和备选方案，使用更多的时间进行决策，对新的、不确定的情境的反应比较好。他们也倾向于使用独裁的领导风格。

第三章 组织设计与组织文化

(十二)

864. B （解析）本题考查职能制的组织结构。职能制的主要特点有职能分工、直线—参谋制、管理权力高度集中。这些在题干中都有体现，所以应选择选项B。

865. A （解析）本题考查管理层次和管理幅度的概念。管理层次是指从最高一层管理组织到最低一级管理组织的各个组织等级。该公司中的组织等级有厂长、厂部、车间、工段、班组，所以管理层次是5层。管理幅度是指一名领导者直接领导的下级人员的数量。题干已经表明"每个上级直接管辖的下属为3~9人"，所以管理幅度为3~9人。

866. B （解析）本题考查职能制组织形式的缺点。职能制组织形式的缺点：狭隘的职能观念；横向协调差；适应性差；企业领导负担重；不利于培养具有全面素质、能够经营整个企业的管理人才。

867. B （解析）本题考查组织变革的方法。组织变革的方法有以人员为中心的变革、以结构为中心的变革、以技术为中心的变革、以系统为中心的变革。以结构为中心的变革是对组织内部结构进行分化和统合，包括重新划分和合并新的部门，调整管理层次和管理幅度，任免责任人，明确责任和权力等。所以本题应选 B。

（十三）

868. B （解析）本题考查组织设计的类型。创业时的 H 公司只生产风扇，需要的是当机立断的决策机制。当时采用直线式管理简单直接、环节清晰。总裁一天到晚忙得焦头烂额，表明领导负担重。这些说明创业时的 H 公司所采取的组织设计类型是职能制。

869. BCD （解析）本题考查职能制的适用范围。职能制的组织形式在简单/静态的环境中效果较好，所以选项 A 错误。

870. ABC （解析）本题考查事业部制的适用范围。事业部制的缺点之一是会增加费用和管理成本，所以选项 D 错误。

871. AC （解析）本题考查事业部制的特点。事业部之间不是因为相互协调而增强了企业的活力，而是因为事业部之间的相互比较和竞争才增强了企业的活力，故选项 B 错误。选项 D 错在事业部不需要得到集团对经营活动更具体的指导，因为其是独立运行，自负盈亏的。

（十四）

872. C （解析）本题考查组织文化的类型。棒球队型组织鼓励冒险和革新，招聘时从各个年龄和经验层次的人中寻求有才能的人；薪酬制度以员工绩效水平为标准；由于这种组织对工作出色的员工给予巨额奖酬和较大的自由度，员工一般都拼命工作。

873. D （解析）本题考查组织设计的类型。团队结构形式的主要特点是，打破部门界限并把决策权下放到工作团队成员手中。

874. B （解析）本题考查组织变革的方法。以结构为中心的变革包括重新划分和合并新的部门，调整管理层次和管理幅度，任免责任人，明确责任和权力等。

875. BC （解析）本题考查组织文化与组织设计。如果企业想鼓励创新、开放的组织文化，就需要降低组织的制度化程度和规范化程度，选项 A 说法错误；企业希望有一种冒险、创新的组织文化，则绩效评估体系将重点放在评价创新的努力上，而不应该建立强调等级差异的绩效评估体系，选项 D 说法错误。

（十五）

876. B （解析）本题考查组织的结构类型。案例中，该公司没有生产车间和生产员工，是一种虚拟组织形式。

877. D （解析）本题考查组织文化的类型。棒球队型组织鼓励冒险和革新。

878. AB （解析）本题考查虚拟组织形式的特点。选项 A 是虚拟组织形式的优点，选项 B 是虚拟组织形式的缺点；选项 C 和 D 不是其所具有的特点。

879. ABC （解析）本题考查棒球队型组织文化的特点。选项 D 属于俱乐部型组织文化的特点。

（十六）

880. B （解析）本题考查按职能划分的组织形式。从题干中可知，改革前，公司内部实行直线—参谋制的组织形式，这属于职能制形式的特点。

881. D （解析）本题考查矩阵组织形式。矩阵组织形式代表了围绕产品线组织资源及按职能划分组织资源二者之间的一种平衡。

882. C （解析）本题考查俱乐部型组织文化。从案例中可知，改革前，公司注重员工的资历，这是俱乐部型组织文化的特点。

883. D （解析）本题考查棒球队型组织文化。棒球队型组织鼓励冒险和革新，所以本题选项 D 正确。

第四章 战略性人力资源管理

刷通关

（十七）

884. BCD （解析）本题考查成本领先战略的绩效管理。选项 A 错误，在绩效考核中，组织应尽量选择以结果为导向的、实施成本较低的评价方法，比如目标管理法，鼓励员工通过各种方法达到组织期望的结果。

885. ABC （解析）本题考查差异化战略的绩效管理。选项 D 错误，评价结果可以充分用于员工的开发、培训，使员工通过不断学习获得更先进的理念，与组织共同发展。

886. ABC （解析）本题考查绩效计划的制订。绩效计划的制订需要组织中不同人群的参与，人力资源部门对绩效管理的监督与协调负主要责任，各级主管人员要参与计划的制订，员工也要积极参与计划制订的过程，绩效计划的制订是一个自上而下的过程。

887. AB （解析）本题考查国际人力资源的绩效考核。国际人力资源的绩效考核不但关注业绩，而且突出战略方向，强调企业的长远发展。国际人力资源更倾向于基于结果的绩效考核而不是基于员工特征的绩效考核。

第五章 人力资源规划

刷通关

（十八）

888. A （解析）本题考查德尔菲法。选项 A 错误，德尔菲法不采用集体讨论的做法，而是匿名进行。

889. ABD （解析）本题考查德尔菲法。在实施德尔菲法时需要注意一些问题，主要包括：(1)专家的人数不能太少，至少要达到 20~30 人；(2)专家的挑选要有代表性；(3)问题的设计要合理；(4)向专家提供的资料和信息要相对充分。

890. B （解析）本题考查人力资源需求预测的主要方法。从预测方法来说，在对人力资源需求进行预测时，既可以采用定性的主观判断法，又可以使用定量的统计学方法。其中，主观判断法又包括经验判断法和德尔菲法。

891. ABD （解析）本题考查人力资源需求小于供给时的组织对策。通常情况下，当一个组织面临人力资源需求小于人力资源供给的情形时，主要可以采取以下几种措施：(1)冻结雇用；(2)鼓励员工提前退休；(3)缩短每位现有员工的工作时间，采用工作分享的方式同时降低工资；(4)临时性解雇或永久性裁员；(5)对富余人员进行培训，为未来的发展做好人力资源储备，或者利用现有的人力资源开展新的项目或新的经营活动。

（十九）

892. AB （解析）本题考查人力资源规划的意义和作用。人力资源规划的意义和作用：

(1)人力资源规划有利于组织战略目标的实现;(2)良好的人力资源规划有利于组织整体人力资源管理系统的稳定性、一致性和有效性,有利于组织的健康和可持续发展;(3)良好的人力资源规划还有助于组织对人工成本的合理控制。

893. A 【解析】本题考查人力资源需求小于供给时的组织对策。通常情况下,当一个组织面临人力资源需求小于人力资源供给的情形时,主要可以采取以下几种措施:(1)冻结雇用;(2)鼓励员工提前退休;(3)缩短每位现有员工的工作时间,采用工作分享的方式同时降低工资;(4)临时性解雇或永久性裁员;(5)对富余人员进行培训,为未来的发展做好人力资源储备,或者利用现有的人力资源开展新的项目或新的经营活动。

894. A 【解析】本题考查人力资源供求平衡的方法分析。选项A,外包可以适当控制和精简企业自身直接雇用的人员数量,有助于提升人力资源管理的价值。

895. AD 【解析】本题考查人力资源供求平衡的方法分析。执行速度快、员工受到伤害大的方案有降级、减薪和裁员。

第六章 人员甄选

(二十)

896. BCD 【解析】本题考查结构化面试。选项A说法错误,结构化面试的灵活性不够。

897. B 【解析】本题考查面试的类型。角色扮演是要求被测试者扮演一位管理者或者某岗位员工,然后让他们根据自己对角色的认识或担任相关角色的经验来进行相应的语言表达和行为展示。

898. B 【解析】本题考查结构化面试。结构化面试又称为标准化面试。

899. CD 【解析】本题考查角色扮演。案例中主要考察的是人际关系处理能力和情绪、思维、应变能力等人格特质。

(二十一)

900. BCD 【解析】本题考查甄选的主要方法。由题干描述可知该公司对员工甄选工作不重视,走过场,可见其面试的标准化程度比较低,选项A错误。

901. A 【解析】本题考查预测效度。预测效度所要考察的是员工被雇用之前的测试分数与其被雇用之后的实际工作绩效之间是否存在实证性联系。

902. ABC 【解析】本题考查无领导小组讨论。无领导小组讨论对评价者的评分技术要求比较高。

903. D 【解析】本题考查情境化结构面试。情境化结构面试的题目可以划分为两类:一类是以过去的经验为依据,它要求被面试者回答他们在过去的工作中遇到的某种情形,以及他们当时是如何处理的。另一类则是未来导向的,它要求被面试者回答,将来一旦遇到某种假设的情形,他们将会采取怎样的处理措施。

(二十二)

904. B 【解析】本题考查效标效度。预测效度所要考察的是员工被雇用之前的测试分数与其被雇用之后的实际工作绩效之间是否存在实证性联系。

905. A 【解析】本题考查履历分析。履历分析又称资历分析或评价技术,它通过对一个人的基本背景以及学习、工作、生活经历甚至个人习惯等与工作相关的履历信息进行收集和分析,从而判断一个人对未来工作岗位的适应性以及预测其未来工作绩效、任职年限和流动性等特征的一种人才测评方法。问题一产生的原因是公司缺乏履历分析。

906. **CD** （解析）本题考查改善面试效果的主要方法。对面试考官的培训重点应当关注以下几个方面：(1)明确面试考官的职责及其在面试过程中所扮演的角色；(2)传授引导和控制面试过程的技巧；(3)让面试考官学会如何与各种不同类型的被面试者打交道；(4)使面试考官理解在进行面试评价时可能会出现的各种偏差，从而使他们能够在实际操作中注意避免犯这些错误，正确理解评分标准，掌握评分方法和评分尺度。

907. **ACD** （解析）本题考查评价中心技术。评价中心技术是通过情景模拟的方法来对求职者进行评价的，选项 B 错误。

第七章　绩效管理

（二十三）

908. **C** （解析）本题考查绩效考核的方法。强制分布法要求评价者将被评价者的绩效结果放入一个类似于正态分布的标准中。它将员工的绩效表现划分为多个等级，并确定每个等级的人数比例。

909. **ABC** （解析）本题考查绩效评价中容易出现的问题。在绩效评价中容易出现的问题有晕轮效应、趋中倾向、过宽或过严倾向、年资或职位倾向、盲点效应、刻板印象、首因效应、近因效应。

910. **ABD** （解析）本题考查绩效面谈的技巧。绩效面谈的技巧之一是认真倾听，最忌讳主管人员喋喋不休，时常打断员工的谈话。

911. **C** （解析）本题考查绩效改进的概念。绩效改进是指通过找出组织或员工工作绩效中的差距，制定并实施有针对性的改进计划来提高员工绩效水平的过程。

第八章　薪酬管理

（二十四）

912. **ABD** （解析）本题考查薪酬管理。该公司的薪酬分配原则不清楚，存在内部不公平：不同职位之间、不同员工之间的薪酬差别基本上是凭感觉来确定；不能准确了解外部，特别是同行业的薪酬水平，无法准确定位薪酬整体水平。

913. **C** （解析）本题考查工作分析及职位评价。工作分析是确定薪酬体系的基础。

914. **C** （解析）本题考查薪酬调查。薪酬调查主要是为了解决薪酬的外部竞争性问题。薪酬调查主要是通过各种途径，收集企业所关注的竞争对手或同行业类似企业的薪酬水平及相关信息，并通过调查所得数据绘制薪酬曲线得出本公司职位薪酬所在位置。

915. **B** （解析）本题考查职位评价。职位评价主要是为了解决薪酬的内部公平性问题。职位评价的作用：一是确定企业内部各职位的相对价值，得出职位等级序列；二是为薪酬调查建立一套统一的职位评估标准，为确保薪酬的公平性奠定基础。

（二十五）

916. **D** （解析）本题考查薪酬体系设计。在薪酬调查结束之后，企业在确定薪酬水平时，可以选择的策略包括领先策略、跟随策略或滞后策略。

917. AC （解析）本题考查薪酬管理。企业采取精简战略时，薪酬管理的指导思想主要是将企业的经营业绩与员工收入挂钩，因此在薪酬结构上基本薪酬所占的比例相对较低，一些企业还尝试实行员工股份所有权计划，以鼓励员工共担风险。

918. BC （解析）本题考查薪酬管理。企业采取稳定战略时，薪酬决策的集中度比较高，在薪酬结构上基本薪酬和福利所占的比重较大。从薪酬水平来说，一般采取市场跟随或略高于市场水平的薪酬，但长期内不会有太大的增长。

919. AB （解析）本题考查不同发展战略下的薪酬管理。选项 C 和 D 是稳定战略或集中战略下的薪酬战略。

第九章 培训与开发

刷通关

（二十六）

920. C （解析）本题考查职业兴趣类型理论。根据霍兰德的职业兴趣类型理论，结合案例中他们各自的行为表现，可知麦克属于艺术型，汉斯属于现实型，白文莉属于社会型。

921. A （解析）本题考查职业生涯锚的类型。根据埃德加·施恩的职业生涯锚类型，结合案例中他们各自的行为表现，可知麦克属于自主独立型，汉斯属于技术/职能型，白文莉属于管理能力型。

922. C （解析）本题考查职业生涯锚的类型。在埃德加·施恩的职业生涯锚类型中管理能力型具有分析能力、人际沟通能力和情绪控制能力强强组合的特点。案例中白文莉属于管理能力型的，选项 C 正确。

923. ABC （解析）本题考查职业生涯锚的相关内容。选项 A 属于职业生涯锚的特点，选项 B 属于职业生涯锚的作用，选项 C 属于职业生涯锚的内容。选项 D，职业生涯锚不可能根据各种测试提前进行预测。

第十一章 劳动力市场

刷通关

（二十七）

924. AC （解析）本题考查劳动力供给的质量。劳动力供给质量主要是指劳动力队伍的身体健康状况以及受教育和训练的程度。

925. ABD （解析）本题考查劳动力供给数量的决定因素。一国的劳动力数量主要取决于该国的人口总量、劳动力参与率以及劳动者的平均周工作时间。

926. ACD （解析）本题考查劳动力需求。选项 B 说法错误，其他条件不变，资本价格下降的规模效应会导致中国劳动者的就业增加。

927. ABD （解析）本题考查劳动力需求。产品需求的价格弹性越大，劳动力需求下降的幅度就越大，所以选项 C 不利于劳动者就业。

（二十八）

928. ABC （解析）本题考查劳动力市场非均衡及其影响因素。雇用和解雇劳动力的过程都不可能在不付出成本的条件下实现。企业在雇用劳动者的过程中需要支付很多成本，包括搜寻成本以及对劳动者进行筛选的成本。在雇用劳动者之后，企业往往还需要对劳动者进行各种在职培训，从而承担相应的培训成本。从解雇的角度来说，解雇员工的做法可能会被视为对员工不公平，从而影响企业未来在市场上招募员工的能力，同时可能会损害留用员工的生产率。

929. BCD （解析）本题考查劳动力流动。在现实中，劳动力流动是有成本的，其中不仅包括寻找就业信息的成本，而且包括因为离开原来的雇主而失去的很多经济或非经济收益。此外，从为一位雇主工作转变到为另一位雇主工作，往往还涉及一些在原来企业学习到的技能失效，以及需要重新接受培训，从而掌握新的技能的成本。因此，劳动力流动在某种程度上是受到限制的。

930. AB （解析）本题考查劳动力流动。近些年来，相当一批已婚女性在市场生产率正在上升或者处于较高水平的年龄上，退出劳动力市场，导致女性的劳动力参与率下降。这一方面与丈夫的收入水平大幅度上涨有关，另一方面导致这些女性放弃劳动力市场工作的一个最主要原因是中国当前的教育体制导致子女的教育压力过大。从历史上来看，女性通常总是承担着从事家庭生产的主要责任，目前其偏好虽然在发生改变，但与男性相比仍然更加偏好家务劳动而不是市场工作。

931. BC （解析）本题考查劳动力供给。非劳动收入增加会导致劳动力参与率下降；相反，非劳动收入减少可能导致劳动力参与率上升。已退休者的劳动力参与率上升可能是因为他们重新就业的机会较多。当工资率上升到一定程度，随着劳动者总收入水平的提高，他们的需要层次也会随之提高，从而对闲暇的满足看得比较重，工资率上升对劳动力供给所产生的收入效应就比替代效应的作用力度更大一些，所以工资水平越高的退休者，退休后劳动力参与率越低。

（二十九）

932. AB （解析）本题考查劳动力市场均衡。在劳动力市场均衡状态下，既不存在失业，也不存在劳动力短缺。劳动力市场均衡不是绝对的，劳动力供给和劳动力需求之中的任何一种力量发生变化，或者两者同时发生变化，都会导致旧的劳动力市场均衡被打破，新的劳动力市场均衡被建立起来。所以选项 C 和 D 错误。

933. BCD （解析）本题考查劳动力市场均衡与非均衡。如果企业支付低于通行市场工资率，则会雇不到人。所以选项 A 不选。

934. ABD （解析）本题考查劳动力市场非均衡的相关知识。选项 C 说法没有依据。

935. ACD （解析）本题考查劳动力市场流动的供给方遇到的摩擦力。选项 B 错误，这不是人为限制的结果。

（三十）

936. B （解析）本题考查附加的劳动者效应的概念。附加的劳动者效应是指当家庭中的主要收入获取者失去工作或工资被削减以后，其他的家庭成员（带孩子的女性或年轻人）有可能会临时性地进入劳动力队伍，以力图通过找到工作来增加家庭收入，保持家庭原先的效用水平不变。

937. B （解析）本题考查经济衰退中的劳动力供给分析。附加的劳动者效应和灰心丧气的劳动者效应在作用上是相反的。

938. ABD （解析）本题考查家庭生产理论的相关内容。选项 C，家庭物品的生产方式可以划分为时间密集型和商品密集型两种。

939. B 【解析】本题考查女性劳动力参与率的变化。女性(尤其是已婚女性)的劳动力参与率大幅度上升。

(三十一)

940. AD 【解析】本题考查派生需求定理。根据派生需求定理,产品需求价格弹性越大,生产此产品的劳动力的需求弹性越大。在其他条件相同的情况下,对劳动力需求的弹性越大,则工会在尽可能保障其成员就业安全的情况下为他们赢得的工资增长幅度就越小。

941. AC 【解析】本题考查劳动力需求的交叉工资弹性。两种劳动力的交叉工资弹性值为负值,则意味着一种劳动力的工资率提高会促使另一种劳动力的就业量减少,这说明两者之间是一种总互补关系。

942. A 【解析】本题考查劳动力市场均衡。根据第三种情况和劳动力需求曲线移动对均衡位置的影响可知工资率和就业人数会同时上升。

943. AC 【解析】本题考查劳动力市场均衡。某特殊行业的生产规模及所使用的技术没有明显变化,这说明劳动力需求不会发生很大改变。而未来几年一大批相关专业的大学毕业生会投入该行业的就业队伍,这将导致该行业的劳动力供给在未来几年内出现大幅度增加,这必将会导致工资率的下降。所以本题选项 A 和 C 正确。

(三十二)

944. ABC 【解析】本题考查女性劳动力参与率变化的主要影响因素。选项 D 错误,如果女性的配偶有着较高的经济收入,则有可能使女性退出劳动力市场。

945. ACD 【解析】本题考查老年人劳动力参与率的变化。工资率的上升既有可能带来收入效应,也有可能带来替代效应,若替代效应大于收入效应,则老年劳动者退休年限会延长,反之退休年龄将会提前,所以选项 B 错误。

946. ABD 【解析】本题考查劳动力需求方遇到的摩擦力。雇用和解雇劳动力的过程都不可能在不付出成本的条件下实现。企业在雇用劳动者的过程中需要支付很多成本,包括搜寻成本以及对劳动者进行筛选的成本。在雇用劳动者之后,企业还要承担相应的培训成本。另外,解雇员工的做法可能被视为对员工不公平,从而影响企业未来在市场上招募员工的能力,同时可能会损坏留用员工的生产率。

947. ACD 【解析】本题考查劳动力供给方遇到的摩擦力。现实中劳动力流动是有成本的,包括寻找就业信息的成本,离开原雇主失去的经济或非经济利益和转到新雇主需要重新学习掌握新的技能的成本。这就表明劳动力的流动成本在某种程度上限制劳动力的流动。

(三十三)

948. AD 【解析】本题考查劳动力市场。从案例内容可知,该企业倾向于从内部提拔管理人员,所以选项 A 正确。并且在做出晋升决定时,会严格考查员工的绩效等,每一次晋升都有若干候选人,最优秀者胜出,所以选项 D 正确。

949. AB 【解析】本题考查高工资的作用。高工资能够帮助组织吸引到更为优秀的、生产率更高的员工。高工资有利于降低员工的离职率,强化他们的实际生产率。高工资往往能够更容易让人产生公平感。

950. BCD 【解析】本题考查晋升竞赛。从案例可知,在做出晋升决定时,会严格按任职员工的历史绩效以及一线的工作时间和发展潜力等因素来进行综合考察,所以选项 B、C 和 D 正确。

951. **BCD** （解析）本题考查晋升竞赛。要在参与晋升竞赛者当前的职位和拟晋升职位之间创造出一种合理的工资差距，工资差距太小会削弱竞赛参与者的努力动机。要看一位候选人最终获得晋升到底是因为实力和绩效原因，还是因为运气因素。由于评价方法、评价内容甚至评价者方面的原因，很可能会导致最终得到的评价结果并不好。

（三十四）

952. **AC** （解析）本题考查劳动力出售者地位的不利性。劳动者在劳动力市场上的议价能力大小，一方面取决于劳动者所属的同种劳动力在市场上的供求状况；另一方面则取决于个人的技术、能力和经验等劳动力质量要素的水平。

953. **ACD** （解析）本题考查效率工资。企业之所以愿意支付高工资，而不仅仅是市场通行工资率，一个基本假设就是高工资往往能够带来高生产率。理由主要有三点：（1）高工资能够帮助组织吸引到更为优秀的、生产率更高的员工；（2）高工资有利于降低员工的离职率，强化他们的实际生产率；（3）高工资往往能够更容易让人产生公平感。

954. **A** （解析）本题考查劳动力市场的特征。劳动力市场的特征之一为劳动力市场交易对象的难以衡量性。所以，企业往往需要采取多种手段来预测和判断劳动者的劳动能力是否符合企业需要。人力资源部门除了利用劳动者的受教育程度、工作经历以及在职训练等客观指标来作为筛选员工的依据之外，往往还不得不利用面试、笔试、心理测验等多种甄选手段来对求职者进行筛选。通常情况下，企业还要利用试用期来最后决定是否最终雇用某位求职者。

955. **B** （解析）本题考查优等劳动力市场。优等劳动力市场的特征：就业条件较好，工资福利水平较高，工作环境良好，工作保障性较强。案例材料中"公司给他这类的软件编程人员的工资比市场水平高出20%，办公环境和各项福利待遇也很好"，符合优等劳动力市场的特征。

第十三章 人力资本投资理论

刷通关

（三十五）

956. **BC** （解析）本题考查高等教育投资的成本收益分析框架。直接支出的学费以及其他与接受高等教育直接有关的成本属于直接成本。大学毕业生由于接受高等教育，一方面导致在最初的四年中因无法工作而损失了四年的工资性报酬，另一方面可能因为刚开始时继续接受培训等原因而导致工资性报酬在最初的一年中低于已经有几年工作经验的高中毕业生，这些属于机会成本。

957. **D** （解析）本题考查高等教育投资决策的几个基本推论。上大学的总收益是指一个人在接受大学教育之后的终身职业生涯中获得的超过高中毕业生的工资性报酬，因此如果仅仅根据大学生刚刚毕业的几年中所得到的工资性报酬状况来判断上大学是否值得就会出现误差。

958. **AB** （解析）本题考查高等教育投资决策的几个基本推论。人力资本投资的机会成本可以理解为：某人因进行人力资本投资而不得不放弃的收入。所以，在经济不景气时进行人力资本投资的机会成本比较低，有工作收入的在职人员全职攻读研究生学位的机会成本高于没工作过的年轻学生。

959. ABC （解析）本题考查高等教育投资决策的几个基本推论。毕业研究生和本科生之间的工资差距扩大，研究生找到好工作的机会大大超过本科生，会促使本科毕业生继续攻读硕士学位。政府提高了研究生在校期间的助学金水平，攻读研究生期间的收入增加，也会促使本科毕业生继续攻读硕士学位。本科生的就业形势非常好，本科毕业生会马上就业而不是继续攻读硕士学位。

第十四章 劳动合同管理与特殊用工

刷通关

（三十六）

960. B （解析）本题考查劳务派遣。劳务派遣单位应当与被派遣劳动者订立 2 年以上的固定期限劳动合同，所以选项 A 错误；劳务派遣单位应当为被派遣劳动者缴纳社会保险，所以选项 C 错误；施某在工作中出现安全问题，用工单位要负一定的责任，所以选项 D 错误。

961. B （解析）本题考查劳务派遣。劳务派遣是指劳务派遣单位与被派遣劳动者建立劳动关系后，将该劳动者派遣到用人单位从事劳动的一种特殊用工形式。在这种特殊用工形式下，劳务派遣单位与劳动者建立劳动关系，本题中与劳动者建立劳动关系的是 L 劳务派遣公司，所以承担施某受伤责任的主体是 L 劳务派遣公司。

962. AD （解析）本题考查劳动争议的处理。用人单位可以根据实际需要自主决定是否设立劳动争议调解委员会，选项 A 正确。劳动争议调解应遵循的原则之一为自愿原则，劳动争议调解委员会遵循双方当事人自愿原则进行调解，选项 D 正确。

963. AB （解析）本题考查工伤认定的申请。职工发生事故伤害或者按照职业病防治法规定被诊断、鉴定为职业病，所在单位应当自事故伤害发生之日或者被诊断、鉴定为职业病之日起 30 日内，向统筹地区社会保险行政部门提出工伤认定申请。用人单位未按规定提出工伤认定申请的，工伤职工或者其近亲属可以直接向用人单位所在地统筹地区社会保险行政部门提出工伤认定申请。

（三十七）

964. B （解析）本题考查非全日制用工的规定。从事非全日制用工的劳动者可以与一个或者一个以上用人单位订立劳动合同；但是，后订立的劳动合同不得影响先订立的劳动合同的履行。非全日制用工双方当事人可以订立口头协议。所以选项 A、C 和 D 错误。

965. B （解析）本题考查非全日制用工的规定。非全日制用工以小时计酬为主。非全日制用工小时计酬标准不得低于用人单位所在地人民政府规定的最低小时工资标准。所以选项 A、C 和 D 错误。

966. BC （解析）本题考查非全日制用工的规定。非全日制用工双方当事人任何一方都可以随时通知对方终止用工。终止用工，用人单位不向劳动者支付经济补偿。

967. B （解析）本题考查非全日制用工的概念。非全日制用工是指以小时计酬为主，劳动者在同一用人单位一般平均每日工作时间不超过 4 小时，每周工作时间累计不超过 24 小时的用工形式。

（三十八）

968. ABD （解析）本题考查劳务派遣的相关规定。选项 C，乙劳务派遣公司与被派遣劳动者订立的劳动合同不能代替劳务派遣协议。

969. D （解析）本题考查经营劳务派遣业务的条件。经营劳务派遣业务，应当向劳动行政部门依法申请行政许可，未经许可，任何单位和个人不得经营劳务派遣业务。

970. ACD （解析）本题考查劳务派遣的适用范围。劳务派遣用工只能在临时性、辅助性或替代性的工作岗位上实施。

971. B （解析）本题考查修改《劳动合同法》决定的过渡事项规定。2012年12月2日前已依法订立的劳动合同和劳务派遣协议继续履行至期限届满，但是劳动合同和劳务派遣协议的内容不符合修改《劳动合同法》决定关于按照同工同酬原则实行相同的劳动报酬分配办法的规定的，应当依照决定进行调整；决定施行前经营劳务派遣业务的单位，应当在决定施行之日起一年内依法取得行政许可并办理公司变更登记，方可经营新的劳务派遣业务。

(三十九)

972. C （解析）本题考查劳务派遣的劳动合同。李某的用人单位应该是劳务派遣单位，即丙公司。

973. A （解析）本题考查劳务派遣。用工单位有下列情形之一，可以将被派遣劳动者退回劳务派遣单位：(1)劳动合同订立时所依据的客观情况发生重大变化，致使劳动合同无法履行，经用人单位与劳动者协商，未能就变更劳动合同内容达成协议的；(2)依照企业破产法规定进行重整的；(3)生产经营发生严重困难的；(4)企业转产、重大技术革新或者经营方式调整，经变更劳动合同后，仍需裁减人员的；(5)其他因劳动合同订立时所依据的客观经济情况发生重大变化，致使劳动合同无法履行的；(6)用工单位被依法宣告破产、吊销营业执照、责令关闭、撤销、决定提前解散或者经营期限届满不再继续经营；(7)劳务派遣协议期满终止。

974. C （解析）本题考查用工单位与劳动者解除或终止劳动合同的条件。被派遣劳动者有以下情形之一，用工单位可以将被派遣劳动者退回劳务派遣单位，劳务派遣单位可以依法解除劳动合同：(1)在试用期间被证明不符合录用条件的；(2)严重违反用人单位的规章制度的；(3)严重失职、营私舞弊，对用人单位造成重大损害的；(4)劳动者同时与其他用人单位建立劳动关系，对完成本单位的工作任务造成严重影响，或者经用人单位提出，拒不改正的；(5)因劳动者以欺诈、胁迫的手段或者乘人之危，使用人单位在违背真实意思的情况下订立或者变更劳动合同致使劳动合同无效的；(6)被依法追究刑事责任的；(7)劳动者患病或者非因工负伤，在规定的医疗期满后不能从事原工作，也不能从事由用人单位另行安排的工作的；(8)劳动者不能胜任工作，经过培训或者调整工作岗位，仍不能胜任工作的。

975. C （解析）本题考查劳务派遣岗位的范围。劳务派遣岗位的范围：临时性(存续时间不超过6个月)、辅助性或者替代性的工作岗位。

(四十)

976. AB （解析）本题考查劳动合同解除。《劳动合同法》第四十一条规定，需要裁减人员二十人以上或者裁减不足二十人但占企业职工总数百分之十以上的，用人单位提前三十日向工会或者全体职工说明情况，听取工会或者职工的意见后，裁减人员方案经向劳动行政部门报告可以裁减人员。

977. AC （解析）本题考查劳动合同解除。企业可以依法裁员的情况：(1)依照企业破产法规定进行重整的；(2)生产经营发生严重困难的；(3)企业转产、重大技术革新或者经营方式调整，变更劳动合同后，仍需裁减人员的；(4)其他因劳动合同订立时所依据的客观经济情况发生重大变化，致使劳动合同无法履行的。

978. ABC （解析）本题考查劳动合同解除与终止。用人单位裁减人员时，应当优先留用下列人员：(1)与本单位订立较长期限的固定期限劳动合同的；(2)与本单位订立无固定期限劳动合同的；(3)家庭无其他就业人员，有需要扶养的老人或者未成年人的。

979. C （解析）本题考查解除与终止劳动合同的经济补偿。经济补偿按劳动者在本单位工作的年限，每满一年支付一个月的工资的标准向劳动者支付；6个月以上不满1年的，按1年计算；不满6个月的，向劳动者支付半个月工资。

(四十一)

980. BC （解析）本题考查劳动合同解除。选项A、D错误，由于甲累计旷工10天以上，严重违反用人单位规章，用人单位可随时与甲解除劳动合同。

981. C （解析）本题考查劳动合同解除。选项A、B错误，由于甲严重违反用人单位规章，用人单位可随时与甲解除劳动合同，不需要支付经济补偿。选项D错误，用人单位应当在解除或者终止劳动合同的15日内为劳动者办理档案和社会保险关系转移手续。

982. A （解析）本题考查劳动合同解除。选项B、C、D错误，用人单位未依法为劳动者缴纳社会保险费的，劳动者可以解除劳动合同，且无须提前通知用人单位。用人单位需要支付经济补偿。

983. ABC （解析）本题考查劳动争议的处理。劳动争议当事人解决劳动争议的基本方法是申请调解、仲裁和提起诉讼，也可以自行协商解决劳动争议。

第十六章　社会保险体系

(四十二)

984. A （解析）本题考查工伤认定的情形。在上下班途中，受到非本人主要责任的交通事故或者城市轨道交通、客运轮渡、火车事故伤害的可以认定为工伤。

985. B （解析）本题考查工伤鉴定。自劳动能力鉴定结论作出之日起1年后，工伤职工或其直系亲属、所在单位或经办机构认为伤残情况发生变化的，可以申请劳动能力复查鉴定。

986. D （解析）本题考查工伤认定申请的相关内容。社会保险行政部门应当自受理工伤认定申请之日起60日内作出工伤认定的决定，并书面通知申请工伤认定的职工或者其近亲属和该职工所在单位。

987. C （解析）本题考查工伤保险待遇。职工所在用人单位未依法缴纳工伤保险费，发生工伤事故的，由用人单位支付工伤保险待遇。

(四十三)

988. A （解析）本题考查劳动合同。选项B，根据法律规定，每日工作8小时，每周工作5天；选项C，合同履行期间发生伤残，公司应负责；选项D，应享受年休假。

989. C （解析）本题考查工伤的认定。在工作时间和工作场所内，因工作原因受到事故伤害的，应认定为工伤。

990. BC 【解析】本题考查工伤认定。劳动争议仲裁委员会无权对王某所受伤做出工伤认定，可以向社会保险行政部门申请工伤认定。

991. A 【解析】本题考查终止劳动合同的经济补偿。不满6个月的，按向劳动者支付半个月工资的标准向劳动者支付经济补偿。

(四十四)

992. A 【解析】本题考查失业登记。失业人员应当持本单位为其出具的终止或者解除劳动关系的证明，及时到指定的社会保险经办机构办理失业登记。

993. B 【解析】本题考查失业保险待遇。员工在领取失业保险金期间，参加职工基本医疗保险，享受基本医疗保险待遇。

994. D 【解析】本题考查领取失业保险金的条件。领取失业保险金的条件：(1)失业前用人单位和本人已经缴纳失业保险费满一年；(2)非因本人意愿中断就业；(3)已经进行失业登记，并有求职要求。

995. C 【解析】本题考查失业登记。失业保险金自办理失业登记之日起计算。

996. AB 【解析】本题考查失业保险。移居境外的和应征服兵役的属于停止领取失业保险的范围。

第十七章 劳动争议调解仲裁

刷通关 举一反三 高效通关

(四十五)

997. A 【解析】本题考查仲裁管辖。选项A错误，劳动争议由劳动合同履行地或者用人单位所在地的劳动争议仲裁委员会管辖。也就是说，发生劳动争议，申请人可以选择向劳动合同履行地或者用人单位所在地的劳动争议仲裁委员会中的任何一个劳动争议仲裁委员会提起仲裁申请。双方当事人分别向劳动合同履行地和用人单位所在地的劳动争议仲裁委员会申请仲裁的，由劳动合同履行地的劳动争议仲裁委员会管辖。

998. A 【解析】本题考查劳动争议当事人的举证责任。选项A错误，当事人因客观原因不能自行收集的证据，仲裁委员会可以根据当事人的申请，参照《民事诉讼法》有关规定予以收集；仲裁委员会认为有必要的，也可以决定参照《民事诉讼法》有关规定予以收集。选项B、C正确，在劳动争议仲裁或诉讼活动中，既实行"谁主张，谁举证"的举证责任原则，又实行"谁作决定，谁举证"的举证责任原则。选项D正确，与争议事项有关的证据属于用人单位掌握管理的，用人单位应当提供；用人单位不提供的，应当承担不利后果。

999. A 【解析】本题考查劳动争议仲裁。选项A正确，选项B和C错误，仲裁时效期间为1年，仲裁时效期间从当事人知道或者应当知道其权利被侵害之日起计算。劳动关系存续期间因拖欠劳动报酬发生争议的，劳动者申请仲裁不受1年仲裁时效期间的限制；但是，劳动关系终止的，应当自劳动关系终止之日起1年内提出。选项D错误，劳动人事争议仲裁委员会的仲裁、调解等行为不可以进行行政复议。

1000. BD 【解析】本题考查劳动争议处理机制。选项B、D错误，仲裁裁决被人民法院裁定撤销的，当事人可以自收到裁定书之日起15日内就该劳动争议事项向人民法院提起诉讼。

致亲爱的读者

"梦想成真"系列辅导丛书自出版以来,以严谨细致的专业内容和清晰简洁的编撰风格受到了广大读者的一致好评,但因水平和时间有限,书中难免会存在一些疏漏和错误。读者如有发现本书不足,可扫描"欢迎来找茬"二维码上传纠错信息,审核后每处错误奖励10元购课代金券。(多人反馈同一错误,只奖励首位反馈者。请关注"中华会计网校"微信公众号接收奖励通知。)

在此,诚恳地希望各位学员不吝批评指正,帮助我们不断提高完善。

邮箱:mxcc@cdeledu.com

微博:@ 正保文化

欢迎来找茬

中华会计网校
微信公众号